中国信息经济学会电子商务专业委员会 **推荐用书**

高等院校电子商务专业系列教材

跨境电子商务

主编 张 利　副主编 侯光文 曹媛媛 王 群

重庆大学出版社

内容提要

本书根据教育部《电子商务类本科专业教学质量国家标准》精心编写。全书共10章，内容包括跨境电子商务概论、跨境电子商务交易流程、跨境电子商务物流与供应链、跨境电子商务产品发布与定价策略、跨境电子商务营销、跨境电子商务金融服务、跨境电子商务综合服务、跨境电子商务平台规则与保护、跨境电子商务网络安全与监管、跨境电子商务法律法规与协调等。

本书可作为高等院校和职业院校电子商务、跨境电子商务等相关专业的学生教材，也可作为相关行业从业人员的知识读本。

图书在版编目(CIP)数据

跨境电子商务 / 张利主编. -- 重庆:重庆大学出版社,2020.8

高等院校电子商务专业系列教材

ISBN 978-7-5689-1751-3

Ⅰ. ①跨… Ⅱ. ①张… Ⅲ. ①电子商务—高等学校—教材 Ⅳ. ①F713.36

中国版本图书馆 CIP 数据核字(2019)第192632号

跨境电子商务

主 编 张 利

副主编 侯光文 曹媛媛 王 群

策划编辑:尚东亮

责任编辑:李定群 吴 薪 版式设计:尚东亮

责任校对:张红梅 责任印制:张 策

*

重庆大学出版社出版发行

出版人:饶帮华

社址:重庆市沙坪坝区大学城西路21号

邮编:401331

电话:(023)88617190 88617185(中小学)

传真:(023)88617186 88617166

网址:http://www.cqup.com.cn

邮箱:fxk@cqup.com.cn(营销中心)

全国新华书店经销

重庆华林天美印务有限公司印刷

*

开本:787mm×1092mm 1/16 印张:16.25 字数:397千

2020年8月第1版 2020年8月第1次印刷

印数:1—3 000

ISBN 978-7-5689-1751-3 定价:49.00元

总　序

重庆大学出版社"高等院校电子商务专业系列教材"出版10多年来,受到了全国众多高校师生的广泛关注,并获得了较高的评价和支持。随着国内外电子商务实践发展和理论研究日新月异,以及高校电子商务专业教学改革的深入,我们必须把电子商务最新的理论、实践和教学成果尽可能多地反映和充实到教材中来,对教材进行全面修订更新,增补新选题,以适应新的电子商务教学的迫切需要,做到与时俱进。为此,我们于2015年启动了本套教材第3版修订和增加新编教材的工作。

自2010年以来,中国的电子商务进入了新的发展阶段:规模发展与规范发展并举。电子商务"三流"规范发展与中国电子商务法的制定同步进行:①商流:网上销售实名制由国家工商总局负责管理;②金流:非金融支付服务资质管理由中国人民银行总行负责管理;③物流:快递业务规范管理由国家邮政局负责管理;④电子商务立法:中国电子商务法起草工作由全国人大财经委负责组织。中共中央、国务院及多个部委陆续出台了一系列引导、支持和鼓励发展电子商务的法规和政策,极大地鼓舞了已经从事和将要从事电子商务活动的企业、行业和产业,从而推动了电子商务在我国的稳步发展。特别是李克强总理提出"互联网+"行动计划以来,电子商务在拉动内需、促进就业和促进创业的作用正空前显现出来。全国从中央到地方多个层面和行业对电子商务的认识逐步提高,电子商务这一先进生产力正在成为我国经济社会新的发动机。

2015年7月28日人民日报曾报道:全国总创业者1 000余万,大学生占618余万。其中应届毕业生占第一位,回国留学生占第二位,在校大学生占第三位。2016年5月5日,中央电视台新闻报道:全国大学生就业20%由创业带动;全国就业前十大行业中互联网电子商务排名第一。中国的大学正在为中国的崛起提供源源不断的人力支持、智力支持、创新支持和创业支持,互联网、电子商务正成为就业创业的领头羊。

教育部《普通高等学校本科专业目录(2012年)》已经把电子商务作为一个专业类给予定义。即在学科门类12管理学下设1208电子商务类,120801电子商务(注:可授管理学、经济学或工学学士学位)。2013年教育部公布了新一届高等学校电子商务类专业教学指导委员会(2013—2017年),其由39位委员组成,是上一届21名委员的近两倍,主要充实了除教育部直属高校以外的地方和其他部委所属高校的电子商务专家代表。

截至2015年年底,全国已有400多所高校开办了电子商务本科专业,1 136所高职院校开办了电子商务专科专业,几十所学校有硕士生培养,十几所学校有博士生培养。全国电子商务专业在校生人数达到60多万,规模全球第一,为我国电子商务产业和相关产业的发展奠定了坚实的基础。

重庆大学出版社多年来一直致力于高校电子商务教材的策划出版，得到了“全国高校电子商务专业建设协作组”“中国信息经济学会电子商务专业委员会”和“教育部高等学校电子商务类专业教学指导委员会”的大力支持和帮助，于2004年率先推出国内首套“高等院校电子商务专业系列教材”，并于2012年修订推出了系列教材的第2版，2015年根据教育部“电子商务类专业教学质量国家标准”和电子商务的最新发展启动了本套教材的第3版修订和选题增补，增加了新编教材14种，集中修订教材10种，电子商务教指委有14名委员参与并担任主编，2016年即将形成一个近30个教材品种、比较科学完善的教材体系。这是特别值得庆贺的事。

我们希望此套教材的第3版修订和新编，能为繁荣我国电子商务教育事业和专业教材市场，支持我国电子商务专业建设和提高电子商务专业人才培养质量发挥更大的作用。同时，我们也希望得到同行学者、专家、教师和同学们更好的意见和建议，使我们不断地提高本套教材的质量。

在此，我谨代表全体编委和工作人员向本套教材的读者和支持者表示由衷的感谢！

总主编　李　琪

2016年5月

前 言

2008 年金融危机后，世界经济复苏乏力。2017 年特朗普就任美国总统后美国政府奉行单边主义政策，对我国出口贸易造成很大压力。国内方面，我国经济增长方式和发展模式处于转型期。一方面国内制造业产能过剩；另一方面，跨境电子商务新模式兴起。在中国外贸增速持续放缓的大背景下，跨境电子商务作为一种新型的国际贸易发展方式，正逐渐成为稳外贸增长、促经济发展的新动力。跨境电子商务这种新兴贸易方式的迅速发展，使外贸发展的内生动力不断增强，传统外贸制造商、贸易商以及中国知名品牌商均开始布局跨境电子商务。

中国跨境电子商务最近几年发展迅速，非常引人瞩目。根据电子商务研究中心 2018 年 3 月发布的《2017 年度中国跨境电子商务政策研究报告》，中国跨境电子商务交易规模已稳居世界第一，覆盖绝大部分国家和地区，深受广大消费者欢迎，我国外贸发展的动力正在转变。特别是自阿里巴巴于 2014 年年底在美国上市，2015 年国务院和相关部委密集出台若干政策鼓励跨境电子商务发展，改革创新对外贸易的监管方式，不仅批准了跨境电子商务试点城市，而且还推出了新的海关监管代码，批准杭州成为跨境电子商务综合试验区，并于 2016 年、2018 年逐步扩大到 34 个城市。综合试验区跨境电子商务已成为外贸创新发展的新亮点、转型升级的新动能、创新创业的新平台和服务“一带一路”建设的新载体。

这次跨境电子商务教材的撰写是相关知识总结的一次探索，内容包括跨境电子商务概论、交易流程、物流与供应链、综合服务、平台规划及法律法规等方面。全书共 10 章，第 1 章、第 2 章由张利编写，第 3 章、第 4 章、第 5 章由曹媛媛编写，第 6 章、第 7 章、第 8 章由王群编写，第 9 章、第 10 章由侯光文编写。研究生施旗和郭宇在撰写过程中做了大量的辅助工作。

在此特别感谢系列教材总主编李琪教授的邀请、关心和指导，以及重庆大学出版社编辑的指导和督促，正是由于你们的支持才使得本教材可以按时完成。

由于跨境电子商务发展迅速，编者水平有限，加之篇幅限制，故不可能在跨境电子商务的所有理论和实践领域进行全面深入的讨论，书中难免有不当之处，欢迎广大读者批评指正。

编 者

2019 年 8 月

目 录

第 1 章
跨境电子商务概论

【导入案例】

国内十大跨境电子商务平台

跨境进口电子商务平台随着互联网的发展，为全球贸易活动带来了很大冲击。各大跨境电子商务进口平台不同的商品进口模式在市场上能充分满足消费者的各类需求，国内十大跨境电子商务进口平台如下：

No.1　**天猫国际**

创立时间：2014 年

经营模式：第三方 B2C

商品进口模式：海外直邮+保税进口

品类：综合品类

2014 年 2 月 19 日，阿里巴巴宣布天猫国际正式上线，为国内消费者直供海外原装商品。天猫国际通过与自贸区合作，在全国各地保税物流中心建立各自的跨境商品物流仓，在规避基本法律风险的同时还获得了法律保障，缩短了消费者从下单到收货的时间，实现海外直邮 14 个工作日到货，保税仓直邮 5 个工作日到货，很大程度地满足了消费者对商品时效性的需求。

No.2　**苏宁全球购**

创立时间：2014 年

经营模式：自营 B2C+招商

商品进口模式：海外直邮+保税进口

品类：母婴、美妆、3C 家电、服装

苏宁作为国内首个拿到国际快递牌照的跨境电子商务平台，在港澳地区，以及日本等地拥有多个海外分公司，拥有采购、供应链相关资源，苏宁“自营+招商”的模式不仅结合了自身现状，发挥其在传统电子商务方面供应链、资金链的内部优势，同时也通过全球招商来扩大自己的国际商业资源。

No. 3　**京东全球购**

创立时间:2014 年

经营模式:自营 B2C+非纯平台经营

商品进口模式:海外直邮+保税进口

品类:综合品类

目前京东全球购已开通了法国馆、韩国馆,未来还将继续开通日本、澳大利亚、美国等国家馆,对全球重点上游资源进行布局,通过合作或自营等方式建设京东全球化的仓储、物流体系。京东全球购是京东海淘业务的主要方向,同时京东严控产品品质,确保其商品能得到消费者的信赖。

No. 4　**聚美海外购**

创立时间:2014 年

经营模式:垂直自营

商品进口模式:保税进口

品类:美妆、母婴、服装

2014 年 9 月,聚美海外购上线,商品品类以日韩化妆品为主、欧美品牌为辅。通过行邮保税模式,将在国外采购的货品备至郑州保税区,再进行质检和销售,其经营目标是打造最快海淘物流速度。聚美海外购最受消费者喜爱的原因之一是自上线开始就为用户提供了非常多的便利,如满减满包邮、新用户福利、运费补贴等活动,这是任何一家同城物流都提供不了的优惠条件。

No. 5　**唯品会全球特卖**

创立时间:2014 年

经营模式:垂直经营

商品进口模式:海外直邮+保税进口

品类:美妆、母婴、服装

2014 年 9 月,唯品会的"全球特卖"频道亮相网站首页,同时开通首个正规海外快件进口的"全球特卖"业务。唯品会"全球特卖"全程采用海关管理模式中级别最高的"三单对接"标准,"三单对接"实现了将消费者下单信息自动生成用于海关核查备案的订单、运单及支付单,并实时同步给电子商务平台的供货方、物流转运方、信用支付系统,形成四位一体的闭合式全链条管理体系。

No. 6　**1 号海外购**

创立时间:2014 年

经营模式:自营 B2C

商品进口模式:海外直邮+保税进口

品类:食品、母婴、美妆

1 号店开创了中国电子商务行业"网上超市"的先河,并在系统平台、采购、仓储、配送和客户关系管理等方面大力投入,打造自身的核心竞争力,以确保高质量的商品能够低成本、快速度、高效率地流通,让顾客充分享受到全新的生活方式和实惠方便的购物。2015 年 7

月，沃尔玛收购1号店余下股权，实现全资控股，依托沃尔玛在国际市场对零售和采购资源的整合，提供品类更加丰富、价格更加优惠的产品。

No.7　**洋码头**

创立时间：2014年

经营模式：第三方B2C

商品进口模式：直销、直购、直邮的三直模式

品类：综合品类

为保证海外商品能安全、快速地运送到中国消费者手上，洋码头自建立以来就打造跨境物流体系——贝海国际。目前洋码头全球化布局已经完成，在海外建成10大国际物流仓储中心，并与多家国际航空公司合作实施国际航班包机运输，大大缩短了国内用户收到国际包裹的时间，帮助国外的零售产业跟中国消费者对接，即海外零售商直销给中国消费者，中国消费者直购，中间的物流是直邮。

No.8　**蜜芽**

创立时间：2014年

经营模式：垂直自营

商品进口模式：一般贸易+海外直邮+保税进口

品类：母婴

蜜芽的货源来自4个部分：品牌方的国内总代采购体系；海外直接采购；一般进口贸易；海外直邮，保税进口。蜜芽宝贝主导"母婴品牌限时特卖"，产品类型虽然单一，却是女性消费者的福音。

No.9　**海沃全球购**

创立时间：2012年

经营模式：跨境商城+实体店+微店

商品进口模式：直采

品类：综合品类

海沃全球购致力打造中国O2O进口优品连锁超市领军品牌，商品覆盖母婴、食品、酒水、美妆等综合品类，所有产品采用全球直采的模式，由海关监管的保税仓一站式发货，正品低价、物流快！在用户体验上，海沃全球购优势显著，不仅打破传统电子商务模式，开辟"实体店"路线，还推出手机端"闪电送"平台，线上下单，进口优品闪电送到家。3种经营模式相辅相成，助推海沃全球购成为介于跨境电子商务和进口商超之间的实力派。

No.10　**55海淘网**

创立时间：2011年

经营模式：导购返利平台

55海淘网是针对中国消费者提供海外网购返利的网站，其返利商家主要是美国、英国、德国等B2C、C2C网站，如亚马逊、eBay等，返利比例为2%～10%，商品覆盖母婴、美妆、服饰、食品等品类，55海淘网在返利额度上有一定优势，并且在返利模式上有所调整。

（整理自中国报告大厅）

思考：

1. 国内跨境电子商务的发展历程是怎样的？
2. 国内跨境电子商务平台的主要经营模式有哪些？

1.1 信息技术在国际贸易中的应用

国际贸易是指世界各个国家（或地区）在商品和劳务等方面进行的交换活动。它是各国（或地区）在国际分工的基础上相互联系的主要形式，反映了世界各国（或地区）在经济上的相互依赖关系，是由各国对外贸易的总和构成的。形成国际贸易的两个基本条件是：社会生产力的发展导致可供交换的剩余产品的出现；国家的形成。社会生产力的发展产生出用于交换的剩余商品，这些剩余商品在国与国之间交换，就产生了国际贸易。

国际贸易的主要特点有：贸易主体为不同国籍，资信调查较困难；因涉及进出口，易受双边关系、国家政策的影响；交易金额往往较大，运输距离较远，履行时间较长，因此贸易风险较大；除交易双方外，还涉及运输、保险、银行、商检、海关等部门；参与方众多，各方之间的法律关系较为复杂。正是国际贸易的上述特点，信息技术的作用变得至关重要。

得益于科学技术的日益发展，信息技术和网络的崛起使电子商务成为国际贸易的主要方式，让国际贸易进入了信息时代。经济全球化脚步的加快，使信息通过全球网络在国际贸易中产生了极为深远的影响，正确把握信息技术带给国际贸易的影响，尽早发现其中的问题并将其解决，对国际贸易的发展有着不可忽视的作用。

信息技术在国际贸易中的应用手段主要有电子商务技术的应用和云计算技术的应用两种。电子商务是信息技术发展中的重要分支，联合国贸易发展会议曾做过测算：到 2020 年，借助电子商务平台实现的贸易额将占全球贸易总额的 55% ~60% 。在具体的应用中，电子商务融合于国际贸易的方式也十分多样，如网上支付、网络贸易平台电子商务等，如今借助信息技术进行跨国转账的方式也越来越多，可供选择的余地更大。而云计算技术是近年来涌现出的新生的信息技术发展分支，它是基于互联网信息技术的一种计算方式。通过该种方式，网络上共享的资源和信息能够按需提供给终端设备，而大容量的数据也能够被存储在云服务器中，实现智能化、按需化的随时调用。

1.1.1 国际贸易领域信息技术应用现状

日新月异的发展使网络与信息技术不论是在硬件还是软件方面都已经达到了比较成熟的程度。从全球范围来说，发达国家在网络与信息技术方面具有非常明显的优势，在与国际贸易有关的、以信息技术为基础的服务贸易领域同样占据着主导性地位。以我国为首的发展中国家在国际贸易中的信息技术方面与发达国家仍然具有一定差距。而未来的市场竞争将会更加激烈。

跨境电子商务在国际贸易的过程中表现为交易无纸化、直接化，以提高贸易伙伴间商业运作效率作为目标。企业与企业之间，企业与消费者之间，企业内部之间，以及企业、消费者与政府管理部门之间的信息交流通过信息技术实现数字化的交流。随着相关 IT 技术的不断完善，以 PayPal 为代表的国际性第三方在线支付平台在全球范围内广泛使用，新兴第三方在线支付平台不断涌现，以及各类传统金融、支付机构迅速开发网上支付业务，使得跨境电子商务所依托的跨境支付模式日趋成熟。总的来说，信息技术在国际贸易中的地位举足轻重。

据海关统计，在我国高技术产品的进出口中，技术服务和技术许可等“软技术”进出口总额占比不到 10%，而“硬技术”进出口总额占比却高达 90% 以上，存在自主知识产权产品过少，自主创新能力低，产品附加值小等问题。

2016 年 11 月 15 日，2016 年全球商业大数据应用峰会在深圳召开，峰会主题为“数据连接全球、智能驾驭商机”。会上，正式对外发布《2016 中国国际贸易企业信息化发展白皮书》。此份白皮书由深圳市贸易促进委员会、深圳市云计算产业协会和小满科技共同发起，通过大数据分析、问卷调查和企业访谈等多种途径完成。

白皮书全面披露了中国国际贸易企业信息化发展现状，对云计算、大数据、BI（商业智能）、生物识别等先进技术在出海业务及企业管理中的应用状况和技术成果等进行盘点。

白皮书显示，目前中国国际贸易企业信息化基础设施水平及企业管理信息化水平偏低，仅 10% 的外贸企业设有信息化部，21% 的外贸企业通过信息化方式管理客户及订单。但调查表明，企业开始越来越重视信息化对企业经营决策的影响，超过 86% 的企业希望通过信息化来扩大销售区域。

白皮书提出，企业信息化的核心就是挖掘内部和外部数据。内部数据包括市场营销、销售数据等；外部数据包括海关数据、广告流量等。这些类别多、数量大、速度快的大数据通过云计算进行管理、处理和转换，将帮助企业精准实施全球自动营销，高效获取全球客户订单。

深圳市贸易促进委员会常务副秘书长罗文胜在峰会上表示，《2016 中国国际贸易企业信息化发展白皮书》是中国首份全面论述国际贸易企业信息化水平的重要报告，将对国际贸易企业的商业决策及信息化管理进程发挥重要的指导意义，为国际贸易企业的转型升级提供权威的数据参考。

2018 年 2 月 7 日，阿里巴巴获全国首张集团化电子商务领域 ISO 27001 安全认证证书。阿里巴巴集团首席风险官郑俊芳表示：“我们要清醒认识到认证不是最终目的，更重要的是学习业内成熟经验，结合阿里作为互联网大平台的实践，提炼出真正适应 DT 时代要求的安全打法与体系去赋能电子商务生态。”

郑俊芳认为，阿里通过 ISO 27001 认证，表明阿里已经建立起一套与国际同行对标的安全管理体系，能够为用户提供可信安全的电子商务服务。这也是国内企业在集团化电子商务领域获得的第一张证书，意味着阿里巴巴信息安全保障体系进一步升级。

ISO/IEC 27001 标准一直被公认为全球最权威、最严格，也是最被广泛接受和应用的信息安全领域的体系认证标准。此次阿里巴巴集团 ISO 27001 认证覆盖了旗下的天猫国际、信息平台事业部、安全部、大文娱等事业群。

阿里巴巴安全部资深总监张玉东表示，阿里是一家数据公司，数据保护是立足之本。阿里很多出海业务需要跟国外消费者沟通，而这离不开大家都认可的第三方标准，因此必须做

ISO 27001 安全认证。此外,阿里平台以及关联方已经形成一个生态系统,需要好的标准维系生态的健康发展。

阿里巴巴的 ISO 27001 标准信息安全管理体系建立共历时 8 个月,内外部投入工时 700 余人/天,通过在安全策略和安全组织、安全运行、技术以及基础架构支持等方面的调整和改进,从组织、业务流程和技术层面建立了有效、可持续运营、符合业界标准的管理措施和解决方案。

阿里巴巴通过 ISO 27001 认证,不仅要保障公司内部信息安全,也要保障客户、商户的信息安全。郑俊芳表示,随着我们近几年继续发力拓展海外市场,我们需要一个国际通用的标准来告诉海外用户,阿里的安全保障能力已经达到足够高的水准,是用户值得信任的电子商务平台。郑俊芳指出要确保从技术底层开始,通过管理和技术手段保护用户的交易信息、客户信息、商户信息及交易认证等敏感数据和服务免受外部威胁,强化交易过程中的安全。

2016 年,阿里巴巴发起"电子商务生态安全联盟",旨在提高电子商务生态参与者整体的安全能力。阿里巴巴集团安全部安全专家认为,阿里可以将信息安全管理方面的经验沉淀给生态伙伴,从而建立起电子商务生态系统更加安全有效的管理体系。

1.1.2 信息技术对国际贸易的影响

信息技术的快速发展掀起了国际贸易领域里一场新的变革,由它所衍生出的电子商务代替传统的交易方式成为经济全球化的技术基础,同时也突破了时间和地域限制。

1)信息技术的应用使外贸企业的生产、交易成本降低,收益增加

在所有企业的运营过程当中,成本问题都是最值得关注的问题,因此降低成本就变成了提高竞争力的有效手段。信息技术的应用在很大程度上解决了这一问题,降低了贸易过程中物流、资金流以及信息流的传递成本,同时企业可以通过信息技术与供应商实现信息共享,进而实现原材料无库存,产成品无库存,从而节约仓储成本。

2)改变了国际贸易的交易手段

新型国际贸易中用 EDI(电子数据交换)取代了传统的有纸贸易,文件传送速度大幅提高,文件处理成本大幅降低,使国际贸易活动变得更加便捷。信息技术的发展彻底改变了以往传统的交易方式,在很大程度上促进了现代国际贸易的发展。

3)实现了市场全球化

如今,互联网的普及为信息技术的顺利发展提供了技术保障,不再因地域、时间等问题的限制而止步不前,打破了时间与地域的壁垒,将全球市场紧密地连接起来,实现了真正意义上的市场全球化。

1.1.3 信息技术在国际贸易应用中存在的问题

信息技术的快速发展在改变国际贸易的方式和内容的同时,也对传统的国际贸易理论、跨国公司理论和国际贸易法规提出了新的思考和挑战,由其所衍生出的电子商务作为一种全新的交易模式，在理论和实践中都给国际贸易政策提出了新的命题，如电子商务的网络环境安全问题、人才匮乏问题、关税问题等。

1）网络环境安全有待加强

信息技术与国际贸易的融合应用多基于互联网平台。近年来，随着网络信息技术在国际贸易应用中的不断推广，针对国际贸易在线交易平台的网络安全问题也日益严重。2013年3月，亚马逊旗下 Twitch 遭黑客攻击，数以千计的用户信息被泄露。此类对计算机信息和数据造成严重破坏，并且在贸易期间电子数据被篡改、私人信息泄露、商业机密被窃取、商业欺诈等问题会为电子商务企业的国际发展带来非常不利的影响，使企业遭受巨大的经济损失。

2）应用型人才匮乏

信息技术与国际贸易的融合是一个全新的发展方向，而支撑该方向实现优化发展的基础便是人才。但就现有情况而言，国内各企业中，兼具信息技术和国际贸易双方面技术素养的人才十分稀缺，企业在构建信息贸易平台、产品的过程中，大多数需要依靠外包的形式完成，即委托专业的信息技术企业完成。

3）关税问题

关税问题是电子商务带来的一个重要问题，网上交易的零关税是对其他经营形式的不公。对传统贸易征收关税，而对在线交易免征关税有悖税收的中性和公平原则。网上贸易不受关税约束，发达国家可在全球范围内自由地利用各国的优势要素进行生产和销售，规避各种形式的国际税收，严重侵蚀要素国家的经济利益。但若对网上贸易征收关税，由于目前社会对电子商务征税缺乏认同，加上我国信息化水平较低，对电子商务的税收监管难度大、成本高，因此，在现行的税收体系下无法实现有效征税。同时，电子商务在解决就业等方面能发挥着重要作用，对其征税会抑制人们利用网络创业的热情，不利于电子商务的发展。

1.1.4 信息技术应用于国际贸易的发展建议

电子商务在发展的过程中难免会出现这样或那样的问题，总体来说，其带来的好处远大于其弊端。因此，我们更该关注的是如何去发现问题并且避免问题的产生，从根本上解决问题。

1）提升国际贸易信息化平台的网络安全建设

各国政府应该加强网络管理，维护网络安全，为电子商务创造有利的运营条件。加强网络管理，维护必要的网络安全，减少网上犯罪行为，维护商家及消费者的正当权益，保护国家经济安全和文化安全。同时，加大对平台硬件及软件的建设维护。

2）大力培养兼具信息技术和国际贸易知识的人才

加强企业人才知识技能培训，培养企业专属人才，在培育过程中，应掌握“人员多极化”培训的原则，制定相关规划，内容应既包含信息化平台开发、维护，又包含国际贸易管理的理论与应用知识，打造企业专属的信息化国际贸易平台“开发-应用”一体化人才体系。

3)制定完善相关法律法规

各国应该共同制定和完善外贸领域应用电子商务的法律法规。健全、完善的法律体系是电子商务活动得以进行的根本保障,在损害发生之前,贸易双方可通过学习相关法律法规来避免不必要的损害产生;损害发生之后,也可以使受损方有法可依,维护自己的正当权益。

1.2 跨境电子商务对国际贸易的影响

随着电子信息技术和经济全球化深入发展,电子商务在国际贸易中的地位及作用日益凸显,并被广泛应用于国际贸易领域的各个层面,对国际贸易的影响也不断向深层次扩展,正逐渐成为推动国际经济贸易发展的新业态和新动能,在国际贸易方式、国际贸易运行机制、营销手段、政府宏观管理以及贸易政策等方面都带来了不可逆转的影响。

1.2.1 跨境电子商务对国际贸易产生的积极影响

1)促进国际贸易运行环境全球化

通过互联网将信息进行交换,形成一个开放、多维、立体的市场空间,电子商务将全球以信息网络为纽带形成一个统一的大市场,与传统国际贸易受限于地域以及时间不同,电子商务打破了地域及时间壁垒,同时信息的快速流动加快了资本、商品、技术等生产要素的全球流动,促进了全球“网络经济”的崛起,加强了各国间的贸易合作。

2)降低贸易成本

跨境电子商务的载体是计算机网络信息技术,在国际贸易中,贸易双方可以通过计算机网络这个虚拟的平台利用计算机信息技术来进行贸易活动,降低人力、物力的投入,缩减交单结汇的时间。

3)减少了国际贸易复杂的交易程序

跨境电子商务改变了国际贸易的运作方式,极大地提高了国际贸易的效益和效率,利用网络进行数据传递,实现无纸化交易,贸易双方的交易程序通过互联网实现。改变了传统的流通模式,避免了传统的国际贸易中双方要进行洽谈,甚至是寻求中介帮忙的烦琐程序,减少了中间环节,大大缩短了生产厂家与消费者之间供求链的距离,改变了传统的市场结构,使生产者和消费者的直接交易成为可能,大幅度降低了企业的经营管理成本。

4)使国际贸易主体多样化

首先,在跨境电子商务环境下,利用现代化信息技术建立起大量基于网络的虚拟企业,将有业务往来的外贸公司联合起来,共同完成单个贸易公司无法完成的市场功能。其次,“电子商务运营商”的涌现为国际电子商务的普及搭建贸易平台。另外,随着跨境电子商务的普遍应用,许多中小企业的外贸能力在不断提高,在提高国际贸易效率的同时,也促使一些支持其运行的产品和服务纳入国际贸易范畴。电子商务降低了从事国际贸易的准入门槛,很多中小型外贸公司可以利用跨境电子商务平台参与国际贸易。

5)延长了贸易产业链

从产业链视角分析,电子商务延长了贸易产业链,并改变了其布局。传统的对外贸易产业链需要经过工厂、外贸公司、进口商、批发商、零售商才能到达消费者,需要环环相扣的模式来完成贸易活动。而在电子商务运营模式下,国际贸易仅需要通过互联网即可实现企业、经销商、贸易平台、国外经销商及消费者的在线连接,形成一个巨大的贸易产业链;从贸易流程来看,将分布在不同地域的贸易主体连接在一起,生产商或制造商将生产的商品在跨境电子商务企业的平台上展示,贸易双方通过电子商务平台达成交易、进行在线支付结算,并通过跨境物流将商品送达消费者手中,完成交易活动。电子商务平台以国内电子商务的方式,做着传统国际贸易能够完成(B2B)和不能完成(B2C)的业务,改变了传统外贸局限于中间环节的现状,把外贸阵地延伸到了国际贸易的最前线——零售终端,甚至直接送达消费者手中。

6)提升了贸易附加值

从价值链角度看,跨境电子商务改变了传统贸易模式中主要利润被国外渠道赚取的现状,电子商务通过在线平台,实现了与第三方综合服务平台的直接联通,并通过与境外供应商、仓储物流、银行金融机构、境内外贸易者的在线洽谈、协商,实现了商品订购、支付、商检、物流等贸易流程的一站式发展,以最快捷的方式和最低廉的成本实现整个交易过程。面对国际贸易新形势的发展,电子商务形成了多种贸易运营模式,其中 M2C 贸易交易平台,将进口商环节缩减之后,极大地缩减了中间成本,提高了贸易附加值和利润增长点。据数据统计,此种运营模式下贸易净利润可以从传统的 5% 提升至 50%;同时,C2B 国际贸易模式的探索,通过提供个性化的产品和服务,有效提升贸易产品的附加值。

7)增强了贸易反应速度

从供应链角度看,传统贸易过程需要经过多重贸易相关方的沟通、洽谈,才能实现贸易活动的层层推进,而电子商务因延长了贸易产业链,整个链条中的贸易相关者已经形成一种默契,具备了高效的配合和反应能力,提升了贸易效率。同时,从电子商务的供应链模式看,M2C、C2B 电子商务模式的出现,大大减少了中间环节。电子商务改变了国际贸易的竞争态势,促使企业更好地适应市场变化。一方面,电子商务的应用与企业生产制造活动相结合,使企业的产品和服务更贴近市场的需求,有助于提高企业生产的敏捷性和适应性;另一方面电子商务成本低、速度快等特点使实力较差的中小企业也有机会参与大的国际贸易中来开拓国际市场,并且发挥其灵活机动的竞争优势,有利于中小企业的发展。

1.2.2 跨境电子商务对国际贸易产生的消极影响及发展制约

1)增加了贸易监管风险

电子商务以低价快速切入市场,倒逼上游产业链以牺牲质量、信誉为代价,制造出大量仿名牌、以次充好等商品。据国家工商总局抽查,2014 年的网购正品率仅为 58.7%,9 个电子商务平台中 7 个有售假行为,问题率 77.8%。同时,还存在跨境交易风险、跨境消费者和商户身份认证技术性困难,交易资金流向监管不力等问题,这一系列问题的存在极大地影响了国际经济贸易的健康发展。但是,假货泛滥现象并非电子商务本身发展所带来的产物,其根源在于国家和企业对电子商务的重视程度不高,相关法律法规不健全,政府的监管体系不完善,如若加强监管,则会从根本上改变这一现状。

2)增加了贸易竞争风险

首先,跨境电子商务的实现,使得市场竞争越来越大。在国际贸易中,不仅要承受着同行之间的竞争压力,同时还会承受着他国其他相关行业的竞争压力,使国际贸易竞争风险增加;其次,跨境电子商务是以计算机网络技术为手段的,而在这个科技飞速发展的时代里,一些不法分子时常会恶意地窃取他人的信息,对于国际贸易而言,一旦重要贸易信息流失,就会造成巨大的损失。另外,跨境电子商务的出现促进国际贸易主体的多样化,越来越多的企业通过网络寻求合作伙伴,从以前一对一的合作方式到如今的一对多合作。然而鉴于网络具有虚拟性,这无疑增加了国际贸易风险的发生。

3)加剧了国际贸易的分化

电子商务本身是一种互联网技术推动的商业模式。由于发达国家与很多发展中国家在经济发展方面存在很大的不平衡,同时发达国家对互联网有更前卫的认识。因此,发达国家和某些发展中国家在利用电子商务进行国际贸易时处于更加有利的局面。与此同时,大部分发展中国家在经济和信息技术方面的发展都比较缓慢。可以说,电子商务加剧了国际贸易的两极分化现象。

4)为避税提供了可乘之机

利用电子商务进行国际贸易活动时,难以对征税对象、征税国的法律依据及征税额等进行确定,导致税务机关不能方便地获取征税的证据,因此经常会导致避税、漏税的情况发生。另一方面,传统的征税方式已经不能很好地适应现代信息技术的发展,征税不仅涉及多个国家,同时还涉及每个国家的不同机构,目前来看,这些问题还未能得到很好解决。

5)基础设施薄弱问题突现

电子商务是建立在发达的互联网技术之上的交易平台,这个平台的正常运作离不开互联网的支持。但是,对于我国的互联网来说,要进一步发展电子商务平台还需要对互联网基础设施进行完善。近年来,我国的互联网技术得到了飞速发展,互联网基础工程也在不断建设,在这样的环境下,互联网用户的数量逐渐增多。互联网用户数量是电子商务运作规模的决定性因素,因此,必须大力推进互联网的基础建设工程。但是,受我国地域以及气候和其他客观条件限制,在目前的条件下,互联网还未能做到全面覆盖,这种客观存在的问题使得电子商务的发展也受到了一定的制约。

6)贸易供应链问题突出

跨境电子商务的快速推进需要采购供应、物流配送、电子支付及售后服务等多环节的衔接配合,否则将制约电子商务在国际经济贸易中的发展空间,但目前除了大型电子商务平台或企业可与海外供货商直接洽谈对接外,其他难以获取国外品牌供货商或大型零售商的授权;国内物流企业在全球的覆盖范围、仓储设施、配送效率等尚处于低水平,依靠转运公司容易造成供应链断裂,降低流转速度;电子支付面临制度困境和技术风险,因国内外交易规则、流程差异,通关、退税等跨境业务复杂,在一定程度上制约跨境支付的推进,影响资金回笼及外汇兑换等,对此,必须加速推进跨境电子商务生态圈的形成和发展,以提升其供应链反应速度。

7)法律法规尚待进一步完善

电子商务为传统的国际贸易建立了新的交流平台,在这个新的交流平台上,传统的交易模式发生了改变,交易过程变得更加便捷,交易不再受到时间和空间的限制。值得注意的是,这种新的交易模式仅仅是交易形式上的改变,其实质仍然是以商品交易为基础的市场活动,在交易当中一定会出现相关的法律问题。受制于电子商务的特殊形式,发生于电子商务平台上的很多交易问题不能够很好地定性和定量,这就使得相应的法律程序难以介入,形成法律真空地带。因此,面临这种新的电子商务交易模式,必须建立相应的法律法规作为约束,保证其在未来的发展过程中能够沿着良性的轨道行进。传统国际贸易当中的相关法律条文已不能适用如今的电子商务交易平台,在法律制定方面,必须由信息技术部门和市场金融部门互相配合,共同协商建立起关于电子商务平台交易的法律和法规条文,使交易活动约束在正常的范围内。

1.3 跨境电子商务的概念和特点

1.3.1 跨境电子商务的概念

跨境电子商务是指分属不同关境的交易主体,利用电子商务平台等现代信息技术所进行的各类跨境的以数字化达成交易、进行支付结算,并通过跨境物流送达商品、完成交易为主要方式的一种新型贸易活动和模式,涵盖了营销、交易、支付、服务等各项商务活动。这种新型的贸易模式融合了国际贸易和电子商务两方面的特征,更具复杂性,主要表现在:一是信息流、资金流、物流等多种要素流动须紧密结合,任何一方面的不足或衔接不够,就会阻碍整体商务活动的完成;二是流程繁杂且不完善,国际贸易通常具有非常复杂的流程,牵涉海关、检验检疫、外汇、税收、货运等多个环节,而电子商务作为新兴交易方式,在通关、支付、税收等领域的法规目前还不太完善;三是风险触发因素较多,容易受到国际政治经济宏观环境和各国政策的影响。

1.3.2 跨国电子商务的特点

1)全球性

网络是一个没有边界的媒介,具有全球性和非中心化的特征。依附于网络发生的跨境电子商务也因此具有全球性和非中心化的特性。电子商务与传统交易方式相比的一个重要区别在于,电子商务是一种无边界交易,丧失了传统交易所具有的地理因素。互联网用户不需要考虑国界就可以把产品尤其是高附加值产品和服务提交到市场。网络全球性特征带来的积极影响是信息可实现最大程度的共享;消极影响是用户必须面临因文化、政治和法律的不同而产生的风险。任何人只要具备一定的技术手段,在任何时候、任何地方都可以让信息进入网络,通过相互联系进行交易。美国财政部在其财政报告中指出,对基于全球化网络建立起来的电子商务活动进行课税困难重重,因为电子商务是基于虚拟的计算机空间展开的,丧失了传统交易方式下的地理因素;电子商务中的制造商容易隐匿其住所,而消费者对制造商的住所是漠不关心的。例如,一家很小的爱尔兰在线公司,通过一个可供世界各地的消费者点击观看的网页,就可以销售其产品和服务,只要消费者接入了互联网。很难界定这一交易究竟是在哪个国家内发生的。

这种远程交易的发展,给税收当局制造了许多困难。征税只能严格地在一国范围内实施,网络的这种特性为税务机关对超越一国的在线交易行使税收管辖权带来了困难,而互联网则扮演了代理中介的角色。在传统交易模式下往往需要一个有形的销售网点的存在。例如,通过书店将书卖给读者,而在线书店可以代替书店销售网点直接完成整个交易。问题是,税务当局往往要依靠这些销售网点获取税收所需要的基本信息,代扣代缴所得税等。没有这些销售网点的存在,税收权力的行使就会发生困难。

2)无形性

网络的发展使数字化产品和服务的传输盛行。而数字化传输是通过不同类型的媒介,如数据、声音和图像在全球化网络环境中集中而进行的,这些媒介在网络中是以计算机数据代码的形式出现的,因而是无形的。以一个 E-mail 信息的传输为例,这一信息首先要被服务器分解为数以百万计的数据包,然后按照 TCP/IP 协议通过不同的网络路径传输到一个目的地服务器再重新组织转发给接收人,整个过程都是在网络中快速完成的。电子商务是数字化传输活动的一种特殊形式,其无形性的特性使税务机关很难控制和检查销售商的交易活动,税务机关面对的交易记录都体现为数据代码的形式,使税务核查员无法准确地计算销售所得和利润所得,从而给征税带来困难。

数字化产品和服务基于数字传输活动的特性也必然具有无形性,传统交易以实物交易为主,而在电子商务中,无形产品却可以替代实物成为交易的对象。以书籍为例,传统的纸质书籍,其排版、印刷、销售和购买被看成产品的生产、销售。而在电子商务交易中,消费者只要购买网上的数据权便可以使用书中的知识和信息。而如何界定该交易的性质、如何监督、如何征税等一系列的问题却给税务和法律部门带来了新的课题。

3)匿名性

由于跨境电子商务的非中心化和全球性的特性,因此很难识别电子商务用户的身份和其所处的地理位置。在线交易的消费者往往不显示自己的真实身份和地理位置,且这丝毫不影响交易的进行,网络的匿名性也允许消费者这样做。在虚拟社会里,隐匿身份的便利迅即导致自由与责任的不对称。人们在这里可以享受最大的自由,却只承担最小的责任,甚至干脆逃避责任。税务机关无法查明应当纳税的在线交易人的身份和地理位置,也就无法获知纳税人的交易情况和应纳税额,更不要说去审计核实。该部分交易和纳税人在税务机关的视野中隐身了，这对税务机关是致命的。以 eBay 为例，eBay 是美国的一家网上拍卖公司，允许个人和商家拍卖任何物品，到目前为止 eBay 已经拥有 3 000 万用户，每天拍卖数以万计的物品，总计营业额超过 50 亿美元。但是 eBay 的大多数用户都没有准确地向税务机关报告他们的所得，存在大量的逃税现象。因为他们知道由于网络的匿名性，美国国内收入服务处（IRS）没有办法识别他们。

电子商务交易的匿名性导致逃避税现象泛滥。网络的发展降低了避税成本，使电子商务避税更轻松易行。电子商务交易的匿名性使得应纳税人利用避税地联机金融机构规避税收监管成为可能。电子货币的广泛使用，以及国际互联网所提供的某些避税地联机银行对客户的“完全税收保护”，使纳税人可将其源于世界各国的投资所得直接汇入避税地联机银行，从而规避了应纳所得税。美国国内收入服务处（IRS）在其规模最大的一次审计调查中发现，大量的居民纳税人通过离岸避税地的金融机构隐藏了大量的应纳税收入。而美国政府估计大约 3 万亿美元的资金因受避税地联机银行的“完全税收保护”而被藏匿在避税地。

4）即时性

对于网络而言，传输的速度和地理距离无关。传统交易模式，信息交流方式如信函、电报、传真等，在信息的发送与接收间存在着长短不同的时间差。而电子商务中的信息交流，无论实际时空距离的远近，一方发送信息与另一方接收信息几乎是同时的。某些数字化产品（如音像制品、软件等）的交易，还可以即时结清，订货、付款、交货都可以在瞬间完成。

电子商务交易的即时性提高了人们交往和交易的效率，免去了传统交易中的中介环节，但也隐藏了法律危机。在税收领域表现为：电子商务交易的即时性往往会导致交易活动的随意性，电子商务主体的交易活动随时开始、随时终止、随时变动，这就使得税务机关难以掌握交易双方的具体交易情况，不仅使得税收从源头上扣缴的控管手段失灵，而且客观上促成了纳税人不遵守税法的随意性，加之税收领域现代化征管技术的滞后作用，都使依法治税变得更加困难。

5）无纸化

电子商务主要采取无纸化操作的方式，这是以电子商务形式进行交易的主要特征。在电子商务中，电子通信记录取代了一系列的纸面交易文件。由于用户发送和接收的电子信息以比特的形式存在和传送，因此，整个信息发送和接收的过程实现了无纸化。无纸化带来的积极影响使信息传递摆脱了纸张的限制，但由于传统法律是以规范的“有纸交易”为出发点的，因此，无纸化带来了一定程度上法律的混乱。

电子商务以数字合同、数字时间截取了传统贸易中的书面合同、结算票据，削弱了税务当局获取跨国纳税人经营状况和财务信息的能力，并且电子商务所采用的其他保密措施也将增加税务机关掌握纳税人财务信息的难度。在某些交易无据可查的情形下，跨国纳税人的申报额将会大大降低，应纳税所得额和所征税款都将低于实际金额，从而引起征税国国际税收流失。例如，世界各国普遍开征的传统税种之一的印花税，其课税对象是交易各方提供的书面凭证，课税环节为各种法律合同、凭证的书立或做成，而在网络交易无纸化的情况下，物质形态的合同、凭证已不复存在，因而印花税的合同、凭证贴花（即完成印花税的缴纳行为)便无从下手。

6)快速演进

跨境电子商务互联网是一个新生事物,现阶段尚处在幼年时期,网络设施和相应软件协议的未来发展具有很大的不确定性。但税法制定者必须考虑的问题是,网络必将以前所未有的速度和无法预知的方式不断演进。基于互联网的电子商务活动也处在瞬息万变的过程中,短短的几十年中电子交易经历了从 EDI 到电子商务零售业兴起的过程,而数字化产品和服务更是花样出新,不断地改变着人们的生活。

一般情况下,各国为维护社会的稳定,都会注意保持法律的持续性与稳定性,税法也不例外。这就会引起网络的超速发展与税收法律规范相对滞后的矛盾。如何将分秒都处在发展与变化中的网络交易纳入税法规范,是税收领域的一个难题。网络的发展不断给税务机关带来新的挑战,税务政策的制定者和税法立法机关应当密切注意网络的发展,在制定税务政策和税法规范时充分考虑这一因素。

跨国电子商务具有不同于传统贸易方式的诸多特点,而传统的税法制度却是在传统的贸易方式下产生的,必然会在电子商务贸易中难以有效实施。网络深刻地影响着人类社会,也给税收法律规范带来了前所未有的冲击与挑战。

1.4 跨境电子商务的基本分类

跨境电子商务处于交易活动的网络中枢,既是商品展示、浏览的媒介,也是商品达成交易的场所,起着衔接商品供应与消费桥梁的作用。同时,跨境电子商务也是跨境电子商务交易主体沟通与交流的平台,在跨境电子商务交易中,跨境电子商务是无法舍弃的重要元素。在电子商务类型划分方面,不同的学者基于不同的角度提出了不同观点,如迪姆尔斯将电子商务划分为电子商店、电子采购、虚拟社区等 10 类。伦普金等提出了委托佣金模式、商品加价模式、咨询中介模式、收费服务模式等 7 类。此外,对电子商务类型的划分还有基于价值链的分类、混合分类、基于原模式的分类、基于新旧模式的分类、基于控制方的分类、基于网络商务公用的分类以及基于企业对企业(B2B)和企业对消费者(B2C)的分类等多种方式。本书将按照交易主体、平台商品品类、平台运营主体和流动方向对跨境电子商务进行分类。

1.4.1 按照交易主体类型划分

按照交互类型划分,跨境电子商务的主要模式可分为 M2C,B2C,C2C,B2P2C 这 4 种模式。要想通过跨境电子商务实现丰厚的盈利,就需要认清这些跨境电子商务模式的特点。

1)B2B 模式

B2B 是 Business-to-Business 的缩写,是指企业与企业之间通过专用网络或 Internet 进行数据信息的交换、传递,开展交易活动的商业模式。它将企业内部网通过 B2B 网站与客户紧密结合起来,通过网络的快速反应为客户提供更好的服务,从而促进企业的业务发展。

传统企业间的交易往往要耗费企业大量的资源和时间，无论是销售、分销还是采购都要占用资金成本。通过 B2B 的交易方式买卖双方能够在网上完成整个业务流程，从建立最初印象，到货比三家，再到讨价还价、签单和交货，最后到客户服务。B2B 使企业之间的交易减少了事务性的工作流程和管理费用，降低了企业经营成本。网络的便利及延伸性使企业扩大了活动范围，企业跨地区跨国界发展更方便，成本更低廉。B2B 不仅仅是建立一个网上的买卖者群体，它也为企业之间的战略合作提供了基础。任何一家企业，不论具备多强的技术实力或多好的经营战略，要想单独实现 B2B 是完全不可能的。单打独斗的时代已经过去，企业间建立合作联盟逐渐成为发展趋势。网络使得信息通行无阻，企业之间可以通过网络在市场、产品和经营等方面建立互补互惠的合作，形成水平或垂直形式的业务整合，以更大的规模、更强的实力、更经济的运作真正实现全球运筹管理的模式。

B2B 跨境电子商务中具有代表性的是阿里巴巴（此处的阿里巴巴特指阿里巴巴集团旗下的 1688 全球购物网站）。

2）M2C 模式

M2C 商业模式是指生产厂家（Manufacturers）直接对消费者（Consumers）提供自己生产的产品或服务的一种商业模式。

M2C 模式的特点是流通环节减少，销售成本降低，从而保障了产品品质和售后服务质量。对生产商而言，M2C 电子商务营销平台不仅为用户提供商品安全交易和展示平台服务，还提供产品营销渠道平台以及企业经营管理平台服务，为用户解决市场开发、渠道管理、产品销售和品牌推广等难题。帮助用户优化、拓展和稳定商品流通渠道以及企业经营管理平台系统，达成资源整合、稳定渠道、节省费用、提高效益的经营目的。

消费者可在 M2C 平台上自定义所需要的产品，满足消费者的 DIY 欲望，增加产品的附加价值。同时，商家还可根据消费者的定制要求对自身产品进行优化，达到双赢的目的。消费者在 M2C 平台购买产品后，直接享受厂家提供的各项售后服务，缩短了中间交涉环节，快速地为消费者解决问题，让消费者无后顾之忧。

由于减少了中间销售环节，厂商研发的最新技术能够快速呈现给消费者，因此，使用户更方便快捷地感受到创新的魅力。同时，用户通过售后渠道将自己的使用体验反馈给厂商，也有利于厂商根据市场的需求来研发新的产品，在厂商与用户之间形成良好的互动，从而实现节约销售成本，杜绝价格不正当竞争和假冒伪劣商品，回归到以质量和服务赢得市场的有序环境。

如好食坊的经营主要就是在 M2C 的模式上进行的，不存在中间商，由厂商直接面对客户，从而形成了相对于同行竞品的三大优势，即体现直接让利给广大客户，食品安全问题得到了最有力的保障，以及强有力的售后服务保障的优势。

3）B2C 模式

B2C 模式是 Business-to-Customer 的缩写，指的是直接面向消费者销售产品和服务的商业零售模式。

B2C 模式的特点是一般以网络零售业为主，主要借助于互联网和独立网店系统软件开展在线销售活动，同时也是企业或品牌推广的一种新形式。B2C 模式是我国最早产生的电子商务模式，以 8848 网上商城正式运营为标志。B2C 跨境电子商务具有代表性的有天猫国际、京东全球购、网易考拉、洋码头等。

4）**C2C 模式**

C2C 模式是 Customer-to-Customer 的缩写，即个人与个人之间的电子商务。例如，一个消费者有一台计算机，通过网络把它出售给另外一个消费者，此种交易类型就称为 C2C 电子商务。

在 C2C 领域发展最为壮大，且历史最悠久的就是淘宝了。作为 C2C 领域的老大，淘宝的市场份额超过 60%。C2C 跨境电子商务具有代表性的有阿里速卖通（成立之初为 C2C 模式，后于 2016 年向 B2C 转型）、美丽说、海蜜、易贝等。

5）**B2P2C 模式**

B2P2C 模式指的是在广大供应商和消费者之间搭建起一种实现交易、提供服务的平台。它是一种新的网络销售方式，是"Business to Platform to Customer"的简称。B 指广义的卖方（即成品、半成品、材料提供商等），P 指交易平台，即提供卖方与买方的联系平台，同时提供优质的附加服务，C 即指买方。卖方不仅仅是公司，可以包括个人，即逻辑上买卖关系中的卖方。平台绝非简单的中介，而是提供高附加值服务的渠道机构，拥有客户管理、信息反馈、数据库管理、决策支持等功能的服务平台。买方同样是逻辑上的关系，可以是内部的也可以是外部的。B2P2C 定义包括了现存的 B2C 和 C2C 平台的商业模式，更加综合化，可以提供更优质的服务。淘宝商城、淘宝电器城是这一模式的代表，淘宝即是中间的 P。

B2P2C 把"供应商→生产商→经销商→消费者"各个产业链紧密连接在一起。整个供应链是一个从创造增值到价值变现的过程，把从生产、分销到终端零售的资源进行全面整合，不仅大大增强了网商的服务能力，更有利于客户获得增加价值的机会。该平台将帮助商家直接充当卖方角色，把商家直接推到与消费者面对面的前台，让生产商获得更多的利润，使更多的资金投入技术和产品创新上，最终让广大消费者获益。B2P2C 中的物流平台一般并不需要卖方去建设，可与第三方物流合作。很多 B 自身已经建设物流系统，如果 B 自身没有物流系统，则使用与 P 合作的物流公司。物流业务量巨大，P 往往能够压低物流公司的价格，以保证其平台上卖家的利润。事实上淘宝就是这样做的，物流公司并没有太多选择，要么接受淘宝的价格，要么失去淘宝的业务，但是物流公司往往有一大部分的业务都来自淘宝。客服问题，由于卖家与买家的基数都巨大，P 本身又不可能了解每一个卖家每一个商品的具体情况，因此，为买家解答问题的工作必须由卖家自己承担。P 提供客服所需的网络工具，如淘宝提供了在线留言和即时通信的工具，售前资讯、售后客服，都由 B 直接面对买家，解答买家的问题。P 在这中间需要建立争端解决和投诉机制，作为交易的第三方，公平的平衡买卖双方，保障双方权益。支付问题，现有的 B2P2C 平台都提供了第三方支付手段，不论是 ebay 的贝宝，还是淘宝的支付宝。买家都希望收到货品并且确认没有问题之后再付款，卖家都希望收到货款之后再发货，这就要求必须有一个第三方的机构来保障双方的利益。

1.4.2 按照平台经营商品品类划分

按照跨境电子商务网站经营商品的品类,可将电子商务分为垂直型电子商务与综合型电子商务两类。

1)垂直型跨境电子商务

专注于某些特定领域或某种特定的需求,提供该领域或该需求全部的深度信息与服务,如定位母婴商品的红孩子(2012 年被苏宁收购)、专注于服装的凡客诚品等。

2)综合型跨境电子商务

综合型跨境电子商务是一个与垂直型电子商务相对应的概念,它不像垂直型电子商务那样专注于某些特定的领域或某种特定的需求,所展示和销售的商品种类繁多,涉及多种行业,如淘宝网、京东商城、唯品会等。

1.4.3 按照跨境电子商务网站开发与运营主体进行划分

将电子商务分为第三方平台电子商务(或称"平台型电子商务")和自营型电子商务两类。

1)平台型跨境电子商务

开发和运营第三方电子商务网站,吸引商品卖家入驻平台,由卖家负责商品的物流与客服并对买家负责,平台型电子商务并不亲自参与商品的购买与销售,只负责提供商品交易的媒介或场所,如淘宝网、天猫商城等。平台型电子商务又可分为综合平台型跨境电子商务和垂直平台型跨境电子商务。综合平台型跨境电子商务代表性企业有京东全球购、天猫国际、淘宝全球购、洋码头等;垂直平台型跨境电子商务参与者比较有限,主要集中于服饰、美妆等垂直类商品,代表性企业有美丽说、海蜜全球购等;垂直自营型跨境电子商务代表性企业有我买网、跨境购、蜜芽、聚美优品、唯品会等。

2)自营型跨境电子商务

自营型跨境电子商务是一个与平台型电子商务相对应的概念,自营型电子商务不仅开发和运营电子商务网站,而且自己负责商品的采购、销售、客服与物流,同时对买家负责,其代表性企业有京东商城(其在发展初期为自营型电子商务,后来开始向综合型电子商务发展)、凡客诚品、1 号店、海尔商城、亚马逊与当当网(亚马逊与当当网也在逐渐向综合型电子商务转型)等。

按照平台型与自营型对跨境电子商务进行的划分较为常用,也是大家普遍接受的分类标准。平台型跨境电子商务的主要特征:一是交易主体提供商品交易的跨境电子商务平台,不参与商品购买、销售等相应的交易环节;二是国外品牌商、制造商、经销商、网店店主等入驻该跨境电子商务平台,从事商品展示、销售等活动;三是商家云集,商品种类丰富。平台型跨境电子商务的优势和劣势均比较鲜明。其优势表现:一是商品货源广泛而充足;二是商品种类繁多;三是支付方式便捷;四是平台规模较大,网站流量较大。其劣势表现:一是跨境物流、海关、商检等环节缺乏自有稳定渠道,服务质量不高;二是商品质量保障水平较低,容易出现各种类型的商品质量问题,导致消费者信任度偏低。

自营型跨境电子商务的主要特征:一是开发和运营跨境电子商务平台,并作为商品购买主体从海外采购商品与备货;二是涉及从商品供应、销售到售后的整条供应链。自营型跨境电子商务的主要优势:一是电子商务平台与商品都是自营的,掌控能力较强;二是商品质量保障水平高,商家信誉度好,消费者信任度高;三是货源较为稳定;四是跨境物流、海关与商检等环节资源稳定;五是跨境支付便捷。自营型跨境电子商务的主要劣势:一是整体运营成本高;二是资源需求多;三是运营风险高;四是资金压力大;五是商品滞销、退换货等问题显著。

1.4.4 按照商品流动方向划分

按照商品流动方向划分,可分为跨境进口电子商务、跨境出口电子商务两类。2015 年,我国跨境电子商务交易规模为 5.4 万亿元,同比增长 28.6%。其中,跨境出口交易规模为 4.49 万亿元,跨境进口交易规模为 9 072 亿元。在跨境出口中,跨境 B2B 模式的市场交易规模为 3.78 万亿元,占比 83.2%,跨境 B2C 与跨境 C2C 模式的市场交易规模为 7 200 亿元,占比 16.8%。可见,我国跨境电子商务交易仍以跨境出口为主,其中又以跨境 B2B 出口为主要形式。

1)跨境进口电子商务

跨境进口电子商务指的是从事商品进口业务的跨境电子商务,具体指国外商品通过电子商务渠道销售到我国市场,通过电子商务平台完成商品的展示、交易、支付,并通过线下的跨境物流送达、完成商品交易的电子商务企业,其代表性企业有天猫国际、京东全球购、洋码头、小红书等。

2)跨境出口电子商务

跨境出口电子商务指的是从事商品出口业务的跨境电子商务,具体指将本国商品通过电子商务渠道销售到国外市场,通过电子商务平台完成商品的展示、交易、支付,并通过线下的跨境物流送达、完成商品交易的电子商务企业,其代表性企业有亚马逊海外购、易贝、阿里速卖通、环球资源、大龙网、兰亭集势、敦煌网等。

【本章小结】

本章作为此书的开篇章,从传统的国际贸易出发,通过了解目前国际贸易中信息技术日新月异的发展以及电子商务对国际贸易的影响等方面引出跨境电子商务这一发展方式,对跨境电子商务的各个方面展开介绍,了解跨境电子商务的概念、影响和特点以及其分类方式。明确跨境电子商务在目前社会中的重要性。

【思考题】

1. 目前信息技术的发展现状对国际贸易有哪些积极和消极的影响?

2. 国际贸易是如何实现线上交易的？电子商务对国际贸易提供了何种便利？
3. 简述跨境电子商务的概念和特点。
4. 跨境电子商务有哪几种分类方式？如何分类？
5. 假如你是一个个体户,你现在想把自己的商品出口,会选择何种方式来实现？

【实践训练】

调查当地有哪些跨境电子商务企业,以及当地跨境电子商务的发展规模和发展前景。

第2章
跨境电子商务交易流程

【导入案例】

2018年平昌冬奥会正式拉开帷幕。朝韩运动员携手入场、两国火炬手携手将火炬传递到韩国花滑名将金妍儿手中，由她点燃主火炬，这一幕给现场和电视机前的观众带来严冬中的暖意。而前往见证的中国游客，也被融入东道国各个角落的中国元素温暖着。支付宝在这里也随处可见，不仅受到当地人的欢迎，更被捕捉进了全球媒体记者的新闻视角。

在人口只有5万的平昌冬奥会冰上项目举办地江陵，观看比赛的中国游客惊喜地发现：小城里很多地方都能找到"中国味儿"，"扫一扫"让中国游客有福了！例如，在当地一家很有名的"网红"豆腐店——冬花嘉园，中国游客在体验当地美食草堂嫩豆腐的同时，还能方便地用支付宝来扫一扫。三代同堂的美女老板表示：她很喜欢支付宝，因为使用简单，放一张二维码卡片就好。而这，只是中国科技连接中韩两国商家和游客的一个缩影。

除了当地商家，同样为平昌冬奥会在外围奔忙的，还有来自全球各地的记者。《日本经济新闻》记者水户部友美说，平昌冬奥会是近年来最冷的一届冬奥会，但她留意到先进的移动支付方式的热火朝天，包括中国的支付宝在韩国的大面积快速落地。她在报道中写道：支付宝进驻韩国只有约3年时间，但在机场、百货店等已有4万多家店铺使用，尤其是在首尔的闹市区，九成店铺可以使用支付宝。在冬奥会期间，将有大量中国游客访韩，支付宝不可或缺。她还预测，这种无现金热潮可能将延续到2020年东京奥运会。

据了解，在平昌，GS25、CU、7-Eleven、Emart24韩国4大便利店都接受支付宝，同时不管是星巴克连锁店还是平昌当地的网红咖啡店，也都能使用支付宝。用户只需在手机上点开付款二维码，店家就能轻松扫码收款，这对于语言不通的中国游客而言备感亲切和方便。

实际上，支付宝在韩国的落地并非一日之功，记者和游客在平昌奥运会期间的"蓝色"感受正是中国式移动支付出海3年的成果。数据显示，2015年起，支付宝在韩国开始接入线下商户。目前，韩国已有数万家线下门店支持支付宝，范围涵盖机场、免税店、百货公司、便利店、美妆店、餐饮等领域，大到全线1 150家星巴克、知名连锁及明星网红店如姜虎东烤肉店、401烤肉店等，小到本土小餐饮店都能使用支付宝。其中，在最火爆也是最受游客欢迎的明洞商圈，从烤肉店到大型百货公司，九成商家都接入了支付宝。此外，游客带着支付宝在韩国还可以购买当地的公交卡,在仁川机场感受实时退税。

韩国连续三次申办冬奥会,希望通过冬奥来拉动包括平昌在内的韩国北部地区的旅游等产业。而冬奥会组委会公布的统计结果显示,本次冬奥会的门票中国游客贡献了59万张。据韩国当地相关从业者介绍,目前许多行业都在急聘会中文的学生来引导中国顾客消费;同时,除了在语言上提升亲切感,在中国人熟悉的移动支付需求上,因冬奥会给当地带来游客消费升级,支付宝等中国国民应用的作为也不可或缺。

思考:

1. 国内常用的移动支付工具有哪些?
2. 中国移动支付如何走向国际化?

2.1 国际市场调研

市场调研在国际贸易中起着很重要的作用。一个企业想要进入某一新市场,往往要求国际市场调研人员提供与此有关的一切信息——该国的政治局势、法律制度、文化属性、地理环境、市场特征、经济水平等。市场调研为企业提供了关于市场的有效性数据,为企业预测未来市场容量,安排生产计划提供决策支持。互联网的普及、大数据库和第三方交易平台的建立,克服了国际贸易市场调研的地域障碍,使企业更容易与客户交流并获取信息。

从国际贸易商品进出口角度看,国际市场调研主要包括:国际市场环境调研、国际市场商品情况调研、国际市场营销情况调研、国外客户情况调研等。

2.1.1 国际市场调研内容

企业开展国际商务进行商品进出口,如同军队作战首先需分析地形、了解作战环境,需先了解商务市场环境,做到知己知彼、百战不殆。企业对国际市场环境调研的主要内容如下:

①国外经济环境。包括一国的经济机构,经济发展水平,经济发展前景、就业、收入分配等。

②国外政治和法律环境。包括政府机构的重要经济政策,政府对贸易实行的鼓励、限制措施,特别是有关外贸方面的法律法规,如关税、配额、国内税收、外汇限制、卫生检疫、安全条例等。

③国外文化环境。包括使用的语言、教育水平、宗教、风俗习惯、价值观念等。

④其他。包括国外人口、交通、地理等情况。

2.1.2 跨境电子商务市场调研的方法和主要特点

跨境电子商务市场调研的方法从总体上可分为两大类:直接调研法和间接调研法。

1)直接调研法

直接调研法指的是网上一手数据的收集。一手数据也称原始数据,是第一次收集的信息。通过收集一手数据可以解决特定问题。一手数据的检索方法可分为电子邮件问卷法，在线焦点小组访谈法，以及在网站上设置调研专项的方法。

(1)电子邮件问卷

电子邮件问卷调研法是以较为完整的电子邮件地址清单作为样本框，随机抽样、直接发送到被访问者的电子邮箱，待被访问者回答完毕后在规定的时间内将问卷回复给调研机构。这种调查方式较具定量价值。在样本框较为全面的情况下，可以将调查结果用于推论研究总体，一般用于对特定群体网络用户多方面的行为模式，消费规模、网络广告效果、网上消费者消费心理特征的研究。这种调研方法要求建立被调查者的电子邮件地址信息库。

(2)在线焦点小组访谈

在线焦点小组访谈调研法是直接在上网人士中征集与会者，并在约定时间利用网上会议系统举行网上座谈会。该方法适合需要进行深度或探索性研究的主题，通过座谈获得目标群体描述某类问题的通常语言、思维模式以及理解目标问题的心理脉络。该方法属定性调查方法，也可与定量电子邮件调查配合使用。

(3)在网站上设置调研专项

在访问率高的网站或自己的网站上设置调研专项网页，访问者按个人兴趣，选择是否访问有关主题，并以在线方式直接在调研问卷上进行填写和选择，完成后提交调研表，即可完成调研。此方式所获得的调研对象属于该网页受众中的特殊兴趣群体，它可反映调研对象对所调研问题的态度，但不能就此推论一般网络用户的态度。调研专项所在网页的访问率越高，调研结果反映更大范围的上网人士意见的可能性也越大。

2)间接调研法

间接调研法指的是网上二手数据的收集和整理。所谓二手数据，是指为其他目的而收集的数据。有些二手数据是从公司内部获得的，如公司年报，股东大会报告，供新闻媒体使用的产品测试结果，公司为了同员工、顾客以及其他人员沟通而编制的公司期刊等资料。这些信息往往已编入了公司的内部数据库。二手数据还有许多外部渠道，主要形式是政府部门和机构汇编和出版的经济数据汇总；一些贸易团体、行业联合会也会提供经济数据。但是，大多数数据都来源于定期发布经济行情、专门行业甚至个别公司情况研究的期刊和新闻媒体。还有一些未公开发布的二手信息，如内部报告、备忘录或者专门分析，这些资料只在有限的范围内流通。二手数据的检索方法主要有3种：利用搜索引擎；访问专业信息网站；用相关的网上数据库查找资料。

3)跨境电视商务市场调研的特点

通过互联网进行的跨境电子商务市场调研表现出以下特点：

(1)及时性

近年来随着通信技术的飞速发展，运用互联网可以将信息传递给世界各地的网络用户。网上投票信息经过统计分析软件初步处理后，可以呈现出阶段性的调查结果。

(2)开放性

跨境电子商务市场调研是开放的，任何网民都可以参加投票和查看结果。在确保网络信息及时性的同时,也有助于调研人员及时采集大量所需的市场信息,为营销方案和策略的制订及时提供所需的信息。

(3)便捷性和低成本性

利用网络进行国际市场调研时,调查者在企业网站上发出电子调查问卷,可以 24 小时全天候接受调研填表。调研资料存放在计算机的数据库中并由统计分析软件对信息进行整理和分析,无须花费大量人力进行整理。

(4)交互性和充分性

网络的最大好处是交互性。在网上调研时,被访问者可以及时就问卷相关的问题提出自己的看法和建议,可减少因问卷设计不合理而导致的调查结论出现偏差等问题;同时被访问者可以自由地在网上发表自己的看法,不受时间的限制。而传统的市场调研是不可能做到这些的。例如,面谈法中的路面拦截调查,调查时间较短,不超过 10 分钟,否则被调查者会不耐烦。网上调研可以获得与被访问者的状况更加相关的个性化的信息。

(5)可靠性和客观性

由于企业网站的访问者一般都对企业产品有一定的兴趣,调研问卷的填写是自愿的,不同于传统调研的"强迫式",填写者回答问题相对认真,因此问卷填写可靠性高;同时,被访问者是在完全独立思考的环境中接受调研的,不受传统市场调研中人为因素的干扰,能最大限度地保证调研结果的客观性。所以这种基于现有客户和潜在客户的调研结果能在很大程度上反映消费者的消费心态和市场的发展趋势,调研的结果比较客观,具有更大的真实性。

(6)可检验性和可控制性

利用互联网进行网上调研收集信息,可以有效地对所采集信息的质量实施系统的检验和控制。国际电子商务市场调研的问卷可以附加全面规范的指标解释,有利于消除因对指标理解不清或调查员解释口径不一致而造成的调查偏差。问卷的复核检验由计算机依据设定的检验条件和控制措施自动实施,可以有效地保证对调查问卷 100% 的复核检验,保证检验与控制的客观公正性。同时,通过对被调查者的身份验证技术还可以有效防止信息采集过程中的舞弊行为。

2.1.3 跨境电子商务市场调研的途径和工具

1)跨境电子商务市场调研途径

问卷星网站(见图 2-1)是一个专业的在线问卷调查、测评、投票平台,专注于为用户提供功能强大且人性化的在线设计问卷、采集数据、自定义报表、调查结果分析等系列服务。与传统调查方式和其他调查网站或调查系统相比,问卷星具有快捷、易用、低成本的明显优势,已经被大量企业和个人广泛使用。

"零点调查"(见图 2-2)接受海内外企事业、政府机构和非政府机构的委托,独立完成各类定量与定性研究课题。零点是广为受访对象、客户和公众所知的专业服务品牌。多年的发展经验使公司更了解客户的需求,从而为客户提供更有针对性的服务。业务项目数千项,涉及食品、饮料、医药、个人护理用品、服装、家电、IT、金融保险、媒体、房地产、建材、汽车、商业服务、娱乐、旅游等 30 多个行业。

图 2-1　问卷星网站主页

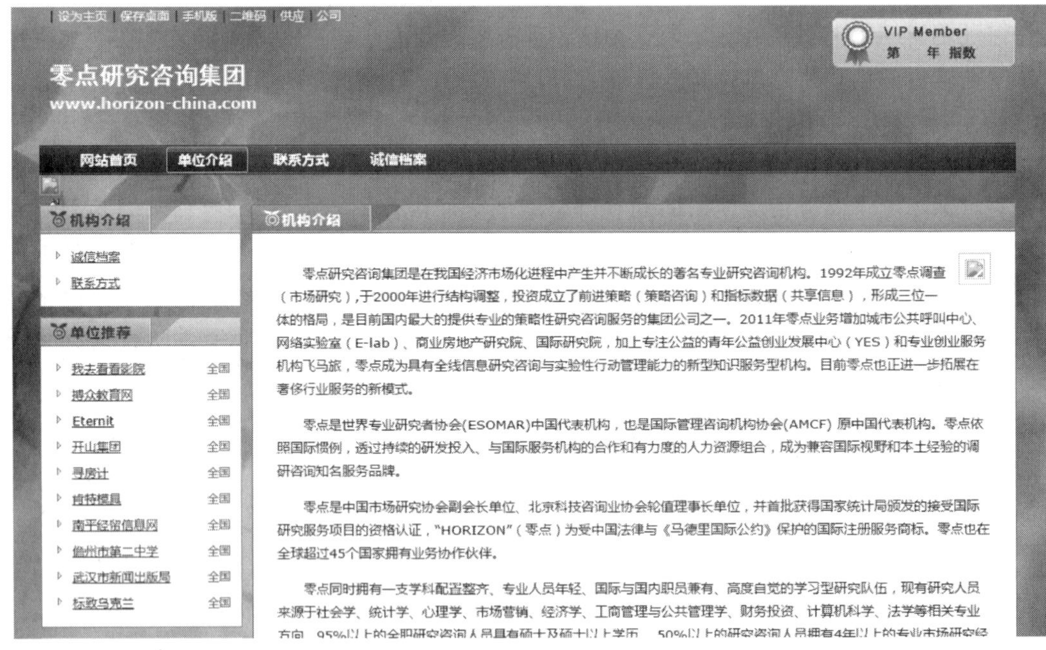

图 2-2　零点咨询网站主页

目前，艾瑞市场咨询（iResearch，见图 2-3）的主要服务产品有 iUserTracker（网民行为连续研究系统）、iAdTracker（网络广告监测分析系统）、iUserSurvey（网络用户调研分析服务）、iDataCenter（网络行业研究数据中心）等。

图 2-3　艾瑞咨询网站主页

2)跨境电子商务市场调研工具

(1)环球资源网

环球资源公司的前身是亚洲资源公司,成立于 1971 年,是一家专门出版各类专业贸易杂志的媒介机构,特别是在国际贸易推广方面具有丰富的经验。当网络刚刚萌芽之时,公司看到了网络的未来与前景。在深入研究了网络的特性之后,环球资源公司 1995 年开始电子商务的经营活动,建立了网络平台,开展针对买家和供应商之间的贸易服务。与其他众多网络公司不同,该公司当年就实现了网上赢利。经过多年的建设,环球资源已发展到相当规模,建立了自己的网上社群。超过 100 万名国际买家,当中包括 95 家来自全球百强零售商,使用环球资源提供的服务了解供应商及产品的资料,帮助他们在复杂的供应市场进行高效采购。另一方面,供应商借助环球资源提供的整合出口推广服务,提升公司形象、获得销售查询,赢得来自逾 240 个国家及地区的买家订单。

(2)阿里巴巴网站

阿里巴巴国际交易市场是阿里巴巴集团最先创立的国际业务,是领先的跨界批发贸易平台,服务全球数以百万计的买家和供应商。小企业可以通过阿里巴巴国际交易市场,将产品销售到其他国家。阿里巴巴国际交易市场上的卖家一般是来自中国以及印度、巴基斯坦、美国和日本等其他生产国的制造商和分销商。2010 年 4 月阿里巴巴创立了全球速卖通,这是为全球消费者而设的零售市场,其用户主要来自俄罗斯、美国和巴西。世界各地的消费者可以通过全球速卖通,直接以批发价从中国批发商和制造商手中购买不同的产品。

(3)eBay

eBay 不仅是一个针对个人的拍卖网站,B2C 和 B2B 的交易也相当活跃。eBay 的每个分类里都有一个批发专区,可以发布批发信息,而且 eBay 中的不少大买家采购量大得惊人。他们经常在 eBay 里采购,然后在 eBay 中零售,规模一点不亚于 Globalsource 中的国际买家。

通过 eBay 首页底部的全球站导航,可以检索 26 个国家的批发信息。

(4)Google

Google 是目前世界上最大的搜索引擎,拥有 80 多亿张网页和 10 亿多张图片资源。界面可用 100 多种语言表达,检索结果所采用的语言达 30 多种。Google 采用 Pagerank TM 检索技术,该技术通过对超过 50 000 万个变量和 20 亿个词汇组成的方程计算,能够对网页的重要性做出客观的评价,可以将最相关、最可靠的搜索结果放在首位。

(5)百度

百度是目前全球最优秀的中文信息检索与传递技术供应商。在中国所有提供搜索引擎的门户网站中,超过 80% 都由百度提供搜索引擎技术支持。总量超过 10 亿张网页,每天完成 6 000 多万次搜索,是中国因特网用户最常用的搜索引擎。作为全球最大的中文搜索引擎公司,百度一直致力于让网民更平等地获取信息。百度是用户获取信息的最主要入口,随着移动互联网的发展,百度网页搜索完成了由 PC 向移动终端的转型,由连接人与信息扩展到连接人与服务,用户可以在 PC、Pad、手机上访问百度主页,通过文字、语音、图像多种交互方式瞬间找到所需要的信息和服务。

2.2 网上交易磋商

2.2.1 网上交易磋商的基本概念

交易磋商是指买卖双方就交易条件进行协商,协调双方的经济利益,求得一致,达成交易。在国际贸易中,交易磋商有明确的内容和规范的程序。交易磋商的过程,是双方通过要约和承诺,确立契约关系的过程。双方在交易磋商的过程中,即在达成交易之前,就对自己的行为承担一定的法律责任。程序的合法性,保证了所达成的合同在法律上的有效性。

传统的交易磋商是双方进行口头磋商或纸面贸易单据的传递过程。磋商过程中的主要工具有电话、传真和邮寄等。

网上交易磋商是在网上调查确定可能的用户,然后通过电子邮件等方式进行磋商,即就有关交易条件进行反复的谈判,对外洽谈阶段的主要过程是:网上询盘、网上发盘、网上还盘和网上接受等一系列环节,目前专业电子商务运营商和大型企业网站,均可实现网上交易磋商。

电子磋商的方式:EDI、电子邮件和磋商工具。

2.2.2 跨境电子商务交易磋商

1)跨境网上询盘

跨境网上询盘又称询价,是交易的一方向对方探询交易条件,表示交易愿望的一种行为。询盘多由买方作出,也可由卖方作出,内容可详可略,可以是只询问价格,也可以是询问其他一项或几项交易条件,以至于要求对方向自己发盘。询盘对交易双方无约束力。

例如,买方询盘:请报中国松香 5/6 月装运 100 公吨 CIF 伦敦。

卖方询盘:可供中国绿茶8月装运,如有兴趣请递盘。

2)跨境网上发盘

跨境网上发盘也称发价,是指交易的一方(发盘人)向另一方(受盘人)提出各项交易条件,并愿意按这些条件达成交易的一种表示方法。发盘在法律上称为要约,在发盘的有效期内,一经受盘人无条件接受,合同即告成立,发盘人承担按发盘条件履行合同义务的法律责任。发盘多由卖方提出,也可由买方提出(也称递盘)。实务中常见由买方询盘后,卖方发盘,但也可以不经过询盘,一方径直发盘。

根据《联合国国际货物销售合同公约》(后面简称《公约》)第十四条第一款对发盘的解释:"向一个或一个以上特定的人提出的订立合同的建议,如果十分确定并且表明发盘人在得到接受时随约束的意旨,即构成发盘。一个建议如果写明货物并且明示或暗示地规定数量和价格或规定如何确定数量和价格,即为十分确定。"对这个宣言,可以看出一个发盘的构成必须具备下列4个条件:

①向一个或一个以上的特写人提出。发盘必须指定可以表示接受的受盘人。受盘人可以是一个,也可以指定多个。不指定受盘人的发盘,仅视为发盘的邀请,或称邀请做出发盘。

②表明订立合同的意思。发盘必须表明严肃的订约意思,即发盘应该表明发盘人在得到接受时,将按发盘条件承担与受盘人订立合同的法律责任。这种意思可以用发盘、递盘等术语加以表明,也可不使用上述或类似上述术语和语句,而按照当时谈判情形,或当事人之间以往的业务交往情况或双方已经确立的习惯做法来确定。

③发盘内容必须十分确定。发盘内容的确定性体现在发盘中罗列的条件是否是完整的、明确的和终局的。

④送达受盘人。发盘于送达受盘人时生效。

上述4个条件,是《公约》对发盘的基本要求,也称构成发盘的4个要素。

例如,兹发盘1 000打运动衫,规格按3月1日样品,每打CIF纽约80美元,标准出口包装,5—6月装运,以不可撤销信用证支付,限4月20日复到有效。

3)跨境发盘的撤回和撤销

《公约》第15条对发盘生效时间作了明确规定:"发盘在送达受盘人时生效。"那么,发盘在未被送达受盘人之前,如发盘人改变主意,或情况发生变化,这就必然会产生发盘的撤回和撤销的问题,在法律上"撤回"和"撤销"属于两个不同的概念。撤回是指在发盘尚未生效,发盘人采取行动、阻止其生效。而撤销是指发盘已生效后,发盘人以一定方式解除发盘的效力。

《公约》第十五条第二款规定:"一项发盘,即使是不可撤销的,也可以撤回,撤回的通知在发盘到达受盘人之前或同时到达受盘人。"

根据《公约》的规定,发盘可以撤销,其条件是:发盘人撤销的通知必须在受盘人发出接受通知之前传达到受盘人。但是,在下列情况下,发盘不能再撤销:

①发盘中注明了有效期,或以其他方式表示发盘是不可撤销的。

②受盘人有理由信赖该发盘是不可撤销的,并且已本着对该发盘的信赖行事。

这一款规定了不可撤销的两种情况:一是发盘人规定了有效期,即在有效期内不能撤销。如果没有规定有效期,但以其他方式表示发盘不可撤销,如在发盘中使用了"不可撤销"字样,那么在合理时间内也不能撤销。二是受盘人有理由信赖该发盘是不可撤销的,并采取了一定的行动。关于发盘失效问题,《公约》第17条规定:"一项发盘,即使是不可撤销的,于拒绝通知送达发盘人时终止。"这就是说,当受盘人不接受发盘的内容,并将拒绝的通知送到发盘人手中时,原发盘就失去效力,发盘人不再受其约束。此外,在贸易实务中还有以下3种情况造成发盘的失效:

①发盘人在受盘人接受之前撤销该发盘。

②发盘中规定的有效期届满。

③其他方面的问题造成发盘失效。这包括政府发布禁令或限制措施造成发盘失效。另外,还包括发盘人死亡、法人破产等特殊情况。

4)跨境网上还盘

受盘人不同意发盘中的交易条件而提出修改或变更的意见,称为还盘。在法律上叫反要约。

还盘实际上是受盘人以发盘人的含义发出的一个新盘,原发盘人成为新盘的受盘人。还盘又是受盘人对发盘的拒绝,发盘因对方还盘而失效,原发盘人不再受其约束。还盘可以在双方之间反复进行,还盘的内容通常仅陈述需变更或增添的条件,对双方同意的交易条件无须重复。

5)跨境网上接受

接受是受盘人在发盘的有效期内,无条件地同意发盘中提出的各项交易条件,愿意按这些条件和对方达成交易的一种表示。接受在法律上称为"承诺",接受一经送达发盘人,合同即告成立。双方均应履行合同所规定的义务并拥有相应的权利。

如交易条件简单,接受中无须复述全部条件。如双方多次互相还盘,条件变化较大,还盘中仅涉及需变更的交易条件,则在接受时宜复述全部条件,以免疏漏和误解。

发盘和接受,是达成交易,合同成立必不可少的两个基本环节和必经的法律步骤。

2.3 合同签订和履行

2.3.1 电子合同

1)电子合同的概念

电子合同又称电子商务合同,根据联合国国际贸易法委员会《电子商务示范法》以及世界各国颁布的电子交易法,同时结合我国《合同法》的有关规定,电子合同是双方或多方当事人之间通过电子信息网络以电子的形式达成的设立、变更、终止财产性民事权利义务关系的协议。通过上述定义可以看出电子合同是以电子的方式订立的合同,其主要是指在网络条件下当事人为实现一定的目的,通过数据电文、电子邮件等形式签订的明确双方权利义务关系的一种电子协议。

2)**电子合同的特点**

(1)一种民事法律行为

电子合同这种民事法律行为是双方或者是多方民事主体的法律行为,当事人之间以电子的方式设立、变更、终止财产性民事权利义务为目的,当事人之间签订的这种合同是合同的电子化,是合同的新形式。根据《电子商务示范法》中有关规定,电子合同是以财产性为目的的协议,该示范法列举了大量商业性质的关系。

(2)交易主体虚拟和广泛

电子合同订立的整个过程采用电子形式且符合易保全的特性,通过电子邮件、EDI 等方式进行电子合同的谈判、签订及履行等。这种合同方式大大节约了交易成本,提高了经济效益。电子合同的交易主体可以是地球上的任何自然人、法人及其相关组织,这种交易方式需要提供一系列的配套措施,如建立信用制度,让交易的相对人在交易前知道对方的资信状况。在世界经济全球化的今天,信用权益必将成为一种无形的财产。

(3)技术化、标准化

电子合同是通过计算机网络订立的,有别于传统的合同订立方式,电子合同的整个交易过程都需要一系列的国际国内技术标准予以规范,如电子签名、电子认证等。这些具体的标准是电子合同存在的基础,如果没有相关的技术与标准,电子合同是无法实现和存在的。

(4)合同订立电子化

我国《合同法》规定合同的订立需要有要约和承诺这两个过程,电子合同同样也需要具备这些要件。传统合同的要约和承诺采用的方式不同于电子合同,电子合同中的要约和承诺均可以用电子的形式完成,它主要输入的相关信息只要符合预先设定的程序,计算机就可以自动做出相应的意思表示。

(5)合同中的意思表示电子化

意思表示的电子化是指在合同订立的过程中通过相关的电子方式表达自己意愿的一种行为。《电子商务示范法》中将电子化的意思表示称之为"数据电文"。

2.3.2 电子合同的邀约和承诺

电子合同的订立是指缔约人做出意思表示并达成合意的行为和过程。任何一个合同的签订都需要当事人双方进行一次或者是多次的协商、谈判,并最终达成一致意见,合同即可成立。电子合同的成立是指当事人之间就合同的主要条款达成一致的意见。

电子合同作为合同中的一种特殊形式,其成立与传统的合同一样,同样需要具备相关的要素和条件。世界各国的合同法对合同的成立大都减少了不必要的限制,这种做法是适应和鼓励交易行为,增进社会财富的需要,所以说在电子合同的成立上,只要当事人之间就合同的主要条款达成一致意见即可。

关于合同中的主要条款,现行的立法是很宽泛的,我国的《合同法》第十二条做了列举性的规定,但是该列举性规定是指一般条款。就合同的主要本质而言,在合同主要条款方面如果当事人有约定,要以双方约定为主要条款,如果没有约定的可以根据合同的性质的确定合同主要条款。

合同的成立与合同的订立是两个不同的概念,两者既有联系又有区别。电子合同的成立需要具备相应的要件如下:

①订约人主体是双方或者多方当事人,合同的主体是合同关系的当事人,他们是实际享受合同权利并承担合同义务的人。

②订约当事人对主要条款达成合意,合同成立的根本标志在于合同当事人就合同的主要条款达成合意。

③合同的成立应该具备要约和承诺两个阶段,《合同法》第十三条规定:“当事人订立合同,采取要约、承诺方式。”

1)要约和要约邀请

要约是指缔约一方以缔结合同为目的而向对方当事人作出的意思表示。关于要约的形式,联合国《电子商务示范法》第十一条规定:除非当事人另有协议,合同要约及承诺均可以通过电子意思表示的手段来表示,并不得仅仅以使用电子意思表示为理由否认该合同的有效性或者是可执行性。要约的形式,既可以是明示的,也可以是默示的。

要约通常都具有特定的形式和内容,一项要约要发生法律效力,则必须具备特定的有效要件:

①要约是由具有订约能力的特定人做出的意思表示。

②要约必须具有订立合同的意图。

③要约必须向要约人希望与之缔结合同的受要约人发出。

④要约的内容必须明确、具体和完整。

⑤要约必须送达受要约人。

2)在线交易中的要约和要约邀请

联合国《通信公约》第十一条规定,通过一项或多项电子通信提出的订立合同提议,凡不是向一个或多个特定当事人提出,而是可供使用信息系统的当事人一般查询的,包括使用互动式应用程序通过这类信息系统发出订单的提议,应当视为要约邀请,但明确指明提议的当事人打算在提议获承诺时受其约束的除外。

关于要约邀请,目前没有这方面的标准商业惯例。现行规定是受《联合国销售公约》第十四条第一款的启发,并确认了这样一条原则:订立合同的提议,凡发给不限数目的人的即使涉及使用互动式应用程序,也非有约束力的要约,但明确指明提议的当事人打算在提议获承诺时受其约束的除外。

根据电子交易的形式和国内外的法律规定,可分为 4 种类型来讨论要约、要约邀请和承诺。

(1)通过访问页面进行交易

此类多为 B2C 交易,消费者进入商家页面,浏览商品,将选中的商品放入购物车,然后进入结账页面,消费者可以看到购买物品的清单,在单击“确定”按钮后,商家提供若干种付款方式供消费者选择:第一种是在线支付,在线交货(下载);第二种是在线支付,离线交货;第三种是离线交货,货到付款。前面两种方式分别适用于数字信息产品和传统实物产品,后一种是在支付安全系数低、制度不完善的状况下而采用的折中方式。

页面的商品信息是不是要约?我们认为,如果该商品信息有明确的价格、规格等内容并且可以在线下载,应认定为要约。这是因为消费者购买的是信息产品的使用权,商品本身不会发生售罄的问题。对于卖方而言,是许可大众使用,只要消费者将之放入购物篮,单击“确定”按钮就构成承诺。

页面上陈列的商品是不是要约?在现实社会,商店中标明价格正在出售的商品构成要约。但在页面上,只能视为要约邀请,这是因为它们在虚拟社会的表现形式是图形,从可能性上来说,当有多人同时点击同一商品时,该图形所表示的商品可能会立刻售罄。如果认定为要约,就意味着商家必须保证该商品有无限多或者应该即刻删去该图形,这对商家是过于苛刻的,也是不可能的。据此,我们认为页面上的商品如果属于有体物,则其信息均应是要约邀请。消费者单击购买商品的“确认”按钮是要约。随后出现的支付页面应是卖方的承诺,表明卖方接收了消费者的要约,请求消费者线上支付。

B2C 是目前我国电子商务交易中使用较多的一种方式,而具体做法上各网站商家又有差异。例如,有的网站在收到消费者的要约后,会打电话向消费者确认,经核实无误后,再送货上门;有的网站在收到要约后,便直接送货上门;有的网站在收到消费者的汇款后再发货;有的网站则通知消费者到指定的地点付款提货。不论卖方采用何种方式,它们在法律上都具有相同性。与消费者单击购买商品的“确认”按钮发出要约相比,只是支付方式和履行方式不同。消费者单击购买的“确认”按钮是要约,承诺则要视卖方的具体情况而定。如果卖方向消费者发出通知,表明收到要约并接受,则是承诺;如果卖方未在页面上作出承诺的表示或发出承诺,而作出送货或发货的行为,则该行为是承诺。

(2)通过网络交易中心交易

此类交易主要是 B2B 交易。选择支付方式时,买方可以选择在线支付,卖方利用货物配送系统来履行。这种交易方式类似于口头协商,与传统交易中的要约承诺别无二致。

(3)在线订立合同或发布广告

根据联合国《通信公约》第十一条,通过一项或多项电子通信提出的订立合同提议,凡不是向一个或多个特定当事人提出,而是可供使用信息系统的当事人一般查询的,包括使用交互式应用程序通过这类信息系统发出订单的提议,应当视作要约邀请,但明确指明提议的当事人打算在提议获承诺时受其约束的除外。

(4)在线广告发布

在纸面环境中,报纸、广播电视、商品目录、产品手册、价目表或其他媒体上的广告,如果是普遍面向公众而不是针对某一个或多个特定的人,一般都视为要约邀请(在某些法律工作者看来,甚至还包括广告针对某一特定顾客群体的情形),因此在这些情形下可以认为不存在受约束的意图。同样,如果只是在商店橱窗和自选货架上陈列货物,一般也视为要约邀请。这种理解与《联合国销售公约》第十四条第二款是一致的,该款规定项提议并非针对一个或多个特定人的,只应视为要约邀请,除非提出该提议的人明确作出相反表示。

本着不偏重任何媒介的原则,对网上交易采用的办法不应有别于纸面环境中同等情形所采用的办法。因此,作为一般规则,一家公司在因特网上或通过其他开放的网络为其货物或服务做广告,仅应视为邀请那些访问其网站的人提出要约,并不能推定构成有约束力的要约。

3)承诺

承诺又称接盘或接受,是指受要约人作出的,对要约的内容表示同意并愿意与要约人缔结合同的意思表示。我国的《合同法》第二十一条规定:“承诺是受要约人同意要约的意思表示。”意思表示是否构成承诺需具备以下几个要件:

①承诺必须由受要约人向要约人作出。

②承诺必须是对要约明确表示同意的意思表示。

③承诺的内容不能对要约的内容做出实质性的变更。

④承诺应在要约有效期间内做出。要约中没有规定承诺期限的,若要约是以对话方式作出的,承诺应当即时作出;要约是以非对话方式作出的,承诺应当在合理期间内作出;双方当事人另有约定的从其约定。

承诺的撤回是指受要约人在发出承诺通知以后,在承诺正式生效之前撤回承诺。根据《合同法》第二十七条的规定:“承诺可以撤回。撤回承诺的通知应当在承诺通知到达要约人之前或者与承诺通知同时到达要约人。”因此,承诺的撤回通知必须在承诺生效之前到达要约人,或者是与承诺通知同时到达要约人,撤回才能生效。如果承诺通知已经生效,合同已经成立,受要约人当然不能再撤回承诺。对承诺的撤回问题学界有不同的观点,反对者认为电子商务具有传递速度快,自动化程度高的特点,要约或者承诺生效后,可能自动引发计算机做出相关的指令,这样会导致一系列的后果。赞同承诺撤回的学者则认为不管电子传输速度有多快,总是有时间间隔的,而且也存在网络故障、信箱拥挤、计算机病毒等突发性事件的存在,导致要约、承诺不能及时到达。

2.3.3 电子合同的成立

1)《合同法》明确规定了电子合同成立的条件

新《合同法》第十三条规定当事人订立合同,采取要约、承诺方式。第十六条第一款规定要约到达受要约人时生效。第二款规定:采用数据电文形式订立合同,收件人指定特定的系统接收数据电文的,数据电文进入该特定的系统的时间,视为到达时间;未指定特定系统的,数据电文进入该收件人的任何系统的首次时间视为到达时间。新《合同法》第二十五条规定承诺生效时合同成立。第二十六条规定承诺通知到达要约人时生效。采用数据电文形式订立合同的,承诺到达的时间适用本法第十六条第二款的规定。合同是经由一方的要约被另一方所接受而成立的。按照传统的做法,要约和承诺都是人工进行的,是双方当事人的一种意思表示,双方意思表示一致合同即告成立。而电子合同的订立完全自动化,双方利用计算机进行,根据预先编制的程序,通过因特网自动发出要约或表示承诺,而承诺一旦生效,合同即告成立,对双方当事人具有法律约束力,任何一方不得违约,否则将承担法律责任。电子合同的订立是在不同地点的计算机系统之间完成的,应如何判断电子合同的承诺是否生效以及该合同是否因此成立并具有法律效力呢?新《合同法》在上述条款中作出详细界定,为判定电子合同的成立和具有法律效力提供了法定界限。

2)《合同法》赋予了电子签名的合法性

电子签名是指数据电文中以电子形式用于识别签名人身份并表明签名人认可其中内容的数据。通俗地说,电子签名就是通过密码技术对电子文档进行的电子形式的签名,并非是书面签名的数字化图像,类似于手写签名或印章,也可以说是电子印章。电子签名其实是一种电子代码,收件人利用它便能在网上轻松验证发件人的身份和签名。它还能验证出文件的原文在传输过程中有无变动。如果有人想通过网络把一份重要文件发送给他人,收件人和发件人都需要首先向一个电子许可证授权机构(如 Global Sign)申请一份电子许可证。这份加密的证书包括申请者在网上的公共钥匙即"公共电脑密码",用于文件验证。

新《合同法》第三十二条规定当事人采用合同书形式订立合同的,自双方当事人签字或者盖章时合同成立。第三十三条规定当事人采用信件、数据电文等形式订立合同的,可以在合同成立之前要求签订确认书。签订确认书时合同成立。签订电子合同,当事人之间使用计算机电子数据交换,合同主要条款也是通过计算机屏幕显示,不存在任何传统意义上的书面形式,因此只能以电子数字签名(加密)的形式证明合同的成立。对此,新《合同法》立法之时已注意到这一客观现实,采取了较为灵活的态度,按照该条款理解:电子合同当事人双方既可以直接使用电子签名;也可以根据实际情况,首先签订使用这种方法的确认书,使合同成立生效。这间接地承认了电子签名(加密)的合法性和有效性。

3)新《合同法》对电子合同管辖权作了具体规定

新《合同法》第三十四条规定承诺生效的地点为合同成立的地点。采用数据电文形式订立合同,收件人的主营业地为合同成立的地点;没有主营业地的,其经常居住地为合同成立的地点。当事人另有约定的,按照其约定。电子合同发出 EC 电讯可以在任何不同的地点使用计算机系统发出,如发送人的营业地、发送人拥有计算机的某一地点。如果采用发出生效原则,将使合同成立的地点具有很大的不确定性。而采用收到生效原则更为适宜,因为收到信息的一方所在地点较为容易确定,可以依据传统的判定方法对接收电文一方的有密切关系的营业地和经常居住地进行判定,提出关于订立合同地点的法定证据。因此,该条款的规定为确定电子合同成立的地点,明确合同的法律适用和合同纠纷的管辖权提供了重要的法律依据。

4)新《合同法》明确了电子合同的法律地位

新《合同法》明确了电子合同的法律地位,使电子证据具有合法性。在电子商务活动中,电子合同、订货单、提单、确认书、转运单、保险单、付款通知、有关票据等电子文件即电子单证是在计算机内磁性介质中传递、存储的电子数据,无法被人识读,只能通过屏幕显示或打印输出才能识读,但这只是一种抄录,而不是传统意义上的证据原件。因此,客观地说执法部门在受理电子商务违法案件及电子合同纠纷案件时根本不可能取得作为书面证据的原件。如何解决这一难题呢?我国新《合同法》既然已经明确了电子合同的法律地位,我国

《民事诉讼法》第六十三条也将可读形式的电子证据归为采纳证据中的视听资料类,说明了我国采纳电子证据是有法律基础的,只要经过国家电子商务认证中心(CA)、电子数据交换(EDI)服务中心的认证和防火墙的技术处理,辨别真伪后,电子单证计算机记录也就是电子证据可以作为合法的证据来认定事实、定性处理。

2.3.4 电子合同的履行

电子合同的标的可以划分为有形标的与无形标的两类。当某一标的物为有形物时,电子合同的履行与传统合同的履行没有任何不同。当某一标的物为无形物时,依据交付方式的不同而有所不同,下面就这一问题进行专门论述。

电子合同的标的物为无形物时,一般可以采取两种方式进行交付:

①将无形标的物装载于有形物中进行交付,如将计算机软件装载于光盘内再进行交付,是以有形介质为载体,使无形标的交付变有形标的交付的方式,可以适用传统合同履行的有关规定。

②电子传输交付,即通过电子网络中的数据电文往来完成合同标的交付,如在得到供方许可的前提下,登录供方的电子网络将计算机软件下载即完成交付或由供方利用电子网络将标的物直接发送到需方的指定系统中即完成交付,这是电子合同独有的交付方式。该方式已经将传统合同履行过程虚拟化,在需方能够按照合同目的有效地占有和支配电子合同项下的标的物时,供方就已经履行了自己所承担的合同义务。

所谓“有效地占有和支配”,是指在供方的指引下取得标的物,并能够完成发挥其功能的相关操作。供方在交付时应当同时提供与标的物有关的使用方法说明,在必要时对需方进行使用技能培训,使其掌握与使用标的物有关的信息与知识,只有需方能够有效地占有和支配标的物时合同交付才能够完全实现。例如,商家在提供计算机硬件时,必须同时提供该计算机硬件的驱动程序,否则,该交付行为尚不能构成完整意义上的交付。法律从保护接收方的合法权益的角度出发,将此项义务规定为交付义务的有机组成部分,在电子合同履行中显得尤为重要。

电子合同中,需方的履行义务主要是货币支付,支付额度应当与供方的交付形成对价,是合同相对性规则的直接体现。当有证据表明供方的交付属于法律上的单方行为时,可以免去需方的对待给付义务,如无偿赠予等。如果合同标的物属于无形物中共享性特征非常明显的产品类型,如电子信息,按照先使用后付费的履行顺利,很可能会出现一方履行交付义务之后,另一方逃避对待给付义务的情况,致使权利人的合法权益得不到保障。为了保护权利人的合法权益,法律可以允许发送方在接收方对待给付之前不完全履行,或设置电子控制,但必须保证接收人已经存在的合法权益不会因此而受到侵害,且一旦按合同规定进行对待给付后,接收人就要能够顺利接收和使用该信息。在当前法律没有规定的情况下,当事人也可以在协商一致后,采取在合同中规定预付款、保证金等办法来缓解这一问题。

合同履行过程中,与交付相对应的是检验和接收。当合同标的无须经过专业人士检验,根据通常标准即可确定其使用性能与特点时,法律也就无须为此规定专门的检验和接收程序;当合同标的需要经过专业人士检验才能确定其使用性能与特点,并且接收方有机会对其进行检验时,法律应当考虑为此设置合理程序,赋予接收方在合理条件下进行检验的权利,以保障接收方的合法权益。经过检验,一方交付的合同标的物符合合同目的时,另一方应当按规定方式予以接收,协助对方完成交付行为,不得为此设置任何障碍;另一方交付时,合同一方有同样的协助义务。

2.4 电子支付与结汇

2.4.1 电子支付的概念

美国将电子支付定义为:电子支付是支付命令发送方把存放于商业银行的资金,通过一条线路划入收益方开户银行,以支付给收益方的一系列转移过程。

我国给出的定义是:电子支付是指单位、个人直接或授权他人通过电子终端发出支付指令,实现货币支付与资金转移的行为。

电子支付从基本形态上看是电子数据的流动,以金融专用网络为基础,通过计算机网络系统传输电子信息来实现支付。电子支付的类型按电子支付指令发起方式分为网上支付、电话支付、移动支付、销售点终端交易、自动柜员机交易和其他电子支付;按照支付指令的传输渠道可以分为卡基支付、因特网支付和移动支付。因特网支付指的是支付指令从因特网传输至支付网关再进入金融专线网络的一种电子支付,而通过银行专有网络传递支付指令的是卡基支付,通过移动通信网络传递支付指令的是移动支付。支付指令发出后在银行后台进行处理,并同通过传统银行金融专线网络完成跨行交易的清算和结算。

2.4.2 电子支付的类型

电子支付的业务类型按电子支付指令发起方式分为网上支付、电话支付、移动支付、销售点终端交易、自动柜员机交易和其他电子支付。

1) 网上支付

网上支付是电子支付的一种形式。广义地讲,网上支付是以互联网为基础利用银行所支持的某种数字金融工具,发生在购买者和销售者之间的金融交换,从而实现从买者到金融机构、商家之间的在线货币支付、现金流转、资金清算、查询统计等过程,由此电子商务服务和其他服务提供金融支持。

2) 电话支付

电话支付是电子支付的一种线下实现形式,是指消费者使用电话(固定电话、手机等)或其他类似电话的终端设备,通过银行系统就能从个人银行账户里直接完成付款的方式。

3) 移动支付

移动支付是使用移动设备通过无线方式完成支付行为的一种新型支付方式。移动支付所使用的移动终端可以是手机、PDA、移动 PC 等。

2.4.3 电子支付的工具

随着计算机技术的发展,电子支付的工具越来越多。这些支付工具可以分为3大类:

①电子货币类,如电子现金、电子钱包等。

②电子信用卡类,包括智能卡、借记卡、电话卡等。

③电子支票类,如电子支票、电子汇款(EFT)、电子划款等。

这些方式各有自己的特点和运作模式,适用于不同的交易过程。以下介绍电子现金、电子钱包、电子支票和智能卡4种。

1)电子现金

电子现金是一种以数据形式流通的货币。它把现金数值转换成为一系列的加密序列数,通过这些序列数来表示现实中各种金额的市值,用户在开展电子现金业务的银行开设账户并在账户内存钱后,就可以在接受电子现金的商店购物了。

2)电子钱包

电子钱包是电子商务活动中网上购物顾客常用的一种支付工具,是在小额购物或购买小商品时常用的新式钱包。

电子钱包一直是全世界各国开展电子商务活动中的热门话题,也是实现全球电子化交易和因特网交易的一种重要工具,全球已有很多国家正在建立电子钱包系统以便取代现金交易的模式。目前,我国也正在开发和研制电子钱包服务系统。使用电子钱包购物,通常需要在电子钱包服务系统中进行。电子商务活动中电子钱包的软件通常都是免费提供的,可以直接使用与自己银行账号相连接的电子商务系统服务器上的电子钱包软件,也可以从因特网上直接调出来使用,采用各种保密方式利用因特网上的电子钱包软件。目前世界上有VISA cash和Mondex两大电子钱包服务系统,其他电子钱包服务系统还有HP公司的电子支付应用软件(V WALLET)、微软公司的电子钱包MS Wallet、IBM公司的Commerce POINT Wallet软件、Master Card cash、Euro Pay的Clip和比利时的Proton等。

3)电子支票

电子支票是一种借鉴纸质支票转移支付的优点,利用数字传递将钱款从一个账户转移到另一个账户的电子付款形式。这种电子支票的支付是在与商户及银行相连的网络上以密码方式传递的,多数使用公用关键字加密签名或个人身份证号码(PIN)代替手写签名。

用电子支票支付,事务处理费用较低,而且银行也能为参与电子商务的商户提供标准化的资金信息,故而可能是目前最有效率的支付手段之一。

4)智能卡

智能卡是在法国问世的。20世纪70年代中期,法国Roland Moreno公司采取在一张信用卡大小的塑料卡片上安装嵌入式存储器芯片的方法,率先成功开发IC存储卡。经过20多年的发展,真正意义上的智能卡,即在塑料卡上安装嵌入式微型控制器芯片的IC卡,已由摩托罗拉和Bull HN公司于1997年研制成功。

在美国,人们更多使用ATM卡。智能卡与ATM卡的区别在于两者分别是通过嵌入式芯片和磁条来储存信息。但由于智能卡存储信息量较大，存储信息范围较广，安全性也较好，因此逐渐引起人们的重视。

改革开放以来，中国国家金卡工程取得了令人瞩目的成绩，目前 IC 卡已在金融、电信、社会保障、税务、公安、交通、建设及公用事业、石油石化、组织机构代码管理等许多领域得到广泛应用，像第二代居民身份证（卡）、社会保障 IC 卡、城市交通 IC 卡、电话 IC 卡、三表（水电气）IC 卡、消费 IC 卡等行业 IC 卡的应用已经渗透到百姓生活的方方面面，并取得了较好的社会效益和经济效益。这对提高各行业及地方政府的现代化管理水平，改变人民的生活模式和提高生活质量，推动国民经济和社会信息化进程发挥了重要作用。

2.4.4 电子支付的特征

与传统的支付方式相比，电子支付具有以下特征：

①电子支付是采用先进技术通过数字流转来完成信息传输的，其各种支付方式都是通过数字化的方式进行款项支付的；而传统支付方式则是通过现金的流转、票据的转让及银行的汇兑等物理实体来完成款项支付的。

②电子支付的工作环境基于一个开放的系统平台（即互联网）；而传统支付则是在较为封闭的系统中运作。

③电子支付使用的是最先进的通信手段，如 Internet、Extranet，而传统支付使用的则是传统的通信媒介；电子支付对软、硬件设施的要求很高，一般要求有联网的 PC 机、相关的软件及其他一些配套设施，而传统支付则没有这些要求。

④电子支付具有方便、快捷、高效、经济的优势。用户只要拥有一台上网的 PC 机，便可足不出户，在很短的时间内完成整个支付过程。支付费用仅相当于传统支付的几十分之一，甚至几百分之一。

在电子商务中，支付过程是整个商贸活动中非常重要的一个环节，同时也是电子商务中准确性、安全性要求最高的业务过程。电子支付是一种业务过程，而非一种技术。但是在进行电子支付活动的过程中，会涉及很多技术问题。

2.4.5 电子支付与在线电子支付

在线电子支付不等同于电子支付。因为在电子商务出现之前，以信用卡为代表的电子支付手段早已实现，信用卡可在商场、饭店等许多场所使用，可采用刷卡记账、POS 终端结账、ATM 机提取现金等方式进行支付。而在线电子支付，又称网上支付、电子货币支付，从广义上来说，是指交易双方在网上发生的一种资金交换；是以金融电子化网络为基础，以商用电子化机具和各类交易卡为媒介，以电子计算机技术和通信技术为手段，以电子数据（二进制数据）形式存储在银行的计算机系统中，并通过计算机网络系统以电子信息传递形式实现的流通和支付。电子支付系统是实现在线支付的基础，而在线支付则是电子支付系统发展的更高形式，它使得电子支付可随时随地通过因特网直接进行转账、结算，形成电子商务环境。

在线电子支付系统多种多样，主要有网上银行卡支付系统、电子现金支付系统、电子钱包支付系统、电子支票支付系统等几种形式。

2.4.6 电子支付的风险

支付电子化,既给消费者带来便利,也为银行业带来新的机遇,同时也对相关主体提出了挑战。电子支付面临多种风险,主要包括经济波动及电子支付本身的技术风险,也包括交易风险、信用风险等。金融系统中传统意义上的风险在电子支付中表现得尤为突出。

1)经济波动的风险

电子支付系统面临着与传统金融活动同样的经济周期性波动的风险。同时,由于它具有信息化、国际化、网络化、无形化的特点,因此,电子支付所面临的风险扩散更快、危害性更大。一旦金融机构出现风险,很容易通过网络迅速在整个金融体系中引起连锁反应,引发全局性、系统性的金融风险,从而导致经济秩序的混乱,甚至引发严重的经济危机。

2)电子支付系统的风险

(1)软硬件系统风险

从整体看,电子支付的业务操作和大量的风险控制工作均由计算机软件系统完成。全球电子信息系统的技术和管理中的缺陷或问题成为电子支付运行的最为重要的系统风险。在与客户的信息传输中,如果该系统与客户终端的软件互不兼容或出现故障,就存在传输中断或速度降低的可能。

(2)外部支持风险

由于网络技术的高度知识化和专业性,又出于对降低运营成本的考虑,金融机构往往要依赖外部市场的服务支持来解决内部的技术或管理难题,如聘请金融机构之外的专家来支持或直接操作各种网上业务活动。这种做法适应了电子支付发展的要求,但也使自身暴露在可能出现的操作风险之中,外部的技术支持者可能并不具备满足金融机构要求的足够能力,也可能因为自身的财务困难而终止提供服务,可能对金融机构造成威胁。

3)交易风险

电子支付主要是服务于电子商务的需要,而电子商务在网络上的交易由于交易制度设计的缺陷、技术路线设计的缺陷、技术安全缺陷等因素,可能导致交易中的风险。这种风险是电子商务活动及其相关电子支付独有的风险,它不仅局限于交易各方、支付的各方,而且可能导致整个支付系统的系统性风险。

4)法律风险

电子支付业务常涉及银行法、证券法、消费者权益保护法、财务披露制度、隐私保护法、知识产权法和货币银行制度等。目前,全球对电子支付立法相对滞后,现行许多法律都只适用于传统金融业务形式。在电子支付业务中出现了许多新的问题,如发行电子货币的主体资格、电子货币发行量的控制、电子支付业务资格的确定、电子支付活动的监管、客户应尽的义务与银行应承担的责任等,各国都还缺乏相应的法律法规加以规范。

以网上贷款为例,就连网上贷款业务发展较早的台湾金融监管部门也没有相关法令规范这一新兴业务,其监管机构目前能做的只是对银行提交的契约范本进行核准。缺乏法律规范调整的后果表现在两个方面，要么司法者或仲裁者必须用传统的法律规则和法律工具来分析网上业务产生的争议；要么法官或仲裁者不得不放弃受理这类纠纷。由于网络纠纷的特殊性，用传统法律规则来解决是一个非常吃力的问题；但是，消极地拒绝受理有关争议同样无助于问题的解决。法律规定的欠缺使得金融机构面临巨大的法律风险。

目前在电子支付业务的许多方面，没有任何法律法规可用于规范业务及各方关系，而在电子支付业务的有些方面，虽然已有一些传统的法律法规，但其是否适用，适用程度如何，当事人不太清楚，监管机构也未必明白。在这种情况下，当事人一方面可能不愿意从事这样的活动，一方面也可能在出现争执以后，谁也说服不了谁，解决不了问题。例如，在处理银行与客户的关系方面，现有的法律总是更倾向于保护客户，为银行规定了更严格的义务，美国 1978 年《电子资金转移法》规定银行在向客户提供 ATM 卡等借记卡服务的时候，必须向客户披露一系列信息，否则银行要面临潜在的风险。而电子货币，特别是智能卡出现以后，智能卡是否需要披露同样的信息，即便是监管机构也无法立刻做出决定。因为两种卡的性能完全不一样，要求借记卡业务披露的信息可能对于智能卡来讲没有任何意义，而且有的时候，要求过于严格造成发卡银行成本过大，会阻碍业务的发展。在这种情况下，开展此项业务的银行就会处于两难的境地，以后一旦出现争议或诉讼，谁也无法预料会出现什么样的后果。

类似的情况在电子支付的其他新业务中也同样存在。例如，有的银行在互联网上建立自己的主页，并设置了许多链接点，把自己的网址链接到其他机构的网址上。如果黑客利用这些链接点来欺诈银行的客户，客户有可能会提起诉讼，要求银行赔偿损失。又如，一些银行可能会承担认证机构的职能，并以此作为一项新的业务，通过提供认证服务收取相应的服务费用。那么，作为认证机构的银行和申请认证的机构或个人以及接受认证证书的机构之间就可能存在潜在的争议，一旦出现争执，银行的权利义务如何，尤其是在没有相关立法调整数字签名和认证机构的国家，银行面临的风险更大。

此外，电子支付还面临洗钱、客户隐私权、网络交易等其他方面的法律风险，这就要求银行在从事新的电子支付业务时必须对其面临的法律风险认真分析与研究。

5）信用风险

交易方在到期日不完全履行其义务的风险。电子支付拓展金融服务业务的方式与传统金融不同，其虚拟化服务业务形成了突破地理国界限制的无边界金融服务特征，对金融交易的信用结构要求更高、更趋合理，金融机构可能会面临更大的信用风险。以网上银行为例，网上银行通过远程通信手段，借助信用确认程序对借款者的信用等级进行评估，这样的评估有可能增加网上银行的信用风险。因为借款人很可能不履行对电子货币的借贷应承担的义务，或者由于借贷人网络上运行的金融信用评估系统不健全造成信用评估失误。此外，从电子货币发行者处购买电子货币并用于转卖的国际银行，也会由于发行者不兑现电子货币而承担信用风险。有时，电子货币发行机构将出售电子货币所获得的资金进行投资，如果被投资方不履行业务，就可能为发行人带来信用风险。总之，只要同一电子支付机构交易的另外一方不履行义务，都会给电子支付机构带来信用风险。因信用保障体系的不健全，目前网上出现了种种交易问题，甚至专门在网上进行诈骗的案例都有发生。市场经济不能没有信用，信用可以减少市场交易费用。只有交易双方有足够的信用度,交易才有可能完成,否则任何交易都需要面对面、以货易货地进行,缺乏信用最典型的交易案例便是物物交易。面对面交易或者物物交易不仅增加交易费用,而且将交易的规模限制在一个很小的范围内。

社会信用体系的不健全是信用风险存在的根本原因,也是制约电子支付业务甚至电子商务发展的重要因素。

6)流动性风险

当电子支付机构没有足够的资金满足客户兑现电子货币或结算需求时,就会面临流动性风险。一般情况下,电子支付机构常常会因为流动性风险而恶性循环地陷入声誉风险中,只要电子支付机构某一时刻无法以合理的成本迅速增加负债或变现资产,以获得足够的资金来偿还债务,就存在流动性风险,这种风险主要发生在电子货币的发行人身上。发行人将出售电子货币的资金进行投资,当客户要求赎回电子货币的时候,投资的资产可能无法迅速变现,或者会造成重大损失,从而使发行人遭受流动性风险,同时引发声誉风险。流动性风险与声誉风险往往连在一起,成为相互关联的风险共同体。电子货币的流动性风险同电子货币的发行规模和余额有关,发行规模越大,用于结算的余额越大,发行者不能等值赎回其发行的电子货币或缺乏足够的清算资金等流动性问题就越严重。

由于电子货币的流动性强,因此,电子支付机构面临比传统金融机构更大的流动性风险。

7)声誉风险

与传统风险比较,电子支付机构面临的声誉风险显得更为严重。以网上银行为例,传统业务中,最常见的声誉风险表现为一家银行出了财务问题以后,导致挤兑。网上银行产生声誉风险的原因与传统业务有时候一样,有时候也不一样。不一样的是,网上银行可能因技术设备的故障和系统的缺陷,导致客户失去对该银行的信心。重大的安全事故等会引起电子支付机构产生声誉风险。如新闻媒体报道某家银行被黑客入侵,尽管可能没有造成任何损失,但是客户会立刻对该银行的安全性能产生怀疑。网上银行的业务处在发展初期,客户对安全存在潜在的不信任,声誉风险的出现对网上银行业务的影响尤其大。

8)结算风险

清算系统的国际化大大提高了国际结算风险。基于电子化支付清算系统的各类金融交易,发达国家国内每日汇划的日处理件数可以达到几百甚至上千万件。

2.4.7 国际上通行的两种安全协议

1)SSL 安全协议

SSL 安全协议是国际上通行的银行卡密码校验技术和标准之一,又称“安全套接层”协议,是 Netscape Communication 公司 1996 年设计开发的,主要用于提高应用程序之间的数据安全系数。

SSL 安全协议是指通信前双方在通信前约定使用的一种协议方法,该方法能够在双方计算机之间建立一个秘密通道,凡是一些机密数据都可以通过双方公开的通路传输,不用担心数据会被别人偷窃。SSL安全协议能够对TCP/IP以上的网络应用协议数据流加密。SLL协议只负责端到端的安全连接,只保证信息传输过程中不被窃取、篡改,但不提供其他安全保证,因而SLL实质上仅仅提供对浏览器和服务器的鉴别,不能细化到对商家和客户的身份认证,这个缺陷会导致交易的假冒欺诈行为出现,又由于SSL协议早已嵌入Web浏览器和服务器,使用方便,因此对进行电子商务交易的广大用户而言,SSL使用非常方便,这是其优点。

2)SET安全协议

在开放的因特网上处理电子商务,如何保证买卖双方传输数据的安全成为电子商务能否普及的最重要的问题。为了克服SSL安全协议的缺点,两大信用卡组织,Visa和Mastercard联合开发了SET(Secure Electronic Transaction)电子商务交易安全协议。SET是一种应用于开放网络环境下、以智能卡为基础的电子支付系统协议。SET给出了一套完备的电子交易过程的安全协议,可实现电子商务交易中的加密、认证、密钥管理等任务在保留对客户信用卡认证的前提下,SET又增加了对商家身份的认证,这对于需要支付货币的交易来讲是至关重要的。由于设计合理,SET协议得到了IBM, HP, Microsoft, Netscape等许多大公司的支持,成为事实上的工业标准。目前,它已获得IETF标准的认可。

安全电子交易是基于因特网的卡基支付,是授权业务信息传输的安全标准,它采用RSA公开密钥体系对通信双方进行认证。利用DES,RC4或任何标准对称加密方法进行信息的加密传输,并用HASH算法来鉴别消息真伪,有无篡改。在SET体系中有一个关键的认证机构(CA), CA根据X.509标准发布和管理证书。

2.4.8 结汇

对跨境电子商务来说,支付是非常重要的一个闭环。但是在不同的国家和地区,人们的支付习惯并不相同,因此商家可以针对不同地区的客户,为其提供相应的收款方式。

如果是国内电子商务活动,收款方式不外乎支付宝、财付通等,而且不用担心手续费、安全性和即时性。但是对于跨境电子商务来说,因涉及境内和境外两方面,收汇款方式就变得不那么简单了,需要考虑不同币种、不同支付方式以及汇率等一系列问题。

1)出口跨境电子商务支付链

对出口跨境电子商务来说,支付表现为外卡收单业务,即国内的商家通过外贸平台将商品销售给境外消费者,消费者付款后,由支付机构为国内商家收取外币并代理结汇。

目前的支付机构主要包括第三方支付平台和商业银行。

(1)第三方支付平台

第三方支付平台作为一种支付通道,可与境外银行合作,帮助国内商家收取外汇,消费者和商家可以直接在线上完成跨境支付。例如,在eBay上的卖家通过国际第三方支付平台PayPal,可以直接收取货款。

(2)商业银行

很多跨境电子商务网站选择直接与海外银行合作,开通接收海外银行信用卡支付的端口，如 VISA、万事达等，用户可以直接通过信用卡进行支付，或者在线下网点转账汇款支付。

由于跨境电子商务涉及不同币种、语言及金融政策等因素，因此第三方支付平台与商业银行一般是合作关系，二者互为补充。但与此同时，第三方支付平台与银行也存在着竞争，因为有了第三方支付平台，消费者可以直接绕过银行进行付款。

第三方支付平台与商业银行的这种特殊关系，一方面能够使跨境支付变得方便快捷，另一方面二者的竞争必然会带来支付手续费用的降低，最终能够使用户从中获益。

2）热门跨境支付方式优劣分析

商家可以针对不同地区的客户，为其提供相应的收款方式。

（1）PayPal

跨境电子商务平台 eBay 旗下的第三方支付平台，国际知名度较高，尤其受美国用户信赖。

优势：全球用户广；账户与账户之间产生交易的方式，买卖双方都可以拥有。

劣势：平台更倾向于买家的利益，对卖家不利；每笔交易除手续费外还需要支付交易处理费；账户容易被冻结，商家利益易受损失。但是只要不做仿牌，风险还是比较小的。

（2）信用卡收款

目前国际上有五大信用卡品牌，分别是 Visa，MasterCard，American Express，Jcb 和 Diners club，其中前两个为大家广泛使用。

优势：欧美澳最普遍的支付方式，用户数量庞大。

劣势：接入方式麻烦、需预存保证金、收费高昂、付款额度偏小；黑卡众多，存在拒付风险。

（3）电汇

电汇是传统的 B2B 付款模式，适合大额的交易付款，买家和卖家各自承担所在地的银行费用。

优势：先付款后发货，保证商家利益不受损失；收款迅速，几分钟到账。

劣势：先付款后发货，消费者容易产生不信任；客户群体小，限制商家的交易量。主要用于大型 B2B 贸易。

（4）西联汇款

西联汇款是西联国际汇款公司的简称，是一家特快汇款公司。西联手续费由买家承担，适合 1 万美元以下的小额支付。

优势：对于卖家来说，手续费由买家承担，可先提钱再发货，安全性好；到账速度快。

劣势：对买家来说，风险极高，买家不易接受；买家和卖家需要去西联线下柜台操作；对小额收款手续费较高。

（5）Money Gram

速汇金汇款是 Money Gram 公司推出的一种个人间的全球汇款业务，收款人凭汇款人提供的编号即可收款。

优势：汇款速度快，十几分钟即可到达；在一定的汇款金额内，费用相对较低，无中间费，无电报费;手续简单,无须银行账号,仅需填写一张表格。

劣势:必须为境外汇款;汇款人及收款人均必须为个人;客户如持现钞账户汇款,还需交纳一定的钞变汇的手续费。

(6)香港离岸公司银行账户

卖家通过在香港开设离岸银行账户,接收海外买家的汇款,再从香港账户汇往大陆账户。

优势:接收电汇无额度限制;不同货币可直接自由兑换。

劣势:香港银行账户的钱需要转到大陆账户,较为麻烦;部分客户选择通过地下钱庄的方式,有资金风险和法律风险。

【本章小结】

针对本章的相关论述,可以简单归纳如下:

一是国际市场调研在跨境电子商务中起着很重要的作用。

二是跨境交易磋商是跨境电子商务的重要环节之一,商品的跨境交易能否顺利签订合同,主要取决于交易双方对交易双方条件磋商的结果。

三是合同的签订与履行是跨境电子商务交易成功的必要前提。

四是电子支付与结汇是跨境电子商务中的极为重要、关键的组成部分。

【思考题】

1. 跨境电子商务的国际市场调研包括哪些内容?
2. 跨境电子商务的国际市场调研有哪些方法?
3. 跨境网上交易磋商有哪些步骤?
4. 电子合同的特点是什么?
5. 电子合同中的邀约和承诺有什么区别?
6. 电子支付的特征是什么?
7. 电子支付面临哪些风险?

【实践训练】

网上搜索一个跨境电子商务企业,写出企业跨境电子商务调研报告(要求字数不少于300 字)。

第3章
跨境电子商务物流与供应链

【导入案例】

国际快递空运操作失误造成运费损失

2007年，宁波的一个进出口公司快递20个样品塑料衣架给国外客户。因外贸业务员填写的客户地址不清楚，快递到达客户当地找不到具体地址。而联系方式只有客户的办公室电话，赶巧客户又出去度假了。快递公司无法送达，最后货物被快递公司退回国内。因发出去的快递无人签收，快递公司只能向发货的宁波进出口公司收取快递费用。不仅如此，由于收货人未签收，退回的快递费用也需宁波的进出口公司承担。快递没有递送成功，还来回付了两次快递费用。虽然费用不多，但也是一定要避免的。

思考：

1. 如何避免快递运输过程中寄件不成功的情况？
2. 查阅相关资料明确国际快递运单的完整填写包含哪些内容？

3.1 跨境电子商务物流概述

3.1.1 跨境电子商务物流的特征

1）物流距离较远

相较国内物流，跨境物流需要跨越更大的地理空间。从上海到北京的距离大约1 000千米，但从上海到莫斯科，距离则大约是7 200千米。北京到纽约的最短空中距离约1 000千米（北极航线），北京到布宜诺斯艾利斯直线距离约为20 000千米。

跨境电子商务使得世界更加扁平化，但压在物流上的重担并不比传统国际贸易轻。地球的周长约40 000千米，因此，跨境电子商务物流的复杂程度与国内电子商务物流不是一个数量级。

2）法理问题突出

跨境物流面临的问题更多的是法理问题而非地理问题。由于跨境电子商务的交易双方地处不同的国家或地区，因此跨境物流涉及海关、商检等多个环节，涉及国际间不同国家的多个规格标准、多套不同法律，十分复杂。例如，尽管地理距离相近，但商品从北京物流到云南和物流到越南是截然不同的。

一般情况下，商品从中国卖家递送到海外买家手中，需要经过国内、国外两次通关，即使我国大力改善提高通关效率，也无法保障国外海关的通关效率。在巴西的跨境电子商务旺季，中国邮政挂号小包给出的时效是90天，然而巴西常见的时效是120天，即使是半年也不足为怪。

距离问题和法理问题纠缠在一起，使得跨境电子商务物流费用成为跨境电子商务企业综合成本的重要组成部分，占15%～20%。同时，跨境电子商务物流也严重影响客户的购买体验，在跨境电子商务平台的订单投诉中，很大一部分都是由物流引起的。

3.1.2 中小企业的跨境电子商务物流

2015年4月，《中国经营报》报道："目前我国中小企业数量近4 000万户，其中中小外贸企业数量将近500万户，这500万户中小外贸企业完成我国约60%的对外贸易总额。"

无论是一般贸易还是跨境电子商务，从规模占比角度而言，目前中小企业都是最主要的参与力量，但从跨境物流角度而言，中小企业却面临很多困难。

中小规模的外贸企业往往缺乏专职的外贸人员，而跨境物流需要社会化的专业服务机构。在一般贸易B2B领域中，规模越小的外贸企业越需要货代公司的全面服务，因此大幅增加了物流费用。同时，相较大型企业，中小企业在与物流公司合作时缺乏谈判筹码，难以获得最优的待遇。在跨境电子商务B2C领域中，很多中小企业体量有限，使用邮政国际速递的渠道时往往需要自己送货到邮政固定地点，无形中增加了成本，降低了效率。

一般贸易B2B领域中，中小企业物流相关的实际操作一般包括如图3-1所示的环节。

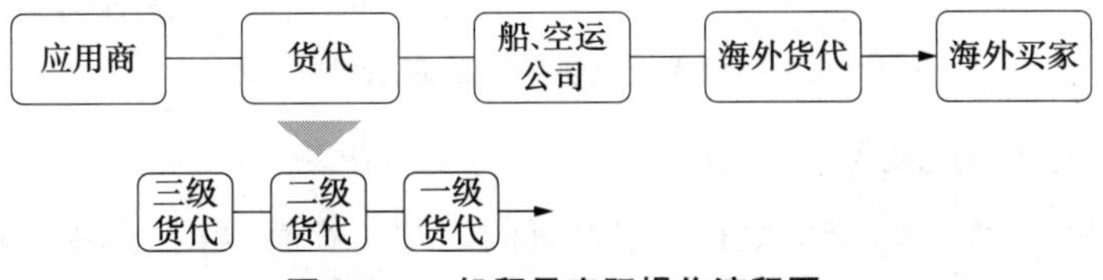

图3-1 一般贸易实际操作流程图

目前，中国出口的80%以上都采用FOB（船上交货价）的贸易形式，物流服务商多由海外买家选定其信任的海外货代，并由海外货代选择对接的国内货代。跨境电子商务产业链条上的主要利润集中在海外货代环节，即销售环节和货到海外港口之后的清关、仓储、运输环节。

国内货代通过加价或利润分成的方式获取收益。一般情况下，国内货代代理服务可以获得每单25～50美元的利润，安排拖车获得200～300美元，订舱操作获得150美元，由此可见海外物流附加费用之高。

3.1.3 跨境电子商务物流存在的问题

从物流角度来看，跨境电子商务还属于国内电子商务的初级版本。相较国内快递网络，国际商贸物流体系还无法适应跨境电子商务的发展需要。迄今为止，大部分跨境电子商务物流还只能依靠邮政国际物流体系完成，跨境电子商务物流依旧存在种种弊端。

1）**配送周期长**

跨境电子商务交易双方地理距离远、分隔不同国界、需要清关、商检的特点，使得跨境电子商务物流的产业链环节非常长。Focal price 的客户满意度调查显示，跨境电子商务买家的抱怨主要集中在物流方面，而配送周期过长又是海外客户抱怨的重点。

在正常情况下，俄罗斯的一个客户从全球速卖通下单，往往 2 个月之后才能收到商品。使用中国邮政小包发往俄罗斯、巴西等地，一般送达时间在 40 ~ 90 天，使用专线物流稍微快些，但也需要 16 ~ 35 天。在 eBay 平台上，通过 e 邮宝发往欧美的货物一般需要 7 ~ 12 天。

2）**物流成本高**

由于跨境电子商务物流涉及跨境贸易和跨境物流，包括国内物流、国内海关、国际运输、国外海关、国外本地物流等多个环节，因此，跨境电子商务物流的操作难度大、风险较高，成本一般占跨境电子商务总成本的 15% 以上。

3）**商品可追溯性差**

与国内电子商务物流不同，国外段的跨境电子商务物流是难以追踪的（见图 3-2）。在物流较为发达且语言方便的国家及地区，对商品可进行一定程度的追踪查询；但在一些小语种国家及物流行业较为落后的国家，如俄罗斯、巴西、西班牙等，由于语言差异及当地物流信息化体系的缺失，商品追溯的难度是比较大的。

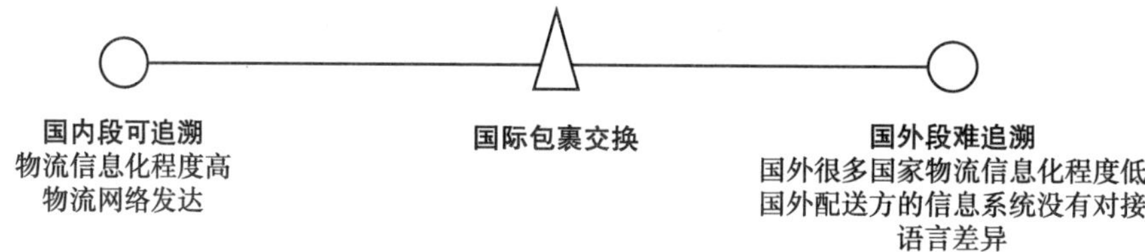

图 3-2　跨境电子商务物流追溯困境示意图

4）**难以实现的退换货服务**

任何的商业贸易，都不可避免地存在退换货的问题。然而，当下的跨境电子商务物流模式（邮政物流、商业快递、专线物流）难以支持企业提供退换货服务。原因如下：

（1）跨境电子商务物流周期长

发货配送往往需要数周时间，如果再进行退换货，物流周期可想而知。

（2）二次物流成本高

即使海外客户能够接受卖家提供的退换货服务，企业也需要付出高昂的成本。同时，对于卖家而言，退换货意味着进出口行为的产生，可能会受到海关的查验，甚至缴纳关税。

3.1.4　跨境电子商务物流的相关政策

跨境电子商务物流不适合传统国际贸易规则，传统国际贸易下政府针对物流的管理模式往往成为阻碍跨境电子商务快速发展的屏障。例如，跨境电子商务物流往往覆盖个人，而传统国际贸易并不需要，其关税税率对货物和个人物品是有区别的，跨境电子商务包裹是按个人物品还是货物计算在很长时间内都有争议。

伴随着跨境电子商务的迅猛发展,国家针对跨境电子商务的法律法规、支持措施越来越完善。2012年,国家发展和改革委员会下发《国家发展改革委办公厅关于组织开展国家电子商务示范城市电子商务试点专项的通知》,允许在杭州、上海、宁波等地开展跨境电子商务货物集中申报,大幅提升了跨境电子商务物流效率。

2015年10月20日,《中国(杭州)跨境电子商务综合试验区海关监管方案》通过了海关总署的批准,杭州启动了全国首批跨境电子商务B2B出口试点。根据方案,杭州海关将对跨境电子商务实行"清单核放、集中纳税、代扣代缴"的通关新模式,实现跨境电子商务进出口B2B、B2C试点模式全覆盖,同时申报模式将更加简化。

2016年的政府工作报告中,李克强总理重点讲道:"扩大跨境电子商务试点,支持企业建设一批出口产品海外仓,促进外贸综合服务企业发展。"国家发展跨境电子商务的核心手段之一,就是通过推动海外仓的建设推动跨境电子商务物流的发展。

2015年年初,浙江省商务厅确立了首批跨境电子商务公共海外仓,分布在美国、俄罗斯、澳大利亚、阿联酋等11个国家。在《浙江省跨境电子商务发展三年行动计划》中,也提到了浙江要在2017年累计建成覆盖全球五大洲主要出口国家的60个公共海外仓。

未来,在国家的大力推动下,跨境电子商务物流的壁垒将被逐一攻破,跨境电子商务物流将迎来更加黄金的发展期。

3.2 跨境电子商务物流模式

通常情况下,跨境电子商务物流可以分为国际平邮、商业快递、国际专线和海外仓4种方式。其中国际平邮包括中国邮政小包、中国香港邮政小包、新加坡邮政小包;商业快递包括大陆EMS、新加坡EMS、USPS(美国邮政)、PARCEL FORCE(英国邮政)以及UPS、DHL、TNT、FedEx四大商业国际速递;国际专线包括中美专线、中澳专线、燕文专线等通过航空包舱方式运输到国外,通过合作公司进行目的国派送。海外仓就是在除本国以外的其他国家建立的海外仓库,一般用于电子商务。

3.2.1 国际平邮

国际平邮也称为国际小包裹平邮。国际小包裹平邮适用于质量小(低于2千克)、价低(无报价)的国际小包裹。国际小包裹到大部分国家只需7天左右;国际航空包裹挂号适用于质量小(低于2千克)的国际航空包裹。国际小包裹平邮主要包括中国邮政小包、中国香港邮政小包、新加坡邮政小包。下面,我们以中国邮政小包为例详细介绍一下国际平邮的特点及计费方式。

中国邮政航空小包(China Post Air Mail)又称中国邮政小包、邮政小包、航空小包,是指包裹质量在2千克以内,外包装长宽高之和小于90厘米,且最长边小于60厘米,通过邮政空邮服务寄往国外的小邮包。它包含挂号和平邮两种服务。中国邮政挂号小包较中国平邮小包来说,需要多缴8元挂号费,但可以跟踪包裹信息,丢件率非常低;而中国邮政平邮小包丢件率很高。通常情况下，若卖家货物价值5美元以下，可以选择平邮小包；5美元以上选择挂号小包。

中国邮政小包可寄达全球各个邮政网点，出关不会产生关税或清关费用，但在目的地国家进口时有可能产生进口关税，具体根据每个国家海关税法的规定各有不同（相对其他商业快递来说，航空小包能最大限度地避免关税）。相对于商业快递来说，中国邮政小包时效慢，但是一项经济实惠的国际包裹服务项目。

中国邮政小包的优势主要体现在以下3个方面：

①价格优势：资费低，直接按首重50克续重1克计费，首重最低5元即可以发到国外。

②全球化：中国邮政航空小包可以将产品送达全球几乎任何个国家或地区的客户手中，只要有邮局的地方都可以到达，大大扩展了外贸卖家的市场空间。

③适用范围广：eBay、敦煌等平台都可以使用，一般无特别的邮寄限制，除了国际违禁品和危险品以外。

在寄送时，要求质量不超过2千克；非圆筒货物：长+宽+高≤90厘米，单边长度≤60厘米，长度≥14厘米，宽度≥9厘米；圆筒形货物：直径的两倍+长度≤104厘米，单边长度≤90厘米，直径的两倍+长度≥17厘米，长度≥10厘米。要求写清楚收件人地址和邮编，并按照规定填写报关单及包面，申报物品要中英文。

中国邮政小包的资费标准见表3-1。

表3-1　中国邮政小包资费标准

区域	国家或地区	资费标准/(元·千克$^{-1}$)	挂号费
1	日本	62	8
2	新加坡、印度、韩国、泰国、马来西亚、印度尼西亚	71.5	8
3	奥地利、克罗地亚、保加利亚、斯洛伐克、匈牙利、瑞典、挪威、德国、荷兰、捷克、希腊、芬兰、比利时、爱尔兰、意大利、瑞士、波兰、葡萄牙、丹麦、澳大利亚、以色列	81	8
4	新西兰、土耳其	85	8
5	美国、加拿大、英国、西班牙、法国、乌克兰、卢森堡、爱沙尼亚、立陶宛、罗马尼亚、白俄罗斯、斯洛文尼亚、马耳他、拉脱维亚、波黑、越南、菲律宾、巴基斯坦、哈萨克斯坦、塞浦路斯、朝鲜、蒙古、塔吉克斯坦、土库曼斯坦、乌兹别克斯坦、吉尔吉斯斯坦、斯里兰卡、巴勒斯坦、叙利亚、阿塞拜疆、亚美尼亚、阿曼、沙特、卡塔尔	90.5	8
6	俄罗斯	96.3	8
7	南非	105	8
8	阿根廷、巴西、墨西哥	110	8
9	老挝、孟加拉国、柬埔寨、缅甸、尼泊尔、文莱、不丹、马尔代夫、东帝汶、阿联酋、约旦、巴林、阿富汗、伊朗、科威特、也门、伊拉克、黎巴嫩、秘鲁、智利	120	8

续表

区域	国家或地区	资费标准/(元·千克$^{-1}$)	挂号费
10	塞尔维亚、阿尔巴尼亚、冰岛、安道尔、法罗群岛、直布罗陀、列支敦士登、摩纳哥、黑山、马其顿、圣马力诺、梵蒂冈、摩尔多瓦、格鲁吉亚	147.5	8
11	斐济、美属萨摩亚、科科斯(基林)群岛、库克群岛、卡奔达、圣诞岛、新喀里多尼亚、密克罗尼西亚、南乔治亚岛和南桑德韦奇岛、赫德岛和麦克唐那岛、英属印度洋领土、基里巴斯、圣基茨和尼维斯联邦、马绍尔群岛、北马里亚纳、诺福克岛、瑙鲁、纽埃、法属波利尼西亚、巴布亚新几内亚、皮特凯恩群岛、所罗门群岛、斯瓦尔巴岛和扬马延岛、特里斯达库尼亚群岛、法属南部领土、托克劳、汤加、图瓦卢、美属太平洋各群岛、瓦努阿图、西萨摩亚、阿森松岛、加纳利群岛、亚速尔群岛和马德拉群岛、约翰斯敦岛、关岛、帕劳、瓦利斯和富图纳、埃及、苏丹、摩洛哥、吉布提、埃塞俄比亚、肯尼亚、突尼斯、布隆迪、乌干达、卢旺达、乍得、尼日利亚、布基纳法索、贝宁、喀麦隆、阿尔及利亚、加蓬、几内亚、马达加斯加、毛里塔尼亚、津巴布韦、安哥拉、中非、佛得角、西撒哈拉、厄立特里亚、冈比亚、赤道几内亚、几内亚比绍、科摩罗、利比里亚、莱索托、马拉维、莫桑比克、纳米比亚、尼日尔、留尼汪、塞舌尔、圣赫勒拿、圣多美和普林西比、斯威士兰、马约特、伊夫尼、赞比亚、利比亚、毛里求斯、马里、索马里、加纳、博茨瓦纳、刚果(金)、刚果(布)、坦桑尼亚、多哥、科特迪瓦、塞拉利昂、塞内加尔、委内瑞拉、古巴、厄瓜多尔、巴拿马、苏里南、哥伦比亚、安提瓜和巴布达、安圭拉、荷属安的列斯、阿鲁巴、巴巴多斯、百慕大、玻利维亚、巴哈马、伯利兹、哥斯达黎加、多米尼加、福克兰群岛(马尔维纳斯群岛)、格林纳达、法属圭亚那、瓜德罗普、危地马拉、圭亚那、洪都拉斯、海地、牙买加、开曼群岛、圣卢西亚、马提尼克、蒙特塞拉特、尼加拉瓜、圣皮埃尔和密克隆、波多黎各、巴拉圭、萨尔瓦多、特克斯和凯科斯群岛、特立尼达和多巴哥、乌拉圭、圣文森特和格林纳丁斯、英属维尔京群岛、美属维尔京群岛、复活岛、扎伊尔、格陵兰岛	176	8

例如,卖家要快递到韩国 200 克货物,当前折扣为 7 折,标准资费为 71.5 元/千克(见表 3-1),那么,平邮和挂号的费用分别为:

平邮:71.5(元/千克)×0.2(千克)×70% = 10.01(元)

挂号:71.5(元/千克)×0.2(千克)×70% +8(元)(挂号费)= 18.01(元)

3.2.2 商业快递

商业快递包括国际 EMS、新加坡 EMS、USPS(美国邮政)、PARCEL FORCE(英国邮政)以及 UPS、DHL、TNT、FedEx(联邦快递)四大商业国际速递。不同的国际快递公司具有不同的渠道,在价格、服务、时效上都有所区别。下面,我们分别来介绍一下国际 EMS 和四大商业国际速递。

1）国际 EMS

EMS 国际快递服务是各国（地区）邮政开办的一项特殊邮政业务，提供传递国际紧急信函、文件资料、金融票据、商品货样等各类文件资料和物品服务，同时提供邮件跟踪查询服务。国际 EMS 网络广泛，价格低，可邮寄食品、药品、私人物品等物件。目前，国际 EMS 的资费标准见表 3-2。

表 3-2　EMS 资费标准

资费区	国际及港澳台特快专递邮件通达国家或地区	起重 500 克		续重 500 克	中速快件通达国家或地区
		文档	物品		
一区	中国香港、中国澳门	90	150	30	
二区	日本、韩国、蒙古，以及中国台湾	115	180	40	
三区	马来西亚、新加坡、泰国、越南、柬埔寨	130	190	45	印尼、菲律宾
四区	澳大利亚、新西兰、巴布亚新几内亚	160	210	55	文莱、新喀里多尼亚
五区	比利时、英国、丹麦、芬兰、希腊、爱尔兰、意大利、卢森堡、马耳他、挪威、瑞士、葡萄牙、德国、瑞典	220	280	75	法国、荷兰、西班牙、奥地利、斐济、瓦努阿图
六区	美国	180	240	75	加拿大
七区	巴基斯坦、斯里兰卡、老挝、土耳其、尼泊尔	250	325	90	印度、孟加拉国、直布罗陀、缅甸
八区	巴西、古巴、圭亚那	260	335	100	阿根廷、哥伦比亚、墨西哥、秘鲁、巴拿马、巴哈马、巴巴多斯、智利、玻利维亚、哥斯达黎加、厄瓜多尔、多米尼加联邦、特立尼达和多巴哥、多米尼加共和国、萨尔瓦多、海地、格林纳达、危地马拉、洪都拉斯、牙买加、巴拉圭、乌拉圭、委内瑞拉
九区	巴林、伊拉克、乌干达、约旦、以色列、阿曼、卡塔尔、科威特、伊朗、马达加斯加、叙利亚、科特迪瓦、吉布提、塞内加尔、肯尼亚、突尼斯、阿联酋	370	445	120	塞浦路斯、博茨瓦纳、刚果（金）、刚果（布）、布基纳法索、乍得、埃及、埃塞俄比亚、厄立特里亚、加蓬、加纳、几内亚、马里、也门、摩洛哥、莫桑比克、几内亚比绍、尼加拉瓜、马尔代夫、尼日利亚、卢旺达、格陵兰岛、沙特阿拉伯、尼日尔、利比里亚、阿尔及利亚、黎巴嫩、冈比亚、莱索托、利比亚、马拉维、毛里塔尼亚、毛里求斯、纳米比亚、塞舌尔、索马里、南非、苏丹、苏里南、坦桑尼亚、多哥、赞比亚、津巴布韦、安哥拉、佛得角、斯威士兰

续表

资费区	国际及港澳台特快专递邮件通达国家或地区	起重 500 克		续重 500 克	中速快件通达国家或地区
		文档	物品		
十区	开曼群岛、白俄罗斯、捷克、哈萨克斯坦、俄罗斯、拉脱维亚	380	455	120	克罗地亚、爱沙尼亚、匈牙利、波兰、罗马尼亚、乌克兰、汤加、阿尔巴尼亚、保加利亚、亚美尼亚、阿塞拜疆、格鲁吉亚、立陶宛、马其顿、斯洛伐克、斯洛文尼亚、塔吉克斯坦、吉尔吉斯斯坦、图瓦卢、乌兹别克斯坦、土库曼斯坦、摩尔多瓦、朝鲜、冰岛、关岛、塞班、东萨摩亚、西萨摩亚、安道尔、所罗门群岛、塔希提、加那利群岛、海峡群岛、蒙特塞拉特岛、圣多美、安圭拉、安提瓜和巴布达、阿鲁巴、百慕大、瓜德罗普、马提尼克、波多黎各、科摩罗群岛、库克群岛、法属圭亚那、马绍尔群岛、马约特、瑙鲁、留尼汪、英属维尔京群岛、美属维尔京群岛、库腊索岛(荷属)、特克斯和凯科斯群岛、圣巴泰勒米、圣尤斯特歇斯、圣基茨、圣卢西亚、圣马丁、圣文森特、基里巴斯

国际 EMS 快递包裹质量分实际质量和体积质量两种。快递公司将以两种质量中大的一项为计费依据,货物不足 0.5 千克的,按 0.5 千克计费;单件货物的规格必须保证:1(长)+2(高)+2(宽)<330 厘米;单件不能超过 30 千克。

2)四大商业快递

在国际电子商务中,使用国际快递是非常频繁的。目前市场上较为主流的国际快递有 DHL、UPS、FedEx(联邦快递)和 TNT 快递。

①DHL 速递总部位于德国,是目前国际快递市场上实力最强的国际快递公司之一。DHL 的优势区域在欧洲、北美洲,在这两个优势区域里,DHL 相比其他的国际快递拥有更高的时效,在清关速度上,DHL 速递的清关速度要比其他国际快递更快。在网点分布上,DHL 速递在这两个地区的网点分布更完善,覆盖面更广,偏远地区收费的概率低。

②UPS 快递总部位于美国,是北美洲地区最强的一家国际快递公司。目前 UPS 快递的优势区域位于北美和南美地区,主要体现在运输时效上。网点分布上,UPS 在北美洲拥有非常完善的运输网络,运输的时效更高,在北美地区基本不存在偏远收费的情况。在南美地区也拥有不错的运输时效与清关速度。

③FedEx 总部位于美国,是一家经济型的国际快递公司。FedEx 主要的优势区域在东南亚和北美洲。在东南亚,FedEx 是名副其实的国际快递龙头。其优势主要体现在性价比上。21 千克以上的大货,FedEx 的价格相当于 DHL、UPS 的一半,运输速度却是一样的。所以卖

家发21千克以上的货物到东南亚的话，可以首选FedEx。但FedEx在西欧、美、加、南美、非洲、中东国家没有价格和速度上的优势。

④TNT快递总部位于荷兰，主要优势区域在西欧地区。在西欧国家的清关能力比DHL、UPS、EMS都要强。但是价格方面，比其他公司要贵很多。如果卖家需要发一些比较重要的货物，又要时间快、通关力强，若不考虑价格因素，建议选择TNT快递。在其他地区TNT快递的竞争力远远不如其他的国际快递公司。其在中国的覆盖率低。

3.2.3 国际专线

国际专线是物流行业内用于区分国内专线及全球性的国际快递服务、传统的国际空运代理、国际海运散货拼箱服务的一种称谓。跨境专线物流一般通过航空包舱方式将货物运输到国外，再通过合作公司进行目的地国国内的派送，是比较受欢迎的一种物流方式。

目前，业内使用最普遍的物流专线包括美国专线、欧洲专线、澳洲专线、俄罗斯专线等，也有不少物流公司推出了中东专线、南美专线。EMS的"国际E邮宝、中环运的俄邮宝和澳邮宝"、俄速通的Ruston中俄专线都属于跨境专线物流推出的特定产品。

国际专线的优势是能够集中大批量货物发往目的地，通过规模效应降低成本，因此，价格比商业快递低，速度快于邮政小包，丢包率也比较低。

相比邮政小包来说，国际专线的劣势是运费成本较高，而且在国内的揽收范围相对有限，覆盖地区有待扩大。

下面，我们将介绍中俄航空Ruston、燕文航空专线和Aramex（中东专线）3种常见的专线物流方式。

1）中俄航空

中俄航空Ruston（Russian air）专线是由黑龙江俄速通国际物流有限公司提供的中俄航空小包专结服务。它具有时效快、价格优惠、交寄便利的特点。由于包机直达俄罗斯，80%以上包裹25天内到达买家目的地邮局；每件商品物流费用每克0.085元外加8元的挂号费；北京、深圳、广州（含番禺）、东莞、佛山、杭州、金华、义乌、宁波、温州（含乐清）、上海、南京、苏州、无锡、郑州、泉州、武汉等地1件起免费上门揽收，揽收区域或非揽收区域也可自行发货到指定集货仓。

中俄航空支持发往俄罗斯全境邮局可到达区域。正常情况下，16～35天到达目的地；特殊情况下，35～60天到达目的地，特殊情况包括节假日、特殊天气、政策调整、偏远地区等。

2）燕文航空专线

燕文航空挂号小包（Special line-YW）的物流商北京燕文物流有限公司是国内最大的物流服务商之一。目前，燕文航空挂号小包已开通拉美专线、俄罗斯专线、印尼专线。燕文专线支持发往拉美地区20多个国家。它具有时效快、交寄便利的特点。正常情况下，16～35天到达目的地；特殊情况下，35～60天到达目的地，特殊情况包括节假日、特殊天气、政策调整、偏远地区等。目前,北京、深圳、广州(含番禺)、东莞、佛山、杭州、金华、义乌、宁波、温州(含乐清)、上海、南京、苏州、无锡、郑州、泉州、武汉等地提供免费上门揽收服务,揽收区域之外可以自行发货到指定集货仓。

运费方面,根据包裹质量按克计费,1 克起重,每个单件包裹限重在 2 千克以内。当前运费报价见表 3-3。

表 3-3 燕文航空资费标准

国家列表			包裹质量 1 ~ 150 克		包裹质量 151 ~ 300 克		包裹质量 301 ~ 1 000 克		包裹质量 1 001 ~ 2 000 克	
			配送服务费(根据包裹质量按克计费)RMB/千克	Item 服务费 RMB/包裹	配送服务费(根据包裹质量按克计费)RMB/千克	Item 服务费 RMB/包裹	配送服务费(根据包裹质量按克计费)RMB/千克	Item 服务费 RMB/包裹	配送服务费(根据包裹质量按克计费)RMB/千克	Item 服务费 RMB/包裹
爱尔兰	Ireland	IE	52.02	19.19	44.13	21.30	44.13	21.30	44.13	21.30
爱沙尼亚	Estonia	EE	50.04	16.94	50.04	16.94	50.04	16.94	50.04	16.94
奥地利	Austria	AT	90.40	14.14	57.99	18.82	53.04	19.81	53.04	19.81
澳大利亚	Australia	AU	69.87	13.58	54.03	15.85	54.03	15.85	44.13	18.82
巴西	Brazil	BR	101.54	12.39	71.21	16.16	64.14	18.18	64.14	20.20
白俄罗斯	Belarus	BY	64.92	13.87	57.00	14.86	47.10	15.85	47.10	15.85
比利时	Belgium	BE	90.40	14.14	61.95	17.64	50.07	21.10	50.07	21.10
冰岛	Iceland	IS	99.32	17.04	99.32	17.04	75.25	24.24	75.25	24.24
波兰	Poland	PL	81.74	9.91	59.97	12.88	52.05	14.37	52.05	14.37
丹麦	Denmark	DK	70.20	17.17	56.06	19.19	47.10	22.78	48.09	22.78
德国	Germany	DE	74.24	15.15	53.04	15.85	48.09	16.84	48.09	16.84
俄罗斯	Russian Federation	RU	53.03	18.18	53.03	18.18	53.03	18.18	53.03	18.18
法国	France	FR	67.89	11.89	57.99	12.88	57.99	12.88	50.00	20.20
芬兰	Finland	FI	94.44	13.13	64.92	18.82	59.97	19.81	59.97	19.81
荷兰	Netherlands	NL	94.61	10.41	50.07	16.65	45.12	17.83	45.12	17.83
加拿大	Canada	CA	89.66	12.39	59.97	16.15	54.03	17.83	54.03	17.83
捷克	Czech Republic	CZ	74.82	12.69	55.02	14.37	52.05	14.37	52.05	14.37
克罗地亚	Croatia	HR	78.23	15.46	78.23	15.46	66.16	16.16	66.16	16.16
拉脱维亚	Latvia	LV	48.08	16.45	46.61	15.66	49.58	15.66	49.58	15.66

续表

国家列表			包裹质量 1～150 克		包裹质量 151～300 克		包裹质量 301～1 000 克		包裹质量 1 001～2 000 克	
			配送服务费(根据包裹质量按克计费)RMB/千克	Item 服务费 RMB/包裹	配送服务费(根据包裹质量按克计费)RMB/千克	Item 服务费 RMB/包裹	配送服务费(根据包裹质量按克计费)RMB/千克	Item 服务费 RMB/包裹	配送服务费(根据包裹质量按克计费)RMB/千克	Item 服务费 RMB/包裹
立陶宛	Lithuania	LT	90. 40	15. 15	48. 59	20. 80	48. 59	20. 80	48. 59	20. 80
美国	United States	US	73. 23	10. 10	71. 21	10. 10	71. 21	10. 10	71. 21	10. 10
摩尔多瓦	Republic of Moldova	MD	90. 40	14. 14	90. 40	14. 14	93. 43	14. 14	93. 43	14. 14
墨西哥	Mexico	MX	73. 83	17. 14	72. 84	17. 34	72. 84	17. 34	72. 84	17. 34
挪威	Norway	NO	53. 04	16. 15	50. 07	16. 35	48. 09	16. 84	48. 09	16. 84
葡萄牙	Portugal	PT	44. 87	17. 04	44. 87	17. 04	44. 87	17. 04	44. 87	17. 04
瑞典	Sweden	SE	69. 87	16. 84	52. 02	19. 19	52. 02	19. 19	51. 01	22. 22
瑞士	Switzerland	CH	68. 88	16. 84	52. 02	19. 19	52. 02	19. 19	51. 01	21. 72
斯洛伐克	Slovakia	SK	55. 02	14. 37	55. 02	14. 37	44. 13	15. 85	44. 13	15. 85
斯洛文尼亚	Slovenia	SI	57. 00	15. 17	57. 00	15. 17	57. 00	15. 17	57. 00	15. 17
泰国	Thailand	TH	73. 23	13. 13	59. 09	13. 13	29. 28	20. 80	29. 28	20. 80
土耳其	Turkey	TR	50. 00	15. 15	50. 00	15. 15	50. 00	15. 15	50. 00	15. 15
乌克兰	Ukraine	UA	70. 20	8. 08	70. 20	8. 08	70. 20	8. 08	50. 07	15. 36
西班牙	Spain	ES	56. 06	14. 65	50. 07	15. 36	46. 11	16. 35	46. 11	16. 35
新西兰	New Zealand	NZ	69. 87	7. 93	62. 73	7. 93	62. 73	7. 93	52. 02	18. 18
匈牙利	Hungary	HU	86. 69	11. 89	52. 05	14. 86	47. 10	17. 34	47. 10	17. 34
以色列	Israel	IL	53. 42	14. 07	52. 05	14. 86	52. 05	14. 86	52. 05	14. 86
意大利	Italy	IT	51. 01	19. 19	51. 01	19. 19	51. 01	19. 19	51. 01	19. 19
印度	India	IN	66. 4	16. 25	66. 4	16. 25	66. 4	16. 25	66. 4	16. 25
英国	United Kingdom	GB	50	19. 19	50	19. 19	50	19. 19	50	19. 19
智利	Chile	CL	99. 56	11. 89	95. 6	11. 89	84. 71	14. 37	84. 71	14. 37

3）**中东专线**

中东专线 Aramex 与中外运于 2012 年成立了中外运安迈世（上海）国际航空快递有限公司，提供站
式的跨境电子商务服务以及进出口中国的清关和派送服务。Aramex 服务目前支持中东、印度次大陆、东南亚、欧洲及非洲航线。目前平台上的发货目的国有 22 个：阿联酋、印度、巴林、塞浦路斯、埃及、加纳、约旦、科威特、黎巴嫩、阿曼、卡塔尔、沙特阿拉伯、叙利亚、土耳其、也门、孟加拉国、巴基斯坦、斯里兰卡、新加坡、马来西亚、印度尼西亚、泰国，且均为全境服务。在目的地国家无异常情况下，一般 3 ~6 天完成派送。Aramex 对接仓库有杭州仓库、义乌仓库、深圳宝安仓库、温州仓库、青岛仓库、许昌仓库、广州仓库、东莞仓库、汕头仓库、江门仓库等。

卖家在接到交易订单后，可以使用 Aramex 线上发货服务。在线填写发货预报，将货物发至阿里巴巴合作物流仓库，并在线支付运费，仓库就能将货物递交给 Aramex，由 Aramex 送达买家手中。具体流程如图 3-3 所示。

图 3-3　Aramex 服务流程

4）**海外仓**

海外仓是指在除本国外的其他国家建立的海外仓库，货物从本国出口，通过海运、货运、空运的形式储存到该国的仓库，买家通过网上下单购买所需物品，卖家只需在网上操作，即可对海外的合库下达指令完成订单履行。货物从买家所在国发出，大大缩短了从本国发货所需要的物流时间。海外仓的组成如图 3-4 所示。

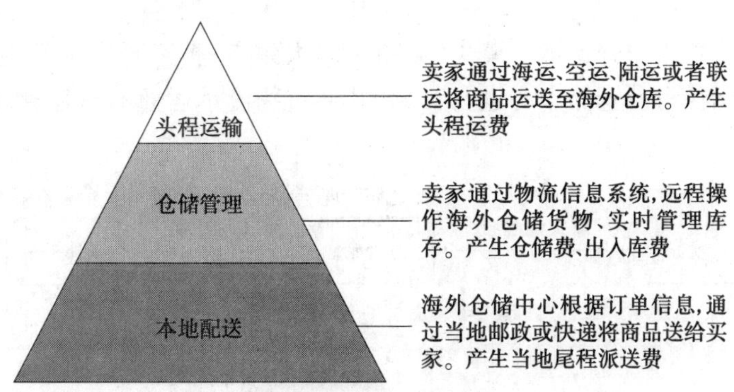

图 3-4　海外仓的组成

（资料来源：敦煌网）

其中，头程运输指卖家通过海运、空运、陆运或联运将商品运送到海外仓库，产生的费用为头程运费；仓储管理指卖家通过物流信息系统，远程操作海外仓储货物，实时管理库存，产生的费用包括仓储费和出入库费；本地配送指海外仓储中心根据订单信息通过当地邮政或快递将商品送给买家，产生的费用为当地尾程派送费。

海外合的优势主要体现在以下两点：

①物流成本低。批量发货，分摊到每一个商品的运费降低。运费只要跨境快递的1/3。

②物流时效快。卖家收到买家订单后下单操作出库，当地发货，物流时效只要1～4天，相对国内发货快很多。

上述4种跨境物流各有自己的特点，四大商业快递相对于其他物流方式费用高、运货周期短，可以查询物流状态，适用于实重和体积均较大者，单件质量不能超过70千克，允许一票多件，采用首重+续重方式计费，以500克为计费单位，收取燃油附加费。EMS首重以500克为计费单位，没有附加费用，其优势是清关能力强、跟踪信息比较详细、价格较低、包裹退回无须额外交费；其劣势是小件（2千克以下）与超大件（10千克以上）运费相对高，速度慢于四大快递。国际平邮费用低，货运周期长，若要跟踪包裹信息需要外加8元挂号费，中国邮政挂号小包丢件率非常低，但中国邮政平邮小包由于没有包裹跟踪信息，丢件率很高。

国际专线比国际平邮货运周期短，价格低于四大国际快递；海外仓批量发货，分摊到每个商品的运费较低。

卖家选择物流方式考虑的原则包括：物流费用、运达时效、通关率和丢件率4个方面。卖家需要选择多种物流方式，选择平台认可的物流方式并把物流选择权交给买家。

3.3 海外仓解决方案

仓库是现代物流中连接交易双方的关键节点，对跨境电子商务卖家而言将这个节点置于海外就能做到从买方国本地发货，从而缩短订单周期，完善用户体验，提升重复购买率。

3.3.1 运作模式及成本分析

海外仓储集货物流方式的运作模式（见图3-5）大致是：卖家通过海运、空运或者快递等方式将商品集中运往海外仓储中心进行存储，并通过物流承运商的库存管理系统下达操作指令。

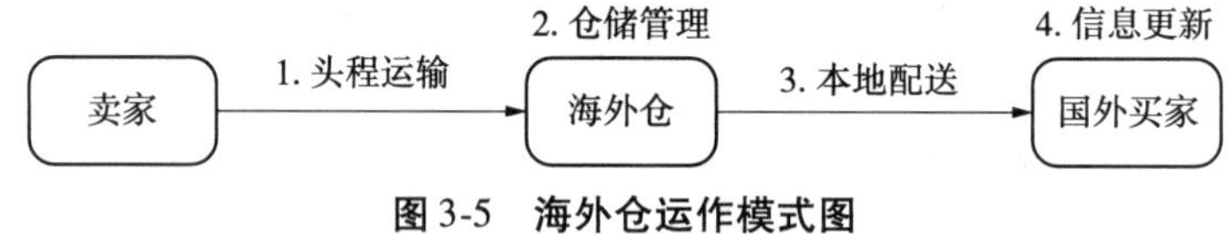

图3-5 海外仓运作模式图

1）**头程运输**

卖家自己将商品运至海外仓储中心，或者委托承运商将商品发至承运商海外的仓库。这段国际货运可采取海运、空运或者快递方式到达仓库。

2）**仓储管理**

卖家使用物流商的物流信息系统，远程操作海外仓储的货物，并且保持实时更新。

3）**本地配送**

海外仓根据订单信息，由物流商严格按照卖家指令对货物进行存储、分拣、包装、配送等操作。

4)信息更新

本地配送之后,海外仓系统及时更新、显示库存状况,以便于让卖家掌握实时情况。

基于海外仓运作模式,其费用由头程费用、仓储及处理费用、本地配送费用3部分组成:

海外仓费用=头程费用+仓储及处理费用+本地配送费用

①头程费用:卖家将货物从中国运送到海外仓产生的费用。

②仓储及处理费用:货物从买方国港口到海外仓的运费,以及货物在海外仓的仓储费用。

③本地配送费用:在买方国对客户商品进行最后一程配送产生的本地物流费用。

3.3.2 海外仓优劣势分析

对于跨境电子商务卖家而言,海外仓是拓宽产品品类、提高销售利润、完善客户体验的对策之一。由于海外仓对卖家的运营要求较高,因此,企业在尝试海外仓之前,要针对自营产品情况,对海外仓的优劣势进行全面的分析。

1)海外仓的优势

(1)提升用户体验

海外仓具有更快的配送速度:海外客户下单后,由海外仓进行本地配送,可以极大地提升发货速度。如包裹从中国发出往往需要15天左右,而海外仓发出只需3~7天。

海外仓提供更好的售后服务:海外客户一旦出现退换货服务需求,直接退到海外仓库即可,免除了国内外来回的时效及成本。

(2)降低物流成本,提升产品利润

相较于直邮等方式,海外仓对头程配送的时效性要求更加宽松,因此可以采用海运等方式降低成本。同时,基于成本和用户体验的考量,海外仓也可以为企业带来更高的利润。

据eBay透露,海外仓售价相比非海外仓可以高出50%以上,同时海外仓的销售转化率也比非海外仓高出3~5倍。

(3)拓展产品品类

由直邮运输方式的限制,跨境电子商务中的大多数产品都是体积小、质量小的产品,如3C类产品、服装类产品。

通过海外仓,跨境电子商务卖家可以极大地拓展产品品类,特别是质量大、体积大、使用期限较长(非快销类)的产品,如家具、机电设备、大型宠物用品等。

2)海外仓的劣势

(1)仓储成本较高

海外仓虽然在跨境物流上有许多优势,但在使用海关监管仓时,企业首先需要支付海外仓的仓储费用。不同国家、地区仓储费用也不相同,跨境卖家需要计算成本。在使用海外仓储的时候,要与目前发货的方式成本做个对比。通常情况下,在旺季选择海外仓发货其操作难度会更低。

(2)运营要求较高

海外仓是在一定库存的基础上进行销售,对库存周转率的要求较高。因此,不是所有的产品都适合做海外仓,盲目铺货易形成压货。同时,海外仓在供应链管理、库存管控、动销管理等方面对企业也有着十分高的要求。

3.3.3 主流海外仓模式介绍

1)出口易

出口易定位为“跨境电子商务全程物流方案提供商”,是贝法易集团旗下公司,总部位于广州。出口易的核心业务是海外仓储,同时还通过整合全球物流网络系统,为跨境电子商务卖家提供邮政小包、商业快递、专线物流等在内的物流服务及本地化售前售后服务,可以帮助跨境电子商务卖家解决订单管理、金融融资等难题。

目前,出口易已经在英国、美国、德国、澳大利亚、俄罗斯、加拿大六大主流外贸市场设置海外自营仓储物流中心。同时,出口易也是 eBay、PayPal、亚马逊、WSH、Bella Buy 与全球速卖通重点推荐的物流服务供应商。

出口易是我国布局最早的几家海外仓储企业之一,目前占据国内企业提供海外仓服务市场中 50% 左右的份额。

2)递四方

递四方隶属 4 PX,是老牌跨境电子商务物流提供商,为全球跨境电子商务企业和品牌制造商提供电子商务全程服务。目前,递四方拥有 3 大类、50 余种物流产品和服务,全面覆盖物流、仓储服务以及反向物流解决方案,能够满足不同类型和不同规模跨境电子商务的需求。

递四方在英国、法国、西班牙、德国、意大利、日本、韩国、澳大利亚、美国、新加坡、马来西亚,以及中国香港等国家和地区拥有超过 20 个全球订单履约仓库和集货中转中心,拥有超过 2 000 名专业物流服务人员,在中国内地建立了 50 多个直营网点,日处理电子商务订单量超过 40 万件。

订单宝是 4 PX 利用其行业领先的 WMS 系统为卖家量身定做的集采购管理、仓储管理、订单管理、库存管理、物流配送管理于一体的仓储外包服务。电子商务卖家只需要把货物寄存在 4 PX 分布在全球的仓库,由 4 PX 完成入库质检、货物上架、库存管理、接收订单、订单分拣、订单复核、多渠道发货等所有物流环节的操作。

同时,递四方还是 eBay、PayPal、亚马逊、阿里巴巴等机构的全球物流合作伙伴,目前服务的活跃跨境电子商务商户超过 3 万家。

除出口易和递四方之外,其他海外仓服务商还包括万邑通、易达仓储、百世物流,也有专门针对俄罗斯跨境电子商务市场的俄速通、厦门旺集和 XRU 等。

3.4 其他物流解决方案

伴随着跨境电子商务的迅猛发展,跨境物流的市场越来越大,并呈现出与传统国际物流不一样的特征。跨境电子商务企业为了响应用户体验的高要求,对一站式的高效物流解决方案需求越来越强烈。为此,阿里巴巴、亚马逊等互联网企业,以及各种类型的企业都开始进入跨境电子商务物流领域,致力于为企业和用户提供更好的解决方案。

3.4.1 阿里巴巴物流解决方案

基于阿里巴巴的生态圈战略,阿里巴巴正在不断收集分析产业市场、客户的各类物流服务需求,通过与社会物流公司合作共建的方式,从总体的国际贸易数据、具体的航线分布,乃至细分行业的物流成本占比等各个角度,不断挖掘客户价值,解决多个层面上的物流问题。

1)一达通:为 B2B 客户提供一站式国际贸易物流服务

阿里巴巴旗下的一达通平台为 B2B 客户提供透明、便捷、安全、可信的一站式国际贸易物流服务,包括海运、空运、陆运和国际快递。

(1)海运

阿里巴巴海运联合各大物流服务商,为客户提供海运整柜(FCL)、拼箱(LCL)服务,可实现在线查询船期、订舱、操作,同时提供集港拖车、报关,散货还提供目的港送货到门等增值服务。一达通海运结合自身的通关、退税、外汇等服务,极大地简化了出口流程。

目前,一达通已开通上海、宁波、深圳、天津、青岛、厦门、广州等八大起运港。海运整柜已基本全航线覆盖,如欧地线、中东印巴线、东南亚线、日韩线、澳大利亚线、非洲线、美加线、中南美线。海运拼箱服务开通了中国台湾,以及日、韩、东南亚、欧地黑、美、加、澳大利亚、中东、印巴、南美等航线。为更全面深入地支持跨境电子商务和国际贸易,更多航线正在开通中。

(2)空运

阿里巴巴空运与全球优质空运服务商合作,提供在线查询运费、在线比价、在线下单等服务。

目前,阿里巴巴已实现北京、上海、杭州、广州、深圳多城市起运,航线覆盖 170 多个目的国和区域;同时配备拖车、报关等服务,以满足客户的个性化需求。

目前,全球顶尖的空运服务商 Kuehne+Nagel(德迅)和 DHL Gobal Forwarding(DGF)已经入驻阿里巴巴。Kuehne+Nagel(德迅)在线提供空运门到门服务。DHL Global Forwarding 提供3 种报价,满足不同时效需求。

(3)陆运

阿里巴巴陆运服务包括内地香港运输、集港拖车和中俄欧陆运。其中,内地香港运输提供珠三角出口至香港的送货到门服务,同时承接各地送货至深圳仓库集中发货到香港。

通过阿里巴巴陆运服务,可以在线查询、下单和支付并及时监控货物流转状态,其价格、时效真实有效,拼车价格低至0.5 元/千克,当天入仓当天派送。状态在线实时更新,货物零风险(赠送最高 10 万元货运切险,零免赔额)。集港拖车服务依托阿里巴巴一达通外贸出口的综合服务优势,提供有运力保障的集装箱拖车服务。

中俄欧陆运可实现全国至俄罗斯的门到门服务,节省时间,通关安全,运价透明。服务具备三大特色：领先的车辆监控技术，保货物安全抵达；整合了优质的运输服务，使得卖家可以合理规划降低成本；承运车辆资源充足，可以满足旺季运力需求。

(4)国际快递

除海陆空物流之外，阿里巴巴还提供极具竞争力的国际快递服务。阿里巴巴与国际知名快递品牌合作，在完成线上下单支付后，提供快递公司上门取件服务。运费低至1折，北美地区平均3个工作日投递，支持全国36个城市上门取件服务，航线覆盖200多个目的国。

目前支持上门取件的国际快递服务商有UPS和FedEx，客户在线查询报价时输入所在发件地精确到街道的邮编即可查询。此外，阿里巴巴还提供仓到门的快递服务，现已在上海和杭州设置仓库，可以集货后发往国际目的地。

2)全球速卖通：联合菜鸟网络为B2C客户提供无忧服务

阿里巴巴旗下全球速卖通联手菜鸟网络推出Ali express无忧物流，大大提升了B2C客户在北美、南美、欧洲等地的包裹投递。这是阿里巴巴全球化战略的一次能力提升，也是菜鸟网络跨境物流能力更加成熟的标志，将帮助中国卖家更加顺畅地走向世界。

(1)北美

针对全球速卖通发往美国的小件物品，菜鸟网络推出了无忧物流美国专线。目前已经开通深圳、香港、上海三个口岸城市同步航班至美国各个站点，再由美国邮政派送至美国全境邮局可达的区域。

菜鸟网络通过与合作伙伴实现系统内部互联，一单到底，国内快速预分拣，快速通关，快速分拨派送，全程无缝可视化跟踪。还可以调整航班资源直飞美国各站点，快速中转，避免旺季爆仓。

菜鸟网络承诺，正常情况下，美国全境派送时间最快可达3~7个工作日。

(2)欧洲

菜鸟网络同时提升了对欧洲重点国家的物流服务。

西班牙和英国专线实现了平均13天送达西班牙、9天送达英国之后，新推出标准挂号服务，立足英国和荷兰，服务覆盖法国、意大利、荷兰等重点西欧市场。菜鸟网络承诺，通过该服务从中国发往法国、意大利、荷兰等国家的包裹能在5~10个工作日即可投妥。

据悉，菜鸟网络即将推出无忧优先服务覆盖全球超过150个国家和地区，为全球速卖通卖家提供更为快速的物流方案。

(3)南美

无忧物流南美专线则实现了平均15天送达，配送速度比普通邮政渠道快一倍，让中国卖家有更多的机会深入巴西、智利、墨西哥、哥伦比亚等市场。

3.4.2 亚马逊物流解决方案

亚马逊在全球拥有109个运营中心，可跨国配送至185个国家和地区。在中国，亚马逊在13个城市设立了总面积约90万平方米的运营中心，可以为超过1 400个城市、区县的消费者提供当日达和次日达服务，为中国卖家提供横贯中国、跨越全球的无忧物流配送服务的坚实保障。

2015 年 10 月 27 日，亚马逊在中国组建了“亚马逊全球物流中国”，并同时向市场推出了以“亚马逊物流+”为品牌的六大服务产品，包括：仓储物流整合方案、运输配送方案、跨境物流服务、仓储运营方案、定制化的物流方案及亚马逊 FBA 模式。

1）仓储物流整合方案

无论是销售给个人消费者还是商业客户，无论是开展电子商务业务还是线下实体业务，客户都可以通过亚马逊物流网络与智能系统来更好地管理货物仓储、配送以及售后支持，提升其客户体验。仓储配送一站式集成方案是涵盖了上门取货、仓储、运输、配送与客服等体化的整合方案。

2）运输配送方案

基于覆盖全国的干线运输网络，亚马逊物流不仅面向中国的客户提供包括上门提货、卡班城际运输与最后一公里配送等站式运输配送方案，同时还能针对客户的需求，按需定制运输配送解决方案与各种运输相关增值服务（如 E-POD 和信用交接等），帮助客户优化运输配送网络与运营成本。

3）跨境物流服务

亚马逊构建了内部的完美生态圈，可以无缝链接亚马逊销售与物流网络，还能为非亚马逊平台的客户提供国际多式联运的物流服务，包括海运、空运、国际快递、船务代理、仓储及配送、码头服务、清关服务等。依托亚马逊全球物流运营网络、高科技的精准核算，受益于亚马逊全球的规模优势，可以给用户提供低成本、高时效的服务，使商品通达全球。

4）仓储运营方案

“亚马逊物流+”的仓储运营方案，面向客户提供库房代运营服务，包括商品存储、订单配货、打包与发货等服务；无论是世界 500 强品牌制造商，还是互联网上广大的中小电子商务卖家，亚马逊都能满足不同客户对仓储运营安全、高效、低成本的需求。

5）定制化的物流方案

亚马逊物流除为客户提供仓储物流整合方案、运输配送方案、仓储运营方案及跨境物流服务等相关服务以外，还可以根据客户的具体业务需求，为其灵活打造一套最合适的物流解决方案（见图 3-6）。

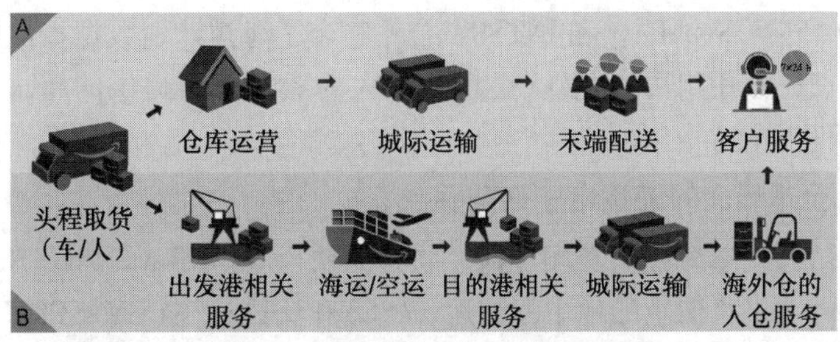

图 3-6　亚马逊定制化的物流方案

6)亚马逊 FBA 模式

FBA 是亚马逊提供的代发货服务,企业把货物发往 FBA 仓库,亚马逊提供包括仓储、拣货打包、派送、客服、退货处理的系列服务。对于在亚马逊平台上开展跨境电子商务的企业而言,建议使用 FBA 服务。尤其是在欧洲市场,FBA 之外的其他物流往往时效性差、费用高,如果买家无法在 7 ~ 10 天内收到包裹,会严重影响店铺的评分。

FBA 模式的优点有:提升客户体验,FBA 模式可以提供更好、更快的物流配送,7×24 小时的客户服务热线,解决卖家的客服问题;增加销售,使用 FBA 模式的产品可以提高亚马逊产品排名,增加产品的曝光率。

FBA 模式的缺点有:成本较高,尤其是仓储费用;无法为卖家的头程发货提供清关服务。

3.4.3 其他提供商物流解决方案

1)**Flexport**:全程可视、可控的互联网货代公司

Flexport 是一家互联网时代的货代公司,通过软件提供全方位的贸易服务使得客户可以获得整条供应链上的可视性和控制能力。其服务包括海运、空运、陆运、仓储、清关报关、质检等国际贸易所需的全方位服务。

Flexport 目前的服务对象包括几家上市公司,其余主要为硬件初创公司,如可穿戴设备、物联网、3D 打印、路由器等,它们通常会有把原材料或由代工厂生产的成品从中国寄到其他国家的需求。Flexport 的工作是,在平台上整合货运过程的每个环节,通过引入 2 ~3 个业界前十名合作伙伴,为用户提供明码标价的一整套解决方案。

目前,Flexport 在全球 105 个国家有 300 多个供应商,包括当地的卡车公司、物流中心、航空公司、海运公司和其他货运代理商。系统也会根据这些供应商的运货频率和付款记录来建立信用数据库。

2)**Kontainer**:门到门预定航运舱位和实时追踪平台

Kontainer 成立于 2014 年,总部位于纽卡斯尔,是一家可以实现线上门到门预定航运舱位和实时追踪平台。在英国费利克斯托和南安普敦港口到中国和美国的各大港口的航线可以拿到具竞争力的价格。

通过 Kontainer,可以实现"一分钟报价,五分钟订舱"(传统模式下至少 30 小时,几天也是常有的事)。2015 年,Kontainer 和 INTTRA 合作整合了海洋计划数据提供(Ocean schedule Data Feed)服务,使得其用户可以从 35 个世界最大的船运公司提供的超过 1 200 万条航班网络中进行搜索和选择。

3)**INTTRA**:全球最大的海运电子商务平台

2000 年 10 月,马士基海陆与英国和荷兰联营的铁行渣华(Royal P&O Nedlloyd)、德国的汉堡南方(Hamburg Sud)、瑞士的地中海航运(MSC)和法国达飞(CMA CGM)组成世界集装箱运输市场中的第一个以"INTTRA"命名的集装箱承运人联合体。该联合体的首要目标是以免费网站为基地,为全球集装箱运输的客户提供强有力的一站式商业运输服务。

通过 INTTRA,用户可以在互联网操作、控制、申请、询问或者监督集装箱运输的单证信

息、集装箱或者其他运输业务在供应链上的动态,还能在网上访问联合体的其他远洋承运人和贸易合伙人。

INTTRA 成员包括以马士基为首的全球 30 家主要船公司,每星期通过 INTTRA 交易平台处理的集装箱订单超过 30 万个,占全球海洋集装箱交易量逾一成以上。

INTTRA 可以理解为一个综合的海运电子商务门户,为托运人、收货人、承运人等提供开放的业务信息。比较常见的应用是通过 INTTRA 进行网上订舱、货运追踪。由于 INTTRA 使用统一的 EDI(电子数据交换)标准,用户通过 INTTRA 可同时获得多家船公司的船期、舱位信息,进行网上订舱。

3.5 跨境电子商务产业链

3.5.1 跨境电子商务业务主体

1)跨境电子商务企业

跨境电子商务企业主要包含平台型企业和自营型企业两种。平台型企业主要提供信息服务和交易服务,包含 B2B 和 B2C 两种类型;自营型企业平台的所有商品均为海外生产或销售的正品。通过对商品的受欢迎程度和国内消费者一定时期内的购物记录进行大数据分析,有针对性地通过渠道批量采购商品至国内,最后在平台上架销售。自营型企业平台根据面向消费对象的不同分为 B2B 和 B2C 两种类型。

2)金融支付企业

跨境电子商务涉及跨境转账,其支付过程与国内电子商务采用的支付宝、微信支付、网银等收款方式差别较大。不同的跨境收款方式有不同的金额限制和到账速度。总体来看,跨境支付方式有两大类:一种是线上支付,包括各种电子账户支付方式和国际信用卡,由于线上支付通常有交易额的限制,因此比较适合小额的跨境零售;另一种是线下汇款模式,比较适用于大金额的跨境 B2B 交易。

3)物流运输企业

受制于地理、通关等因素,跨境电子商务的物流环节与国内电子商务有较大不同,物流运输企业为跨境电子商务提供物流服务。常用的国际物流方式中,B2C 主要以商业快递(如 DHL、UPS、TNT 等)、邮政渠道(如中国邮政)、自主专线(如中东专线 Aramex、中俄专线 ZTO Express to russia)等方式为主,B2B 主要以空运、海运和联运为主。

4)第三方综合服务企业

跨境电子商务第三方服务企业包括综合服务企业和营销、代运营企业。综合服务企业通常以电子商务公共服务平台为载体,为中小型企业提供进出口代理、通关、物流、退税、融资等全套外贸一站式外包服务,如世贸通、快贸通、易单网等。IT、营销、代运营企业主要为跨境电子商务企业提供跨境电子商务系统构建、技术支持、产品线运营、多渠道营销推广等服务,代表企业有四海商舟(BiAk)、Channeladviser 等。

3.5.2 跨境电子商务产业链及各环节分析

生产厂商/制造商、批发商/零售商、金融支付企业、物流运输业以及第三方综合服务企业在跨境电子商务各类企业业务上的紧密衔接,形成了跨境电子商务的产业链(见图 3-7)。从事跨境电子商务的企业可以选择自营模式或借助跨境电子商务平台开展跨境电子商务业务,若需要获得技术、网络营销、代运营方面的支持,则可以借助第三方服务企业。跨境电子商务产业链中的物流企业和金融企业则为跨境电子商务业务提供物流和金融支持。

图 3-7 中国跨境电子商务产业链

(资料来源:《2014 年中国跨境电子商务行业研究报告》(艾瑞咨询))

3.5.3 基于大数据的跨境电子商务供应链

在跨境电子商务物流领域内,大数据的应用主要体现在以下 3 个方面。

1)物流"指挥系统"

伴随手持终端设备的开发、移动互联网及应用软件的不断成熟,物流企业内部运作实现信息同步,其分拣中转、装卸运输、揽收派送等环节更加协同有效。同时,大数据的应用使得电子商务与物流企业、物流企业与物流企业之间形成联动机制。

在物流园区,经常可以看到大量的车辆在园区停车场等候,或者空车返回,大大浪费了资源。未来,通过运力池的大数据分析,公共运力的标准化和专业运力的个性化需求之间可以产生良好的匹配,同时,企业信息系统也会全面整合与优化。基于大数据实现车货高效匹配,不仅能减少空载带来的损耗,还能减少污染。大数据的应用能有效解决公共信息平台上没有货源或货源信息虚假的问题。

2)**物流系统“智慧化”**

物流的过程,是产品从生产商到终端消费者手中的流通过程。跨境电子商务 3.0 阶段,发生改变的不仅仅是物流的“流动”,更重要的是如何实现“少流动”或者“不流动”,这背后是商品流通体系的升级。

智能分仓技术的不断成熟将改变现有的物流模式,做到货物“不流动”,数据“流动”,极大地提高效率,降低成本。同时,大数据作用凸显,预测指导电子商务商家库存前置,以最低成本将货物运输到目标消费国(即海外仓),实现终端消费者下订单后,从最近的仓库流出,完成最后一公里的配送,解决了跨境电子商务物流周期过长的问题,极大地改善了消费者的跨境电子商务客户体验。

3)**模式工具“智能化”**

伴随着大数据技术的不断发展,物流社会化应用日新月异,从亚马逊推出的出租车顺路送货,到 DHL 在瑞典试点的众包模式“路人送”等都是典型案例。

除模式越来越智能化之外,物流各个环节也越来越智能化。在运输环节,谷歌、DHL、UPS、顺丰都自行开发了载货无人机,德国甚至已经开始投入应用;在仓储环节,亚马逊的 KIVA 拣货机器人标志着电子商务仓储管理已经进入新时代;各国配送机器人项目也在研发中。

未来,随着跨国铁路、大型高速船舶、绿色航空、智能交通、智能仓储、新材料技术、节能环保技术,特别是物联网、现代管理科学技术等在物流领域的推广和应用,在与互联网、大数据、云计算的深度融合后,物流将更加“智慧化”“智能化”,更好地满足跨境电子商务的发展。

【本章小结】

本章在介绍跨境电子商务物流特征的基础上,对我国跨境电子商务发展现状进行了细致分析。跨境电子商务物流至今仍面临时效、成本、可追溯性等难题,但在国家相关政策扶持下,跨境电子商务物流体系将向企业所需要的方向完善。

邮政物流、商业快递、专线物流已经成为面向消费市场的跨境电子商务物流主要方式。以阿里巴巴、亚马逊为代表,越来越多具有互联网背景的企业加入跨境电子商务物流行业之中,未来将成为这个领域内极其重要的力量。

【思考题】

1. 从国家战略和国际贸易环境两方面分析我国跨境电子商务快速发展的原因。

2. 分别从商品流向和交易模式的角度分析跨境电子商务的分类,并给出每一类别的具体对应企业有哪些。

【实践训练】

1. 假定一家五金建材类中小企业,之前从事 OEM 代工生产,现打算从事跨境电子商务,请帮该企业选择合适的跨境电子商务交易模式及交易平台。

2. 假设你要从法国买一瓶红酒,请你设计跨境物流的方案以及方式。

第 4 章
跨境电子商务产品发布与定价策略

📖【导入案例】

Anker："80 后"小伙海外开店，注重选品，一年净赚亿元

在亚马逊网站上，搜索"Anker"能很容易找到 Anker 的产品。其商品主要是消费类电子产品，包括笔记本电脑充电器、充电电池、键盘、鼠标等。一款 Anker 的笔记本电脑电池的售价约为 30 美元，而戴尔的类似产品售价为 80～100 美元。此外，加上 Anker 使用海外仓的方式发货和本地化的售后服务，让 Anker 的销售直线上升。2014 年，Anker 仅靠单款移动充电宝就实现了 1 亿元人民币的销售额，消费者遍布美、英、法、德、意等国。

事实上，近年来外贸电子商务在国外购物平台上开店在沿海城市并不稀奇，但是像 Anker 一样注册品牌的很少。"在美国亚马逊上开网店，早期更多的是考验商家的语言能力和对国外网站、国外法律的了解等，但是要做大做长远，必须有好产品和让人信赖的品牌，这才是关键。因此，Anker 将大部分利润投入产品研发中，在上海、深圳都设有研发基地。"创始人阳萌说道。"欧美消费者喜欢黑色的产品，国内消费者更喜欢白色。"说到国内外消费习惯的不同，Anker 有自己的见解。与国内淘宝不同，亚马逊和 eBay 上没有售前服务，也就省去了"购买前与店小二讨价还价的过程"。看中了就下单，类似国内京东的模式。但是国外网购对产品质量要求更严。"如果出现质量问题，几十美元的交易可能换来近万美元的罚单。"Anker 的某竞争品牌的一款充电电池，客户使用时出现了冒烟情况，结果因为客户更换地毯，重新粉刷墙壁，干洗所有衣服，花费近万美元。因为是产品本身的质量问题，该品牌商家只能认罚。

（资料来源：根据中国品牌网相关资料整理）

思考：

1. Anker 在选品的时候考虑了哪些因素？
2. 欧美跨境消费者最关心的因素有哪些？

4.1 跨境电子商务消费市场

4.1.1 主要国家消费人群分析

不同地区的消费者因地理位置、历史文化等因素形成了特有的消费倾向和喜好。本部分将分别介绍北欧、西欧、东欧等我国跨境电子商务主要市场的消费人群特征。

1)北欧

北欧国家主要包括丹麦、芬兰、冰岛、挪威和瑞典,和中国商人打交道较多的也是这几个国家。其宗教信仰、民族地位及历史文化使北欧人形成了心地善良、为人朴素、谦恭稳重、和蔼可亲、按部就班、沉着冷静的性格特点。在生意场上,北欧人有以下显著特征:

①非常注重产品的质量、认证、环保、节能等方面,其重视程度高于对价格的关注。他们心中对价格有上下限,往往报价在范围内就会同意。

②低调的性格特点决定了他们相对不善交际和言谈,不愿过多讨价还价,喜欢就事论事,务实高效;谈判风格坦诚,不隐藏自己的观点,善于提出各种建设性方案,追求和谐的气氛。

③在国际贸易的付款方式上不太使用信用证,比较倾向于电汇(Telegraphic Transfer, T/T)和付款交单(Documents Against Payment, D/P)的方式,因为他们认为自己的信誉度和商业道德高。

所以在和北欧买家沟通时,需要注意以下几点:

①保证产品的质量,提供环保、节能的产品及包装,提供相应的认证;北欧人有着强大的市场购买力,在谈判中对高档次、高质量、款式新奇的消费品,会表现出很大的兴趣。

②注意谈判态度的严谨和认真。首先,要以坦诚的态度对待来自北欧的买家。这可以使买卖双方感情融洽、交流顺畅,形成互相信任的气氛,以促进订单的生成。

③北欧人性格相对较为保守,他们更倾向于尽力保护现在拥有的东西。因此,他们在谈判中更多地把注意力集中在怎样做出让步才能保住合同,同时不喜欢无休止地讨价还价,他们希望对方的公司在市场上是优秀的,希望对方提出的建议是他们所能得到的最好建议。

2)西欧

西欧国家主要包括比利时、法国、爱尔兰、卢森堡、摩纳哥、荷兰、英国、奥地利、德国、列支敦士登和瑞士等。西欧的经济在欧洲相对而言更加发达。生活水平较高,如英国、法国、德国这几个世界大国都集中于此,西欧国家也是和中国商人生意往来较多的国家和地区之一。

(1)德国

德国人具有以下特点:

①严谨保守、思维缜密。德国人在购物前往往会做好充分周到的准备工作,对卖家的经

营、资信情况也会做详尽周密的研究和比较。因此，与德国人做生意，一定要做好充分的准备，充分展现出自身的经营资质，能够回答关于本公司和产品的详细问题，同时应保证产品的质量。

②追求质量和实用主义，讲究效率，关注细节。德国人对产品的要求非常高，所以供应商一定要注意提供优质的产品，在交货的整个流程中一定要注意细节，对货物的情况随时跟踪并及时反馈给买家。

③信守合同，崇尚契约。德国人素有契约之民的称号，他们对涉及合同的任何条款都非常细心，对所有细节认真推敲，一旦签订合约就会严格遵守，按合同条款一丝不苟地去执行，不论发生什么问题都不会轻易毁约。因此，和德国人做生意，也必须学会信守合同，如果买家下订单后，遇到要求更改交货期、付款期等条款的情况，这很有可能就是你和这位德国买家的最后一笔生意了。

(2)英国

英国人具有以下特点：

①冷静持重，自信内敛，注重礼仪，崇尚绅士风度。英国商人一般举止高雅，注意礼仪，遵守社会公德，很有礼让精神。同时，他们也很关注对方的修养和风度，如果能在与买家的沟通中显示出良好的教养和风度，就会很快赢得他们的尊重，为买家成功下单打下良好的基础。

②喜欢按部就班，特别看重试订单，订单量往往循序渐进地增加。因此，中国供应商和英国人做生意时，要特别注意试订单或样品单的质量，因为这是英国人考察供应商的先决条件。如果试订单或样品单可以很好地满足英国买家的要求，他们就会逐步给供应商更多、更大订单的机会；反之，如果第一笔试订单都不能达到他们的要求，英国人一般就不愿意再继续合作了。

(3)法国

法国人具有以下特点：

①买家一般都比较注重自己的民族文化和本国语言，因此在进行跨境交流时，他们往往习惯于要求对方同意以法语为谈判语言。所以要与法国人长期做生意，最好学些法语或在谈判时选择一名好的法语翻译。法国商人大多性格开朗、十分健谈，他们喜欢在谈判过程中谈些新闻趣事，以创设一种宽松的气氛。因此，多了解一些法国文化、电影文学、艺术摄影方面的知识，还是非常有助于互相沟通与交流的。

②法国人天性浪漫、重视休闲，时间观念不强。他们在商业往来或社会交际中经常迟到或单方面改变时间，而且会找一些冠冕堂皇的理由。在法国还有一种非正式的习俗，即在正式场合，主客身份越高，来得越迟。因此，要与他们做生意，就需学会忍耐。但法国人对别人的延迟往往不予原谅，对延迟回复的，他们都会很冷淡。因此，针对法国买家的询盘，千万别延迟回复信息。

③法国商人对商品的质量要求十分严格，条件比较苛刻，同时他们也十分重视商品的美感，要求包装精美。法国人认为法国是精品商品的世界潮流领导者。巴黎的时装和香水就是典型代表。

(4)比利时、荷兰、卢森堡等国

上述三个国家的人具有以下特点:

①买家通常稳重、计划性强,注重外表、礼节、程序化,讲信誉,商业道德水平高。

②比利时、荷兰、卢森堡的买家以中型企业为主,一般回复率较高,但不愿意为物流承担任何责任,通常和中国香港的供应商做生意较多。因此,在应对方式上,中国卖家在谈判时应注意趁热打铁,不要因为款项支付方式或运输问题而拒绝对方。

(5)意大利

意大利人具有以下特点:

①善于社交,情绪多变。意大利人说话时手势较多,表情富于变化,易情绪激动,常常会因很小的事情而大声争吵,互不相让。意大利人比德国人少了一些刻板,比英国人多了一些热情,但在谈判合同、做出决策时一般不愿仓促表态,比较慎重。同时,比较重视产品的价格,在价格方面显得寸步不让,喜欢采用代理的方式。

②注重节约,崇尚时髦。意大利人有节约的习惯,不愿多花钱追求高品质,这与德国人宁可多付款来换取高质量的产品和准确的交货日期不同。同时,他们追求时髦,衣冠楚楚,潇洒自如。他们的办公地点一般都设施讲究,比较现代化,并且他们对生活的舒适度也十分注重。

3)东欧

东欧诸国的政治体制改革和经济体制改革对社会文化的影响很大。国家制度的变化给这些国家人民的思想带来了很大的冲击。他们的谈判人员在此背景下,待人谦恭,但缺乏一定的自信。在谈判中,他们显得急于求成,注重实利,虽然顾及历史关系,但对现实利益紧抓不放。所以应对东欧买家,应该趁热打铁,及时追踪和跟进。

4.1.2 主要国家市场需求分析

1)德国

提起跨境电子商务市场,卖家们大多想到的是美国和英国,然而随着近年来新兴市场和多语言市场热度的蔓延,更多其他语种市场受到关注,例如,占据欧洲市场25%消费体量的德国,近来成为业内研究和卖家开拓的重点市场。

庞大的人群造就了强大的消费体量。德语是1亿多人使用的母语,主要是在德国、奥地利、瑞士北部、列支敦士登、卢森堡、意大利南提洛尔以及比利时的小部分地区,是欧盟国家使用人数最多的语言。跨境电子商务卖家如何抓住这1亿多人的市场机会,研究德语市场的发展形态、网购习惯、支付方式、物流选择、产品偏好、搜索习惯等信息就显得尤为重要了。敦煌网结合平台德语站点的市场表现,形成了深度市场调研报告。

德国作为德语市场的代表性国家有以下特点:

(1)德国人喜欢网购的商品

德国人喜欢购买的产品主要有图书、服饰、活动门票等。值得强调的是,德国在线销售第一名是书籍;其次为服饰和门票。德国技术发达,电子产品也大有市场(见图4-1)。

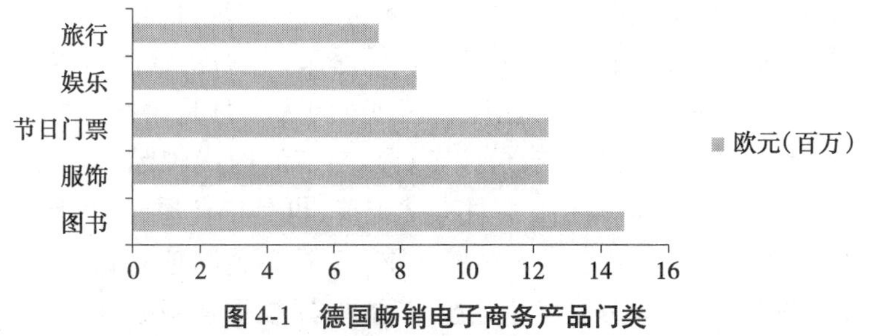

图 4-1　德国畅销电子商务产品门类

(资料来源:2014 年敦煌网跨境电子商务白皮书)

(2)德国人每分钟在各领域的支出

德国人也很喜欢购买二手产品,包括二手衣裤、鞋帽、桌椅等。对中国品牌,如 HTC、华为,很多德国人已改变了原来的偏见,他们觉得这些品牌的产品品质较高,也愿意购买昂贵的中国瓷器。另外,汽车汽配、母婴用品、消费电子、电子烟等产品的支出也很大。

总的来说,跨境电子商务在德国比较受欢迎,几乎垄断了德国一半的电子商务市场。比较受德国人青睐的垂直细分电子商务网站有以下 5 类(见图 4-2):

图 4-2　德国人每分钟在各领域的商品支出情况

(资料来源:2014 年敦煌网跨境电子商务白皮书)

①服饰类:Oto, Zalando, H&M, Esprit, Bonprix。

②电器电子类:Mediamarkt(欧洲最大的电器连锁店), Conrad。

③书城(电子/纸质):Weltbild de, Lehmanns de。

④其他:Idealo(比价网), IKEA(家居), Tchibo(咖啡)。

2)美国

在美国市场,每个月的热销产品都不同,卖家通过分析各月份的热销产品能够准确了解美国买家的消费心理和消费需求。

1 月进入冬季服装打折期,该月属于服装的销售旺季。2 月有情人节,该月是园艺产品、时尚饰品、箱包礼品的火热销售月份。3 月进入春季，服装、家居用品、美容化妆品开始热销；另外，3 月也是户外用品、桌球、水上用品的热销季节，礼品销售随着复活节等特殊节日也热销起来。4 月园艺产品在美国市场销售都很好，因为本月是婚礼筹办的好季节，女鞋、伴娘礼服或婚礼用品比较热销。5 月有母亲节，园艺产品、时尚饰品、珠宝产品、箱包产品、贺卡会随着母亲节的到来而变得畅销。6 月有父亲节，也是毕业季；空调等制冷电器会在 6 月开始热销，手机和消费电子产品也进入销售旺季。7 月有美国独立日，家具和家居用品会因为婚礼等需求而进入旺季。8 月是学生返校采购季，返校季是服装鞋类的一个热卖季节，也是手机、消费电子产品、办公用品、运动用品的一个热卖月。9 月有美国的劳动节。秋季是服装热卖的季节之一，美容化妆品会因秋季新品的到来而热销；同时也是滑雪用品热卖的月份。10 月有万圣节，体育用品会强劲打折，同时毛绒玩具会热销。11 月有感恩节，感恩节是园艺产品的热卖时节，一些家电用品开始打折。美容化妆用品会随着冬季休假来临而热卖。毛绒玩具热销，礼品会随着冬季诸多重要节日进入热销季。12 月有圣诞节，是服装和鞋类热卖的季节。圣诞节也是园艺产品热卖的时节，取暖设备热销，时尚饰品、珠宝和手表在 12 月会占到全年 1/4 的销量。手机、消费电子类产品、体育用品、滑雪设备、毛绒玩具进入热销季。

3）**俄罗斯**

说起跨境电子商务热门国家俄罗斯，首先，让我们看一下俄罗斯的实际数据：国土面积全球最大，拥有 1.43 亿人口，横跨 9 个时区，是全球第六大经济体。因此在这个国家做物流是比较困难的，或者说联系起来比较不方便。根据俄罗斯联邦海关总署的统计数据，俄罗斯主要进口的产品有服装与鞋子、化学产品、黑金属、电话与数据通信设备、计算机、办公技术设备等（见图 4-3）。

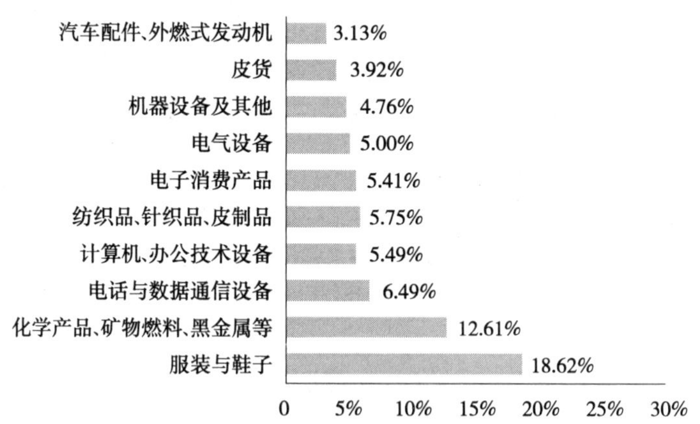

图 4-3　俄罗斯联邦海关总署统计进口数据

（资料来源：俄罗斯联盟海关总署统计数据）

根据俄罗斯自身的地理和人文特征，其市场需求有以下特点：

①寒冷之邦，保暖很重要。

关键词：保暖

热销产品：帽子、围巾、手套、皮草外套

俄罗斯气候寒冷，以俄罗斯首都莫斯科为例，其年平均气温为4.9 ℃，最冷月1月平均气温为-9.3 ℃，最热月7月平均气温为18.2 ℃。因此，俄罗斯的季节温差较大，卖家在发布信息时可以在标题关键词中突出“当季热卖”。此外，因为俄罗斯冬天寒冷，室外的保暖对于俄罗斯人来说尤其重要。冬天，帽子、围巾、手套是必备品，而且俄罗斯女性还特别喜欢购买皮草外套。

②室内外温差大，睡衣薄为宜。

关键词：室内外温差

热销产品：家居服

跟中国北方一样，俄罗斯的房子也有暖气，所以在俄罗斯的冬天，室外和室内的温差是很大的。于是，俄罗斯人在室外和室内时穿的衣服是两个极端。在冬天，家居服是其中一个热销产品，洗澡后所需的浴袍，以及睡觉时需要穿的薄睡衣，也是冬季俄罗斯家居衣着的畅销品。

③天生爱运动，跑鞋不能少。

关键词：运动

热销产品：运动服、运动鞋及配件

运动是俄罗斯人生活的重要组成部分，他们会经常购买运动服、运动鞋及其他配件。俄罗斯人擅长体操和冰上运动。此外，俄罗斯跟其他国家的人一样也爱好跑步、球类和健身等普遍的运动。因此，登山服、跑鞋、泳装、滑雪装是笼络爱好运动的俄罗斯人的热销单品。

④度假狂人多，海滩装备畅销。

关键词：度假

热销产品：泳装、沙滩服、沙鞋和遮阳帽

除运动外，俄罗斯人也非常会享受，特别是年轻一代，都有度假的习惯，一般喜欢去海滩。所以针对度假的需求，泳装、海滩上穿的衣服、沙滩鞋和遮阳帽是俄罗斯人心仪的热销度假选品。

⑤美女国度，化妆品需求大。

关键词：打扮

热销产品：彩妆产品及化妆工具

俄罗斯女性一般都会化妆，对美容类产品的需求很大。但俄罗斯女性会更喜欢购买品牌化妆品。其中，最受欢迎的选品有口红、指甲油、眼影、化妆工具等。

⑥潮流女性多，偏爱性感风。

关键词：流行服饰

热销产品：性感女装

俄罗斯女性喜欢追赶流行，时刻关注新款服饰。一些当季热门的、新奇的、创意流行的商品比较受追捧。但需要注意的是，俄罗斯的女性不喜欢太过可爱的穿衣风格，更喜欢欧洲的性感风。

⑦男人常穿正装，最爱领带。

关键词：正装

热销产品：西装套装以及袖扣、领带、领带夹之类的配件

俄罗斯政府员工和很多企业员工都会穿正装，节日和正式场合也要穿正装，而且男士们还会佩戴袖扣。因此，西装套装以及袖扣、领带、领带夹之类的配件是男士们经常购买的产品。此外，因为俄罗斯男人比较高大，而且肥胖人群数量大，所以对加大码的衣服有特别需求。

4）**巴西**

巴西人喜爱跨境网购的主要原因体现在巴西本地物价高、人民可支配收入较多、经济增长较快、国内轻工业不能满足国内需求等几个方面。

①巴西本地物价高。在巴西，一个小米移动电源需要 129 巴西雷亚尔，折合人民币为 170 多元。在这样的背景下，网上的价格比本地价格低了很多。尽管到货时间较长，甚至会被海关征税，也是相对划算的。

②巴西人民可支配收入较多。巴西政府给国民提供的福利待遇较好，在正常纳税的情况下，国民可享受免费医疗以及小学至大学的免费教育，以上基本解决了巴西人民的后顾之忧。如上原因养成了巴西人民即时消费的习惯，网购即为一大表现。

③巴西经济的高速增长。经济的高速增长极大地刺激了巴西人的购买欲。与此同时，巴西社会人群比例一直在变化，收入中高层的比例已经由 2003 年的 51% 上涨到 2013 年的 76% 。预测显示，到 2023 年巴西中层和高层收入者的比例将分别达到 58% 和 33% 。

④巴西轻工业发展缓慢。巴西轻工业税费较重，导致轻工业发展不能满足国内需求。本国生产的轻工业品不足以满足国民高涨的消费需求。

根据敦煌网的调研数据，巴西人的消费喜好主要集中在服饰配件、体育用品、运动鞋、汽车、教育和旅游等领域（见图 4-4）。

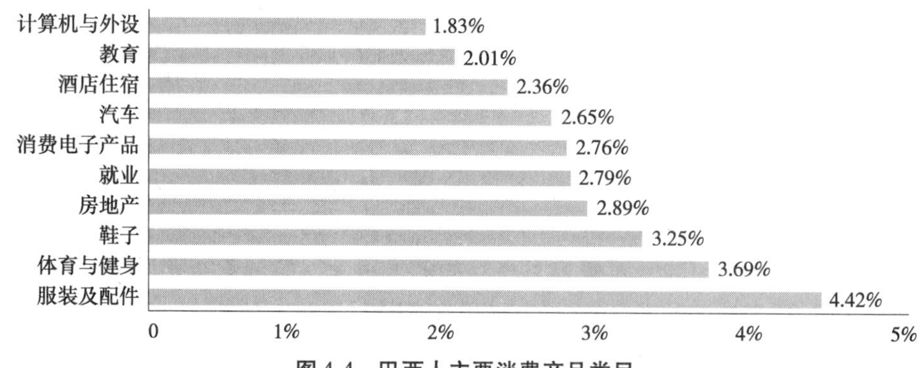

图 4-4　巴西人主要消费产品类目

（资料来源：敦煌网行业调研数据）

巴西消费者有以下特征：

①巴西的男性消费者比较喜爱 3C 和户外运动的产品，且喜欢新品和符合流行趋势的产品。

②买家喜欢在 Facebook 等社交网站分享商品。

③喜欢与卖家互动，即使卖家不会葡语，也可直接用英语交流，巴西买家会把英葡对照

语言全都发给卖家。

④比较喜欢有色彩冲击和色彩搭配好的多 SKU(Stock Keeping Unit)展示的产品,卖家在主图上的设计可以主动迎合巴西买家的喜好。

⑤相比优惠券,葡语站买家更喜欢实实在在的折扣,甚至会直接搜索折扣,喜欢参与促销活动。

⑥相比较支付运费,更青睐免邮的产品。

⑦进入卖家店铺,浏览最多的是评论区,评论区甚至可以决定其是否会下单。

巴西国内的主要节日包括1月1日的元旦、2月第三个星期周末的狂欢节、5月1日国际劳动节、6月18日圣体节、9月7日独立日、11月2日万灵节、11月15日共和国日、12月25日圣诞节。国内卖家可以根据节日需求选择合适的商品销售。

巴西人网购的主要品类有电子类产品、手机、美容类产品、母婴产品、新上市的产品。各品类产品需求占比情况如图4-5所示。

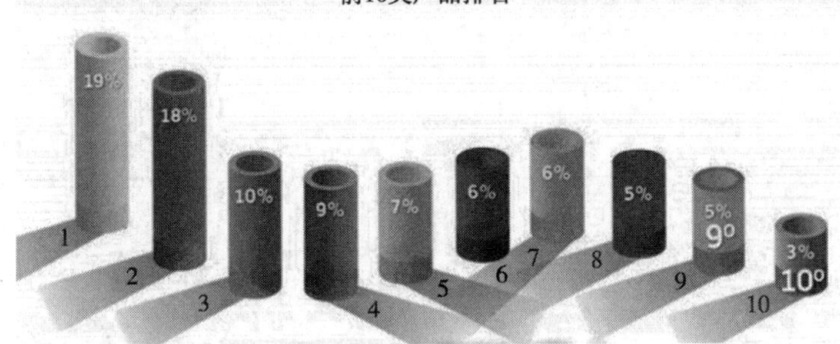

图4-5　巴西人网购各品类产品需求占比情况

(资料来源:敦煌网白皮书)

尽管巴西市场潜力巨大,但巴西的关税管理非常严格,有时需要提供税号。与关税关联甚多的是一度让企业闻风丧胆的巴西物流,与南美的其他国家一样,物流一直是进入巴西市场的大难题,对此巴西客户与跨境电子商务企业同样头疼,并极度渴望来自大洋彼岸的中国电子商务企业可以解决此难题。因此,如何以最快的速度收到最具性价比的中国产品,如何在国外淘到好东西,一度成为巴西民众的热门话题。

5)西班牙

西班牙属于西语市场。所谓西语市场,很多卖家理解为西班牙市场。其实,西语市场是以语系划分的,全球有近30个国家讲西语,人数达到5亿,是世界第三大语言。其范围包括南美洲的哥伦比亚、委内瑞拉、厄瓜多尔、秘鲁、玻利维亚、巴拉圭、智利、阿根廷等;北美洲的墨西哥;中美洲的危地马拉、洪都拉斯、萨尔瓦多、尼加拉瓜、哥斯达黎加、巴拿马;加勒比地区的古巴、多米尼加、波多黎各;非洲的赤道几内亚、西撒哈拉以及西属安道尔。在美国的西部和南部,有超过2 000万的居民讲西班牙语,菲律宾也有部分居民讲西班牙语。由此可见西语市场覆盖范围之广、人数之多。那么西班牙作为西语市场的代表性国家有什么特点呢？

首先，西班牙是欧洲第五大电子商务市场，每年人均在线消费 1 248 美元，3.61% 的在线消费者喜欢从海外电子商务网站购买商品。另外，西班牙人对中国商品的认可度比较高，因此，从出口国市场来看，西班牙一直是我国主要的出口国之一。

下面来了解一下西班牙人跨境购物的偏好。

(1) 最喜欢的商品品类

西班牙人最喜欢的海淘产品有 3C 类、服装配饰、美容健康类、旅行以及一些具有当地文化特征的产品。

3C 类产品包括手机整机、手机配件、投影仪、音响及平板电脑。其中，手机整机最受欢迎，一些国产品牌手机受到西语买家的青睐，如小米、华为、联想。从 Google 关键词搜索趋势来看，中国品牌手机在西班牙的搜索量也在逐年上涨（见图 4-6）。可以看出，华为手机在西班牙的搜索量较高。

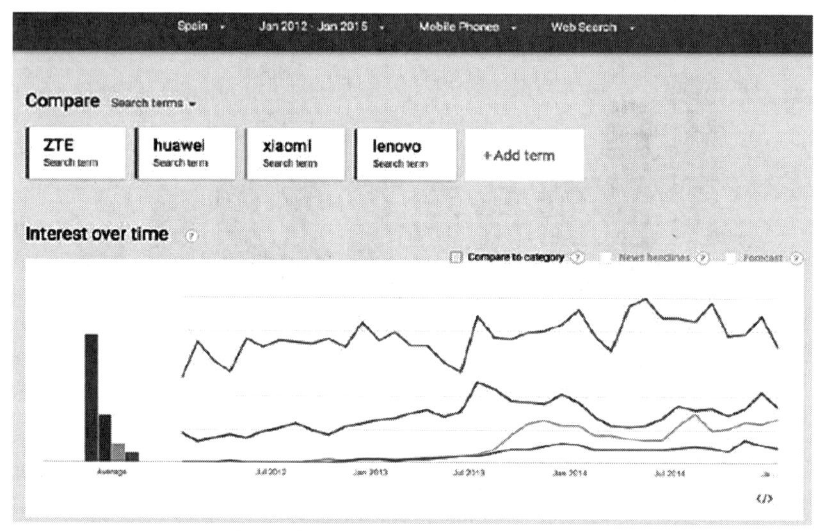

图 4-6　2011—2015 年西班牙人对中国手机品牌的搜索量

（资料来源：Google）

服装配饰类产品主要包括晚礼服、派对服装、泳装、舒适又时尚的鞋子、围巾、太阳眼镜等。西班牙的消费者是非常追求时髦的，他们的时尚风向标是 Vogue 杂志，有相关产品的卖家如果想打入西班牙市场不妨多关注他们喜欢的风格。

由于西班牙地处欧洲，气候和其他因素导致部分成年已婚女性身材走形较快，因此减肥产品是她们的最爱。在夏季，西班牙人十分喜欢在海滩把皮肤晒成小麦色。此外，西班牙女性基本都化妆，就连 60 多岁的老太太也上妆，尤其喜欢眼影、眼线。同时，现代健康问题被日益关注，西班牙人也不例外，因此他们也逐渐倾心于一些医疗保健产品。众所周知，欧洲人都比较喜欢旅行、运动。因此旅行体育类产品也受到西班牙消费者的喜爱。西班牙人对旅行产品的需求主要有汽车配件（包括 GPS、汽车修理工具）、户外运动产品（包括运动鞋、球服、骑行系列）等。

此外,西班牙市场上其他比较特殊的品类主要如下:

①符合当地文化的扇子、猫头鹰元素产品。扇子于 16 世纪由葡萄牙人从东方传入欧洲。最先仅王宫贵族的妇人使用,18 世纪才得以普及。扇子以前是以纳凉功能为主,现代大多是为了装饰和家居陈设。目前西班牙有一家全国最大的扇子工厂(ABANICOS CARBONELL),价格从十几欧到几百欧不等。而猫头鹰则来自西班牙的一个寓言故事,因此猫头鹰系列的产品也是比较具有西班牙本地特色、文化特色的产品(见图 4-7)。

图 4-7　西班牙猫头鹰系列产品

②当地实时动态。新上映的电影元素、当地乐队。2015 年 7 月,在西班牙上映了名为"InsideOut"的动画片,一时间与动画相关的人物玩偶、印有图案的 T 恤都成了西班牙买家喜爱的产品。同时,披头士乐队在西班牙的演唱会前后,也有很多买家在 DHgate 平台上搜索相关产品。由此可以证明一些实时的动态可以作为我们选品的参考。

③专业产品。数字诊断工具。数字工具产品在西语站的表现一直不错,但是产品种类多且相当专业。这时就需要我们专业的卖家根据市场的出单情况来选择自己主推的产品了。

此外,在西语市场上"新品"是具有特殊性的,如 S6、航拍器、U8 智能手表。它们共同的特殊点在于市场的滞后性。产品发布后,我们总要等上一两个月甚至更久才能看到西语买家的大动作。所以如果卖家在新品上没有看到太大的效果也不要灰心,可能只是时间问题。

(2)面向西班牙买家的价格策略

卖家需要针对不同类型买家设置产品阶梯价,主攻 B 类(批发商),但不失 C 类(终端消费者)。

现在的跨境电子商务主要是 B2B(企业采购)的跨境电子商务,因此我们的主要客户群是 B 类,但是鉴于 B 类的购买周期以及购买数量有限等原因,C 类也是我们不能错失的一块蛋糕。

(3)西班牙跨境电子商务的物流选择

选择针对西班牙买家提供快捷方便的物流方式的产品。在西班牙比较常用的物流方式有四大快递:DHL(海关检查率较大,清关较难,不建议卖家使用)、FedEx、UPS、TNT;邮政小包有 Netherlands Post, One Word Express。

(4)西班牙买家对折扣的喜爱

西班牙买家比其他任何国家的买家都看重大折扣。通常情况下,他们对较大的折扣是没有抵抗力的。

4.2 跨境电子商务产品选择

4.2.1 跨境电子商务选品一般逻辑

总体来看,跨境电子商务选品需要经过5个步骤:确定行业类目,找到热卖款、洞悉卖家爆款、找到买家需求、市场数据验证分析和产品战略布局。跨境电子商务选品逻辑见图4-8。

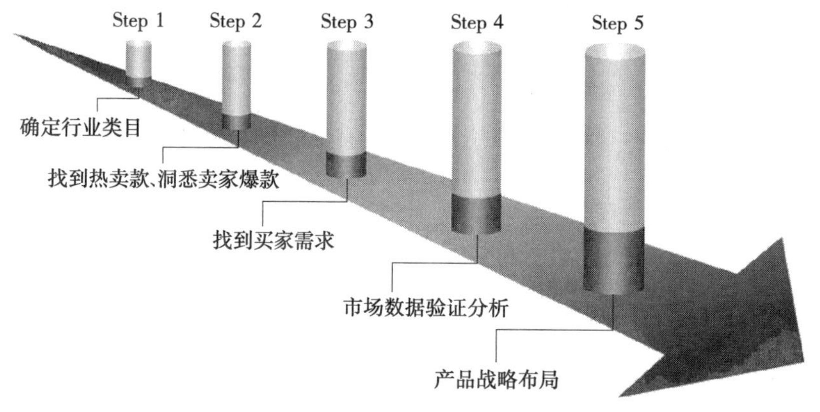

图4-8 跨境电子商务选品逻辑

1)确定行业类目,通过数据了解市场趋势

选择跨境电子商务商品的第一步,是需要谨慎地确定要选择的行业,如女装、男装等。所以我们要对行业数据进行分析,行业数据分析包括行业竞争分析、行业数据分析、行业国别分析。

①行业竞争分析:主要分为红海行业和蓝海行业。红海行业指现有的竞争白热化的行业。蓝海行业指未知的、有待开拓的市场空间,竞争不大但又充满买家需求的行业。我们在选择跨境电子商务运营商品时,需要综合自身优势选择竞争不那么激烈且有一定市场利润空间的商品。

②行业数据分析:需要我们对相关行业的访客数占比、浏览量占比、支付金额占比、支付订单占比、供需指数等进行分析。其中,访客数占比指该行业的访问数量占比,代表市场容

量；访客数占比越大表明市场容量越大，越小表明市场容量越小；支付定金占比是商品成功支付定金的支付数占商品下单数的比例，支付定金占比越大，证明买家越倾向于购买该类目的商品；供需指数代表卖家数量和买家数量的比例关系，该指数越小表明市场竞争越小，越大则表明竞争越激烈。所以我们要选择访客数较多、支付比例较高、供需指数较小的商品。

③行业国别分析：我们要根据买家搜索产品类目的关键词来判断，哪个国家的买家搜索该商品的量比较多。通常情况下，我们可以依托买家国别的搜索关键词数据来判断商品的主要目标国家市场。

在确定行业类目时，我们可以借助速卖通的数据纵横发现商机，查看上述行业数据。例如，我们要进入跨境电子商务的婴幼儿产品行业，在进行行业数据分析时，可以借助速卖通数据纵横中的“商机发现”选择：孕婴童—婴儿服装/配件，分别分析：婴儿套装、连体衣/爬服、卫衣帽衫、长裤、短裤、内衣的行业类目数据、行业趋势、行业国家分布，并最终确定销售产品的行业类目（见图4-9—图4-13）。

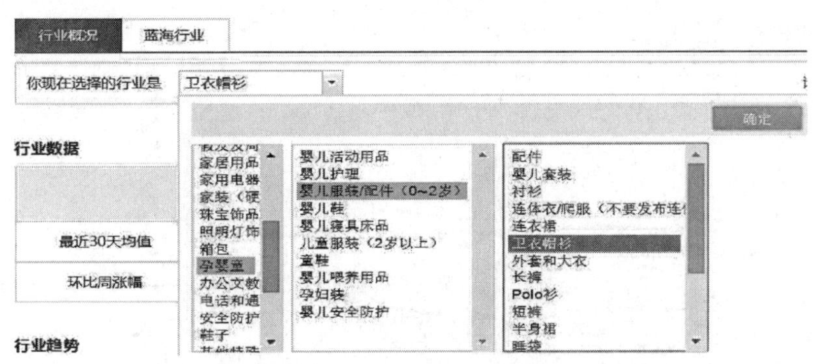

图4-9　数据纵横行业选择

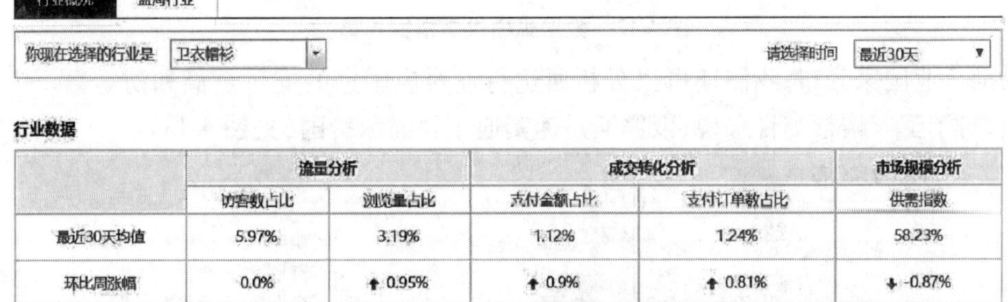

行业概况　蓝海行业

你现在选择的行业是　卫衣帽衫　　请选择时间　最近30天

行业数据

	流量分析		成交转化分析		市场规模分析
	访客数占比	浏览量占比	支付金额占比	支付订单数占比	供需指数
最近30天均值	5.97%	3.19%	1.12%	1.24%	58.23%
环比周涨幅	0.0%	↑0.95%	↑0.9%	↑0.81%	↓-0.87%

图4-10　卫衣帽衫的流量分析、成交转化分析和市场规模分析

例如，我们选择卫衣帽衫，点击确定后可以看到卫衣帽衫行业类目数据，包括流量分析、成交转化分析和市场规模分析（见图4-10）。若我们要将多个行业趋势数据进行对比分析，可以在行业趋势部分添加多个行业进行多个指标的对比分析。例如，我们选择卫衣帽衫、长裤/九分七分五分裤和长爬裤三个行业分别对比访客数占比、支付金额占比、浏览量占比、支付订单数占比和供需指数（见图4-11和图4-12）。

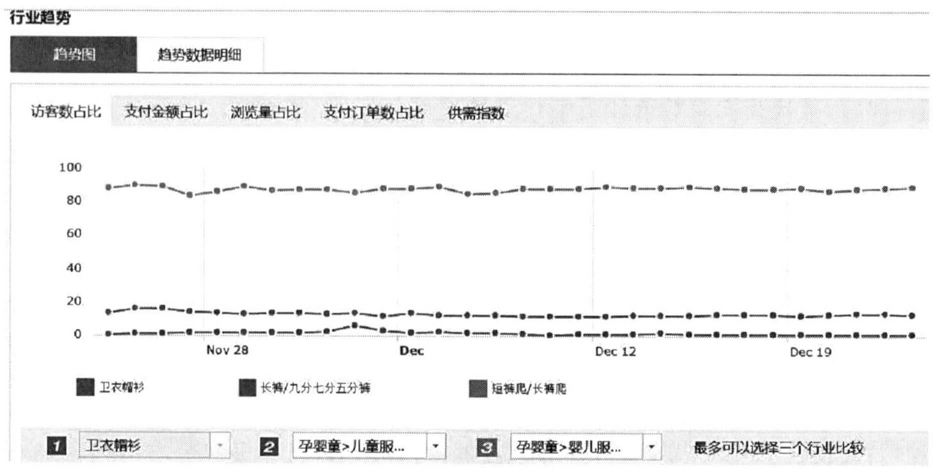

图 4-11 数据纵横行业访客数占比趋势

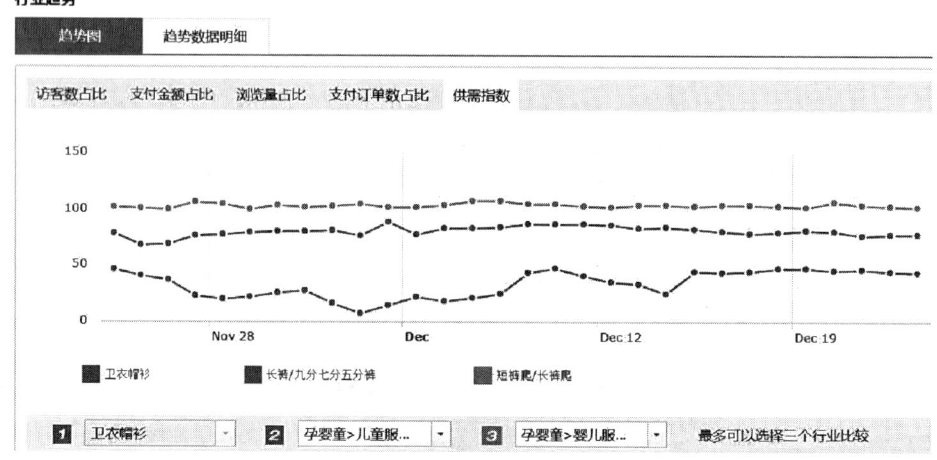

图 4-12 数据纵横供需指数趋势

借助行业国家分布，我们还可以分析所选行业对应国家的支付金额和访客数。由此可以看出，对于卫衣帽衫类目来说，俄罗斯是速卖通主要的消费国（见图 4-13）。

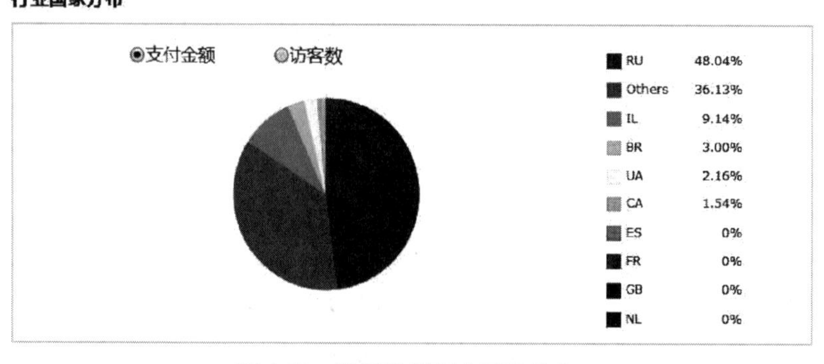

图 4-13 数据纵横行业国家分布

通常情况下，我们一般选择进入访客数较多、支付比例较高、供需指数较小的商品。在上述例子中,我们可以选择进入婴孕童行业中的卫衣帽衫、长裤/九分裤/七分裤/五分裤和长爬裤等类目。

2)**找到买家需求,优化产品升级**

确定好行业类目后,接下来需要寻找买家需求,优化产品升级。简单来说,就是根据买家的搜索习惯或喜好,对产品进行线上包装。买家的搜索习惯可以通过搜索指数和购买率排名确定,搜索指数越大的商品搜索量越大,购买率越高说明买家需求越多。跨境电子商务选品通常情况下要选择搜索指数和购买率排名较高的商品。

确定婴孕童行业中的卫衣帽衫帐裤,九分裤、七分裤、五分裤,以及长爬裤 3 个类目,现在利用速卖通的数据纵横查看行业热销产品、热搜产品、热搜词等信息。点击选品专家,选择行业后可以看到婴孕童行业热销的 3 个产品词(见图 4-14);点击热搜词,可以看到热搜的产品词(见图 4-15);也可以通过搜索词分析,确定热搜词(见图 4-16)。

图 4-14　查看热销词

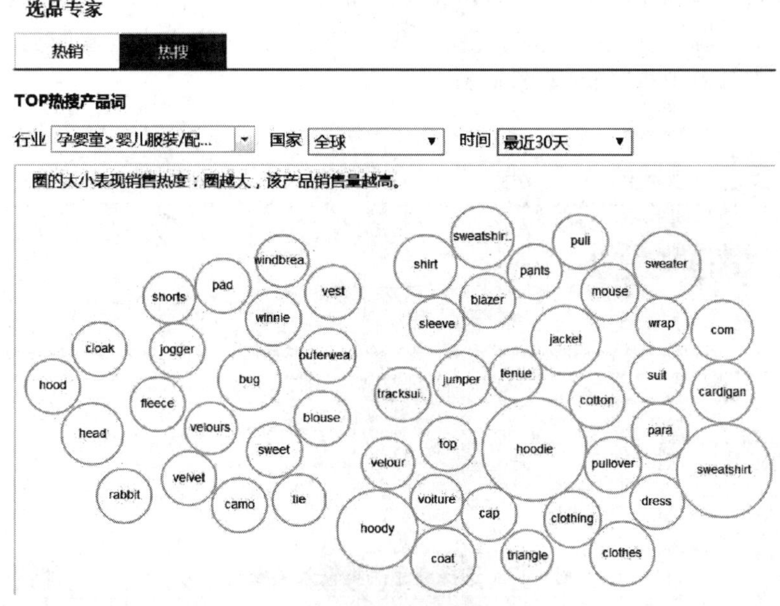

图 4-15　热搜产品词

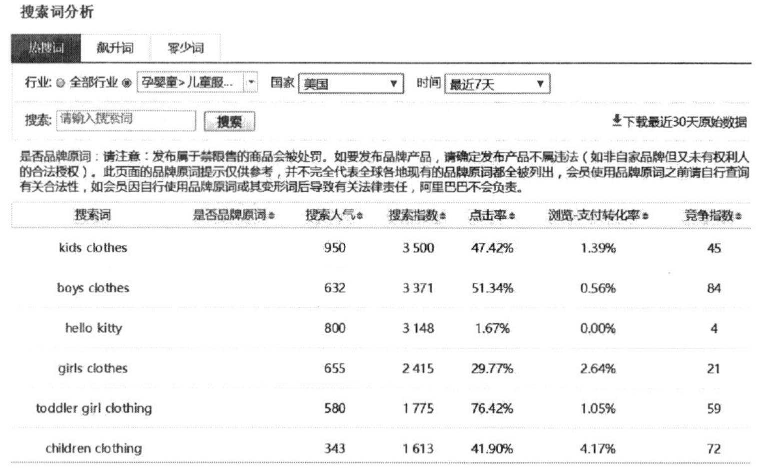

搜索词	是否品牌原词	搜索人气	搜索指数	点击率	浏览-支付转化率	竞争指数
kids clothes		950	3 500	47.42%	1.39%	45
boys clothes		632	3 371	51.34%	0.56%	84
hello kitty		800	3 148	1.67%	0.00%	4
girls clothes		655	2 415	29.77%	2.64%	21
toddler girl clothing		580	1 775	76.42%	1.05%	59
children clothing		343	1 613	41.90%	4.17%	72

图 4-16　热搜词分析

3）找到热卖款，洞悉卖家爆款

确定好买家需求后，我们需要洞悉卖家爆款。爆款商品不仅能够提高销量，还能提升整店的浏览量，同时对提升商家店铺的知名度和效益功不可没。一般情况下，我们会借助一些专门的跨境电子商务网站帮助我们选品。其中，“越狱网”能够帮助用户通过大数据迅速定位 eBay、Wish、亚马逊等平台热销单品，协助商家快速选品、便捷铺货、放心采购。例如，我们在越狱网选择 eBay 平台，选择“Baby”类目，然后输入热销产品词“baby clothes”（见图 4-17），可以查看相关的热销产品、历史销售量、转化率，并查看同类商品的历史销售量、转化率，进而确定爆款产品（见图 4-18）。点击相关产品后，可以看到相关商品的销售量、转化率，还可以查看商品来源，进行数据追踪（见图 4-19）。另外，还可以点击查看同类商品，确定相关商品中哪些产品属于热销款（见图 4-20）。

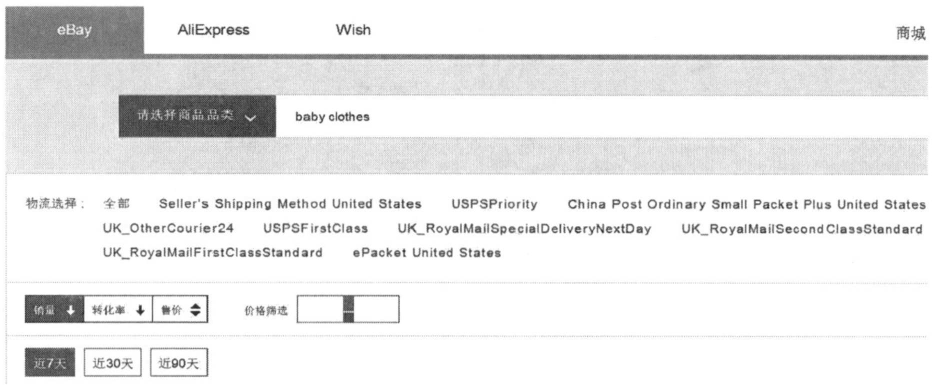

图 4-17　选择商品品类输入关键词

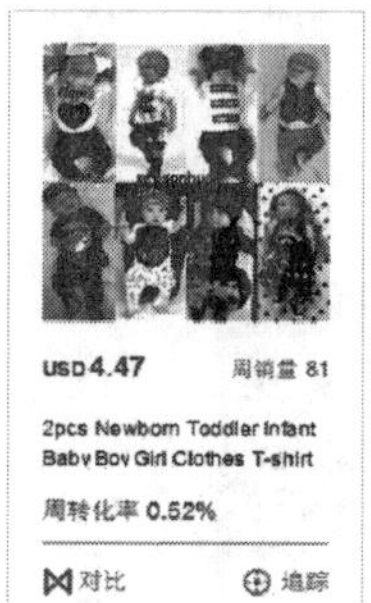

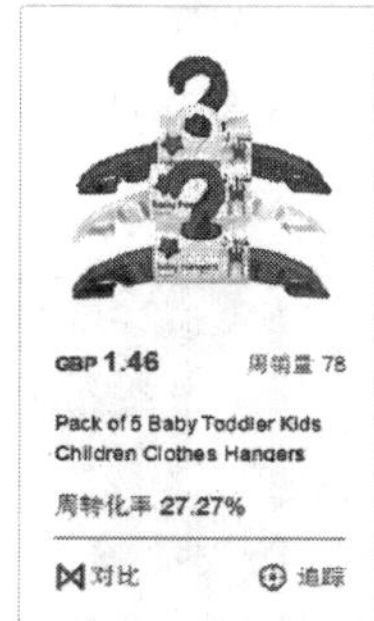

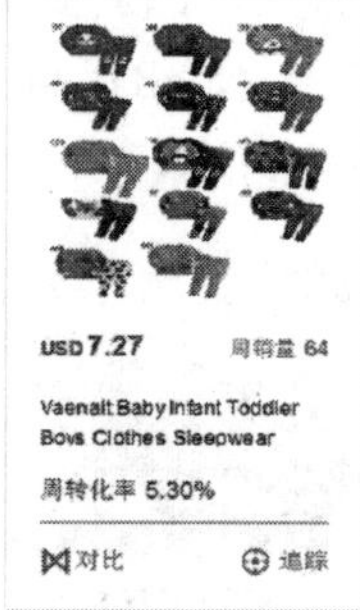

图 4-18 “baby clothes”相关热销产品

图 4-19 点击单个商品查看销量和转化率

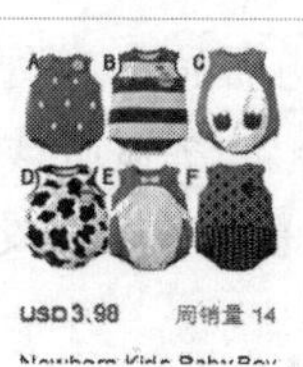

图 4-20 点击查看同类商品销售情况

4）市场数据验证分析

如果已经基本确定了某款商品，商家还可以将所选择的商品在国外相关网站进行产品验证,如果和数据分析的商品一致,那么产品就是有潜力、符合海外需求的产品。从具体操作来说,可以打开国外的电子商务平台,如 eBay、Amazon、ASOS、gmarket 等(见图 4-21),查看爆款或引流款、热卖商品、搜索关键词等信息。

图 4-21　选品的市场验证推荐平台

5)产品战略布局

通常情况下,卖家店铺的商品可以分为引流款、利润款和形象品牌款。引流款能够为店铺提供高流量、高曝光率、高点击量;利润款能为店铺提供利润;品牌形象款能够逐渐树立店铺的品牌形象。一般靠引流款带动销量。3 种商品类别应设置的数量、产品折扣率以及利润率见表 4-1。

表 4-1　选品的产品战略布局

产品分类	数量占比/%	折扣率/%	利润率
爆款	5	50	初期亏损
利润款	85	30～40	初期略赚
品牌形象款	10	5～20	赚

从表 4-1 可以看出,爆款产品初期通常属于亏损产品,起引流作用;利润款产品的数量占店铺产品总量的 85%,其利润率较低;而品牌形象款所占比例为 10% 左右,利润率较高。

4.2.2　跨境电子商务选品常见方式

面对浩瀚的互联网产品,哪些是想经营的商品,哪些商品会成为热销商品甚至爆款产品?当在列选品清单时,需要注意以下问题:首先,哪个细分领域或行业是你特别感兴趣的;其次,哪个细分领域或行业是你潜在客户感兴趣的;最后,你自己生活中需要什么样的产品。

例如,马克斯有个烦人的问题就是每天早上起床都要处理他那头乱糟糟的头发。于是他根据这个痛点设计了一款网上销售产品:Morning Head。它是一个淋浴帽,带吸水毛巾条,通过放在头上揉擦一会儿,就可以设计你想要的发型。Morning Head 目前售价为 10 美元(约合人民币 61 元)/2 只,图 4-22 为使用 Morning Head 的前后对比图。

图 4-22 Morning head 使用前后对比图

除自身感兴趣的领域或行业外,我们还可以结合互联网社区意见、在线杂志或新闻进行选品。

1)结合互联网社区意见选品

有时,我们根本不需要什么新创意,传统商业会给我们诸多启示。观察传统零售行业趋势,把它们从线下搬到线上。在互联网社区,注意人们谈论的新式或有趣的零售概念,它们往往能够为我们的选品工作提供线索。

Yummy Tummy Soup Company 是一个把传统行业搬到网上的绝佳例子。这家公司寄送自制的健康汤类、蛋糕和甜点,用贴心的爱心包裹方式寄给你所爱的人,里面还提供一系列个人护理工具。他们每天烹制各类产品并用温控集装箱销往全世界。

2)结合在线杂志或新闻选品

另一个寻找产品创意的方式是查看一些顶级消费者产品趋势的出版刊物。下面的这些在线趋势出版刊物将展示给我们一些新产品领域或产业。

①Trend Watching 为一家独立趋势公司,跟踪探讨全球最具前瞻性的消费者趋势。在伦敦、纽约、圣保罗、新加坡、悉尼和拉各斯等地拥有 30 人的专业团队,报告全球最新趋势。

②Trend hunter 是全球最大、最受欢迎的趋势社区。拥有 13.7 万名会员及 30 万名粉丝。Trend Hunter 是无尽好奇心的灵感源泉。

③Springwise 每天提供新创意、趋势及故事。可以免费订阅。

④Inkkas 是一个注意到其他国家的趋势然后引入自己国家很好的例子。它们引入纯正南美织物来制作漂亮独特的鞋子。这个创意来自 Dan 有次在秘鲁看到这些风格的鞋子,并认为在北美定会有市场,随后引入国内,成功发起了众筹项目,收到了 7.7 万美元的全球预订单。如图 4-23 所示为 Inkkas 的鞋子展示。

3)根据网络意见领袖的建议选品

了解某行业,我们可以使用各式工具来发现该行业有影响力的人。跟随社交媒体中对的人,可以帮助我们激发灵感,获得第一手资料。Topsy,Follower Wonk,Littlebird 都是能够帮助我们发现某个特殊领域意见领袖的工具。

图 4-23　Inkkas 鞋子

4.3　跨境电子商务产品发布

一个好的产品信息能够更好地提升成交量，加快买家的下单决定。那么，怎样的产品信息描述算好的产品描述呢？通常情况下，好的产品描述要求标题准确、图片丰富、描述详尽、属性完整、价格合理等。下面我们来了解速卖通、敦煌网店铺发布商品的步骤和技巧。

4.3.1　速卖通发布产品的步骤及技巧

卖家登录速卖通平台后（见图 4-24），单击发布产品，进入产品发布页面。接下来进入产品管理—单击发布产品（见图 4-25）。发布产品时，我们需要依次填写产品所属类目行业、产品属性、标题关键词、产品主图、销售属性、尺码价格、信息模块、详细图片、售后服务、包装及物流等信息。

图 4-24　登录卖家平台

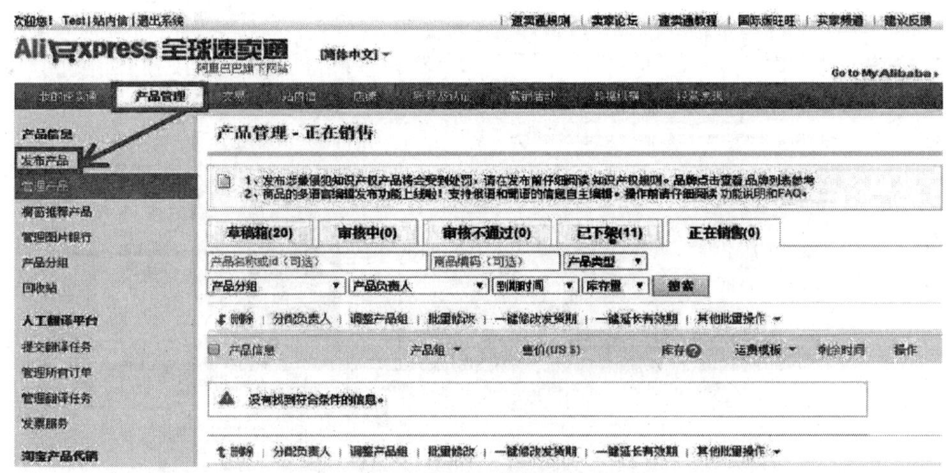

图 4-25　进入产品管理界面

填写类目行业时,我们可以从选择类目中直接选择待发布产品的所属类目,也可以选择类似产品导入的方法,具体类目选择正确后可以单击发布产品(见图 4-26)。

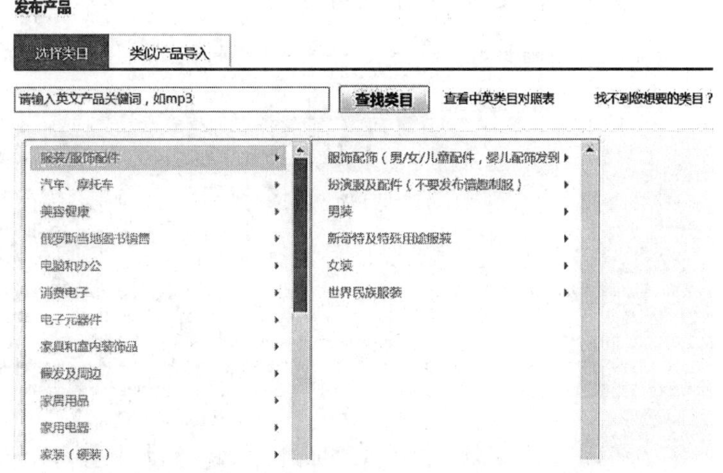

图 4-26　类目行业选择界面

接下来,卖家需要填写产品的属性(见图 4-27),系统要求产品属性填写的完整率为 78%以上,除了系统给定的产品属性,卖家也可以自定义填写更多属性。自定义属性非常重要,是很好的引流工具,如"For Christmas"等节日属性。

在标题和关键字填写部分,卖家需要尽最大可能填满 128 个字符,标星号的产品关键词是核心关键词,更多关键词部分,需要填写属性词和核心关键词组合。

在产品主图填写部分,产品图片格式只能是 JPEG,主图大小在 5 MB 以内,且不允许盗用他人图片,卖家可以自由选择 6 张主图。

在销售属性填写部分,不同产品类目的商品属性不同,我们可以根据具体的要求选择产品的最小计量单位、销售方式、颜色等信息。

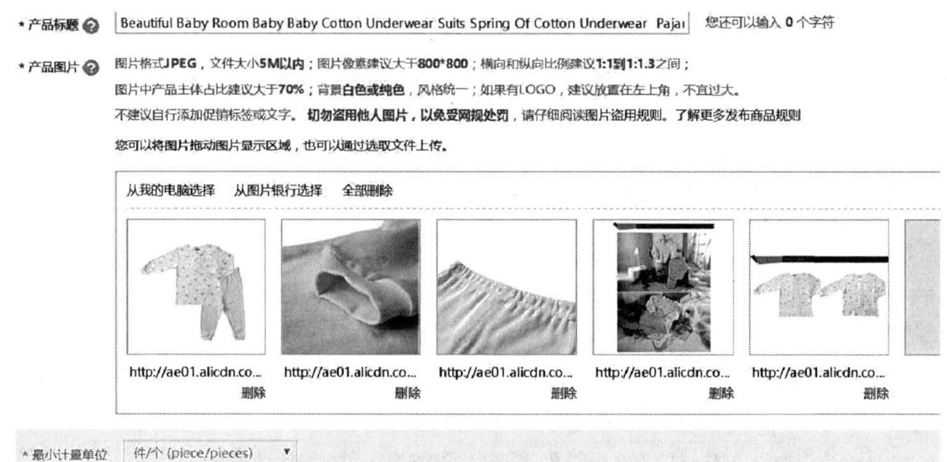

图 4-27　产品属性信息填写界面

在价格和尺码填写区域，卖家需要根据尺码标准设定所买货物的尺寸（见图 4-28）。根据不同的国家标准，对常规尺码进行改良，如常规中国款式和国外相比，会小一个尺寸。发货期部分，一般选 7 天，以免造成成交不良影响店铺美誉度。

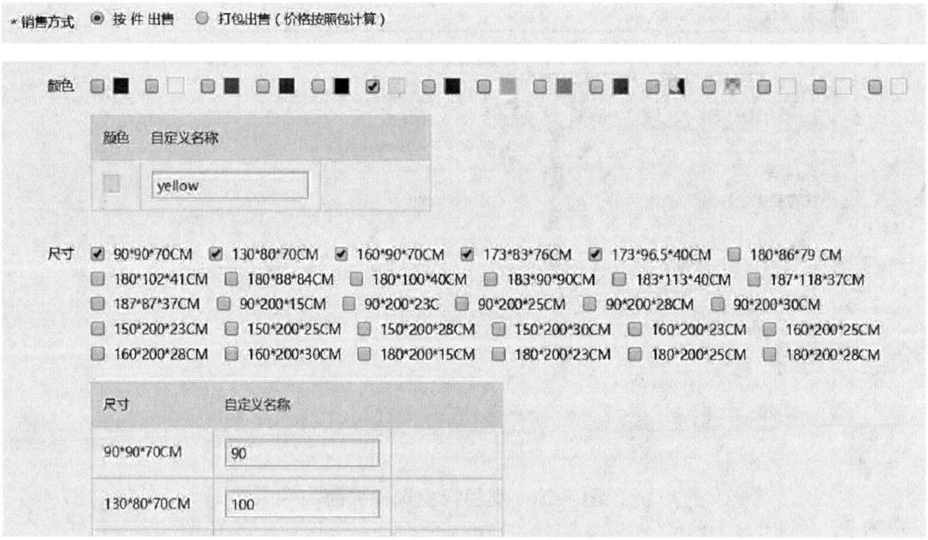

图 4-28　产品标题和关键词填写

在产品详细描述部分，卖家一般需要填写产品功能属性、产品细节图片、支付物流、售后服务、公司实力等内容（见图 4-29—图 4-31）。

在图片展示部分，每次可以插入 8 张图片，支持的图片尺寸为 1 000×5 000，详情页图片应考虑移动端，建议不超过 800×850 或者 700×750。文件格式为 JPG/JPEG，文件大小不超过 5 MB。为了保证美观，插入图片的宽度最好一致。

在产品详细描述部分，商品相关图片插入后，需要紧跟图片插入一段描述，一般情况下可以对营销、服务、团队等进行宣传。

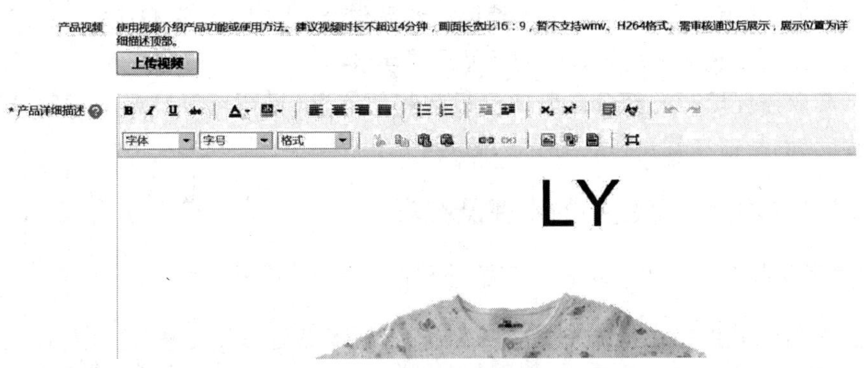

图 4-29　产品详细描述填写

包装信息

*产品包装后的重量　0.2　公斤/件

自定义计量

*产品包装后的尺寸　8　x 5　x 2　(单位：厘米, 每件 80 cm³)

物流设置

*产品运费模板　mirror123 (Location: CN)

发货运费参考: 以 1 件 为例

从 China 发往国家/地区 United States

物流公司	设置	价格	运达时间
Russian Air	**不支持向该国家发货**	-	-
ePacket	自定义	**US $4.22**	27 天
China Post Registered Air Mail	自定义	**US $4.39**	39 天

图 4-30　包装及物流信息填写

服务模板

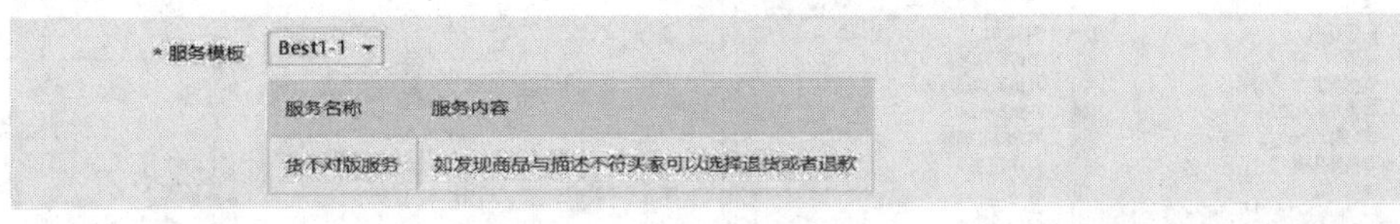

其他信息

产品有效期　◉ 14 天　○ 30 天

支付宝　◉ 支持

通过全球速卖通交易平台进行的交易须统一使用规定的收款方式－支付宝担保服务。在全球速卖通平台进行的交易如果被买家投诉不使用保服务，平台将会根据《卖家拒绝使用支付宝担保服务处罚细则》给予处罚。

产品发布条款：☑ 在提交发布此产品之前，我已阅读并同意了

- Alibaba.com Transaction Services Agreement for PRC Customers（阿里巴巴中国用户交易服务协议）
- AliPay Payment Services Agreement（支付宝付款服务协议）
- 速卖通平台放款政策特别约定

点此 了解更多关于支付宝支持的在线交易

图 4-31　服务模板及其他信息填写

商品详细描述填写完成后,需要继续填写商品包装信息、物流信息(见图4-30),在物流设置部分,卖家可以选择之前设置好的产品运费模板。

最后,卖家需要填写的部分是服务模板和其他信息(见图4-31),当上述信息填写无误后,单击提交,商品信息就发布成功了。

4.3.2 敦煌网产品发布的步骤及技巧

首先卖家选择“我的DHgate”—“产品”—“添加新产品”,如图4-32所示。

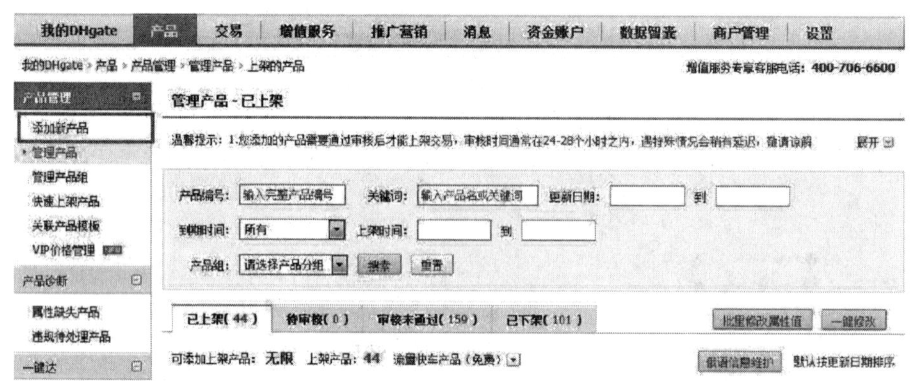

图4-32 “添加新产品”界面

单击“添加新产品”选择产品类目,如图4-33所示。

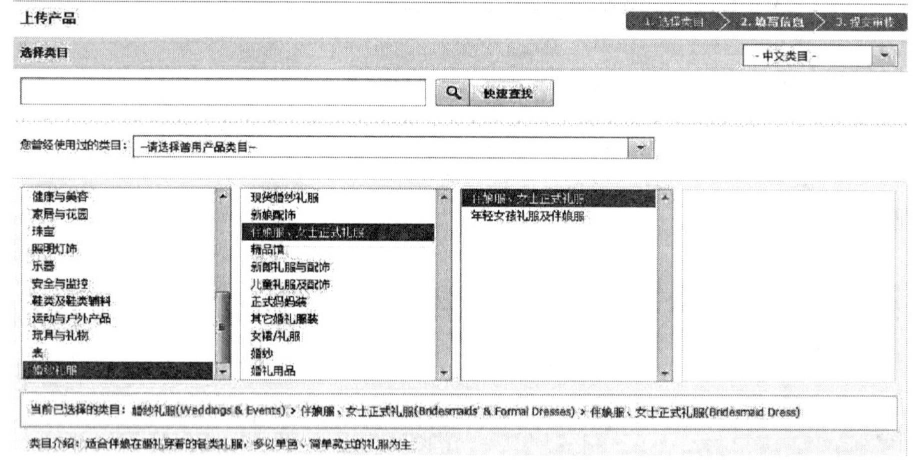

图4-33 选择产品类目界面

选择好产品类目后,卖家需要添加产品基本信息(见图4-34),对产品标题、关键字等基本属性进行描述。产品标题要清楚、完整、形象,最多可输入140个字符。

在产品基本属性填写界面(见图4-35),为了让产品能以更多的展现方式出现在买家页面,平台在上传产品页面时会根据卖家上传产品的特征,设置产品相关的多种属性,如品牌、款式、尺寸、材质、颜色等,卖家需要根据自身产品选择页面所提供的属性选项。

在产品规格填写界面(见图4-36),卖家根据自己产品的情况选择产品规格,若系统所供选择的规格不能满足需要,卖家也可以选择“自定义规格”选项后进行自主设置。

上传产品　　1. 选择类目

当前已选择的产品类目：计算机和网络(Computers & Networking) > 计算机配件(Computer Components) > 其它电脑配件(Other Computer Components)　«返回修改类目

1、产品基本信息

* 产品标题：Computers　您还可以输入131/140个字符

产品关键词：Computers　添加多个关键词

* 产品基本属性：设置完整的产品属性有助于买家更容易找到您的产品

品牌：- 无品牌 -

自定义属性：　添加更多

产品规格：产品的不同规格，可以设置不同的零售价，并在前台展示给买家

图 4-34　产品基本信息填写界面

* 产品基本属性：设置完整的产品属性有助于买家更容易找到您的产品

品牌：- 无品牌 -
产品图片类型：请选择
裙型：请选择
领型：请选择
背部设计：请选择
袖型：请选择
袖长：请选择
裙长/拖尾设计：请选择
面料：请选择
装饰：全选
Hand Made Flower(手工花)　Applique(贴花(非刺绣))　Embroidery(绣花)　Print(印花)
Beads(钉珠)　Ruffle(褶皱)　Feather(羽毛)　Fur(皮草)　Lace(蕾丝)
Ribbon(缎带)　Sash(腰饰)　Bow(蝴蝶结)　Tiers(有层次的)　Pick-ups(捏褶)
Pleats(均匀的小褶皱)　Ruched(不均匀的小褶皱)　Draped(不均匀的褶皱)　Sequins(亮片)
Pockets(有口袋的)　Peplum(腰部周围的装饰短裙)　Cascading Ruffles(层叠荷叶边)
Criss Cross Straps(交叉肩带)　Flower(s)(手工花饰)　Beading(串珠)　Pearls(珍珠)
Tassel(流苏)　Pastels(柔和彩色的)　Brooch(胸针)　Split Front/Side(正面或侧面开叉的)

图 4-35　产品基本属性填写界面

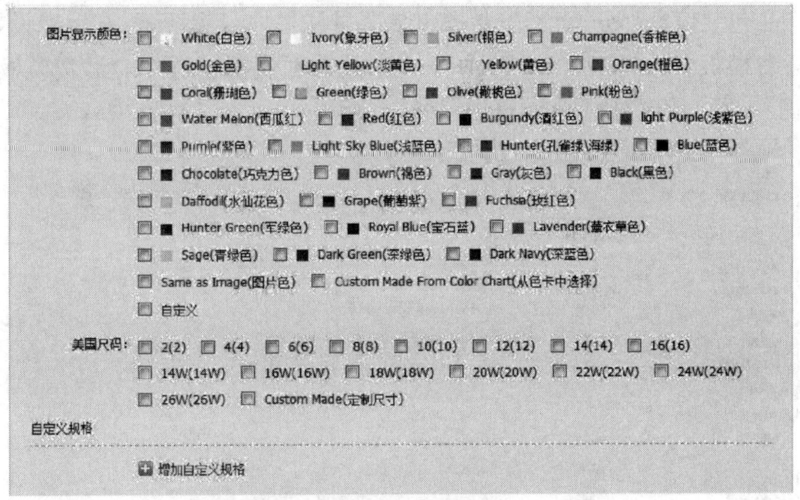

图 4-36　产品规格填写界面

在产品销售信息填写部分,卖家需要选择销售计量单位和销售方式、备货状态、备货数量、备货期以及价格区间(见图4-37)。备货期指卖家确认执行订单至成功发货期间的天数,不含国际运输时间。

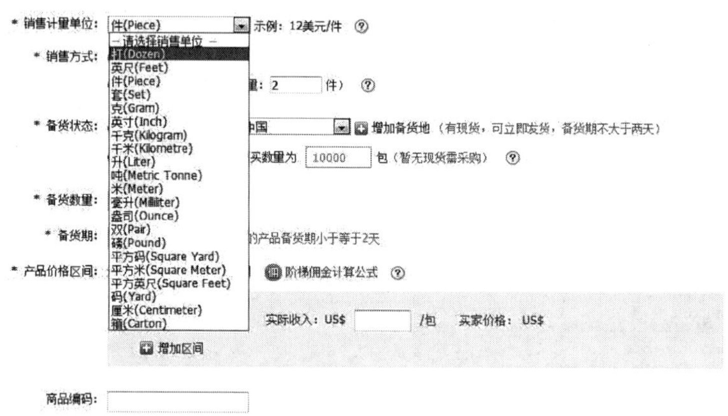

图4-37　产品销售信息填写

在产品图片描述部分,卖家可以上传图片格式为JPEG、大小在2 MB以内的图片,但不允许盗用他人图片,卖家最多可以上传8张产品图片。

在产品详细描述部分,卖家需要将买家比较关注的产品特色、功能、服务、包装及运输信息等展示出来,让买家可以一目了然、尽可能多地了解产品相关信息;还可以通过一些个性化的描述展现卖家的专业性,如制作模板、敦煌网相关产品的站内链接,向买家展示更多的相关产品,进行自我促销,以及引起买家的兴趣等。详细描述中有8万个字符空间,支持HTML语言。考虑敦煌网面对的都是国外的买家,所以需要卖家使用英文填写一切产品信息,以便买家在搜索产品时可以准确地了解产品的各种情况。卖家也可以登录敦煌网,单击"在线翻译"将产品信息翻译为英文。

在产品包装信息部分,卖家需要把包装质量和尺寸设置清楚;在运费设置部分,卖家可以创建运费模板。选择"我的DHgate"—"产品管理模板管理"—"运费模板"—"添加新模板"(见图4-38),依次对物流方式的运费进行设置。

图4-38　运费模板设置

运费模板设置好后,卖家可以设置产品的有效期(见图4-39)。至此,产品信息发布完成。

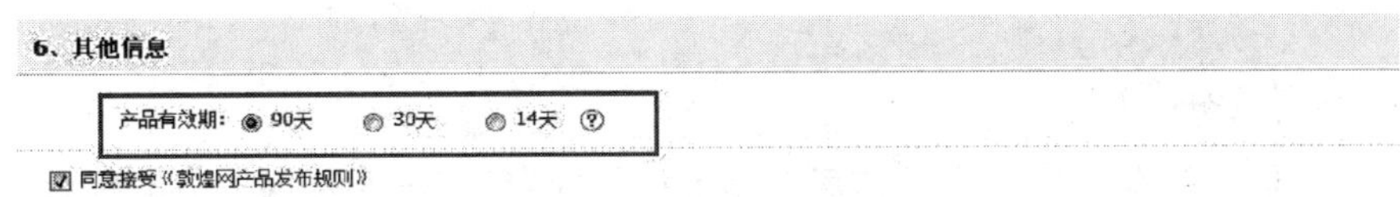

图4-39 产品有效期设置

4.4 跨境电子商务品牌建设

4.4.1 跨境电子商务的品牌化选择

伴随着中国综合成本的不断上升,基于成本优势的传统国际贸易模式已经难以为继。对于将产业留在国内(即没有将产业进行转移)的传统企业而言,品牌化是长远来看的必要选择。

反观跨境电子商务,在经历了几年的快速发展之后,也逐渐进入品牌化阶段,其原因如下:

同质化的产品利润越来越低,价格战越打越烈。在价格战背后往往伴随着产品品质不断降低。如鼠标行业,假设正常的出厂价是12元,在基本保证性能的前提下,节省成本只能从材料端下功夫:把1.5 m的线缩短至0.8 m,鼠标底座不喷漆,包装不彩印等。产品品质的下降无法支撑企业的可持续发展,最终只会毁掉企业自身和中国制造的口碑。

平台规则不断向品牌化倾斜。跨境电子商务B2C领域,无论是全球速卖通、亚马逊、eBay,都针对品牌产品提供更多的资源倾斜与政策保护。以亚马逊为例,同类产品的竞争中,自建Listing并拥有良好客户口碑的企业,基本上可以垄断大部分流量。

因此,对致力于在跨境电子商务领域长期发展的企业(特别是拥有产品能力的制造业企业)而言,品牌是一个躲不开的话题,只有打造出自己的品牌才可能实现企业的可持续发展。

4.4.2 跨境电子商务品牌建设意义

传统的国际贸易中,中国企业往往作为OEM或者ODM加工角色存在,没有自己独立的品牌体系,消费者不能正确地认知产品的真正生产商。而建立自己的品牌有助于消费者准确认知产品和生产厂家,占领消费者心智。除此之外,建立自有品牌还有利于企业做到以下3点:

1)扩展国际市场

国际市场(特别是发达国家)往往对产品品质有较高的要求。品牌化意味着企业对产品品质有信心,有利于增加中国企业和用户之间的信任度,从而对企业拓展国际市场发挥重要的促进作用。

2)享受品牌溢价

相比于白牌产品,用户往往愿为品牌产品支付更高昂的价格,这将为企业带来品牌溢价。虽然我国大多数企业的品牌化仍处于发展初期,无法获取像欧美大品牌一样高的品牌溢价。但长远来看,中国定会涌现很多全球产品品牌媲美欧美大品牌,获得巨大的品牌溢价。

3)获取法律保护

与国内不同,以欧美为主的海外市场对品牌相关的专利、设计等保护力度较大。在品牌化的过程中,品牌名称可以通过注册商标获得保护,制造流程可以通过申请专利权获得保护,外观设计可以通过版权获得保护。这样就确保企业能够对这些知识产权进行安全投资,在抵御仿冒山寨等侵权行为的同时,从中获取长期利益。

4.4.3 跨境电子商务企业品牌策略

1)精准定位

这是个物质极其丰富的世界,在过去几十年,几乎每个品类可选择的产品数量都有了出人意料的增加。这是一个信息爆炸的世界,借助互联网工具,用户可以极其方便和快捷地获取海量的产品信息。

在这样的背景下,中小跨境电子商务企业若想塑造品牌,在竞争中胜出并长期赢得客户,唯一的方法就是找准定位,聚焦于某一垂直细分领域,在不断打磨产品的同时增强与用户的交互,最终占领用户的心智。

彭总是"80后",2011年在深圳创建了科料安硅胶制品有限公司(以下简称"科安硅胶"),主要为国外品牌提供以硅胶制品为主的OEM代工服务(如奶嘴、奶瓶、分装瓶、牙胶等)。创建之初,科安硅胶的日子并不好过。受全球经济下滑的影响,代工市场比较萧条,科安硅胶创立的前两年连续亏损。

2013年,在深圳网贸会(原鹏城网商会)的影响下,科安硅胶重新制定企业战略,精准定位,聚焦"硅胶婴儿安抚类饰品"和"硅胶户外旅行类产品",推出Kean、Myfriday品牌,从产品端发力,在用户需求的基础上不断对产品进行迭代。2015年,科安硅胶成长为硅胶婴儿安抚类饰品"和"硅胶户外旅行类产品"领域的隐形冠军,产品占有率稳居市场第一,其净利润水平更是惊人地为25%以上。

图腾体育用品(深圳)有限公司(以下简称"图腾体育用品")成立于2004年,主要产品是专业运动服,主要客户是国际知名的各种体育类组织(如美国高尔夫球协会)。图腾体育用品的客户100%来自线上,80%来自阿里巴巴国际站。

图腾体育用品是深圳网贸会的会长企业,是深圳"隐形冠军"的代表性企业。2015年,图腾体育用品营业规模为5 000万元,行业内占有率多年稳居第一,净利率在35%以上。

耀眼业绩的背后是图腾体育用品一直坚持精准定位:聚焦"专业运动服—热转移印花"领域(主要应用于如NBA球服等专业领域),多年如一日不断对生产设备进行迭代改善,保持行业无可争议的领先地位。图腾体育用品预计在2015年年底可以实现所有设备的数据化和标准化,与线上消费数据直接对接,初步打通C2M(顾客对工厂)模式,实现生产设备的智能化。

2)微创新

跨境电子商务破除了中国企业与海外用户之间的屏障,为企业微创新提供了土壤。通过跨境电子商务,中国企业可以获取用户的真实需求,从而依托自身的制造能力,不断微创新,为用户提供更能满意的解决方案。

在跨境电子商务平台上(特别是竞争激烈的品类领域),微创新往往可以实现:通过差异化,吸引更多客户的目光,增加产品的曝光率;提升用户的印象,加强品牌的认知程度。

因此,对于缺乏颠覆式创新能力的广大中小企业而言,点滴积累的微创新是塑造自有品牌的重要方法。

荣耀电子成立于 2011 年,位于广州市,主要从事高端越野车改装灯的生产和销售,其客户主要来源于欧美。汽车照明领域是一个技术快速变革的领域,荣耀电子自 2014 年年底开始,聚焦 LED 改装灯领域,通过跨境电子商务平台不断收集用户的各种微需求,并有针对性地进行微创新,不断改进产品。

2015 年下半年,在新一代 LED 改装灯产品推出后,荣耀电子发现海外客户经常抱怨"开灯收音机就有很大的噪声",经过工程师团队检测后,发现这是 LED 线路电磁干扰收音机信号的原因,于是荣耀电子有针对性地进行了改良,推出了市面上"第一款屏蔽电子干扰的 LED 改装灯"产品,获得客户的一致好评。2015 年,荣耀电子实现了 4 000 万元的营业收入,LED 改装灯的市场占有率快速提升。

与荣耀电子类似,科安硅胶也通过不断的微创新,在实现更高业绩的同时提升了品牌的知名度。科安硅胶对已有的旅行类分装瓶进行了多次升级,其中,针对美国"猫头鹰文化"专门设计了双吸头的分装瓶,既符合美国人的文化习俗,又使分装瓶可以牢靠地吸附在玻璃或光滑的墙面上。科安硅胶推出新型分装瓶后,在美国市场大卖,受到了消费者的一致好评(见图 4-40)。

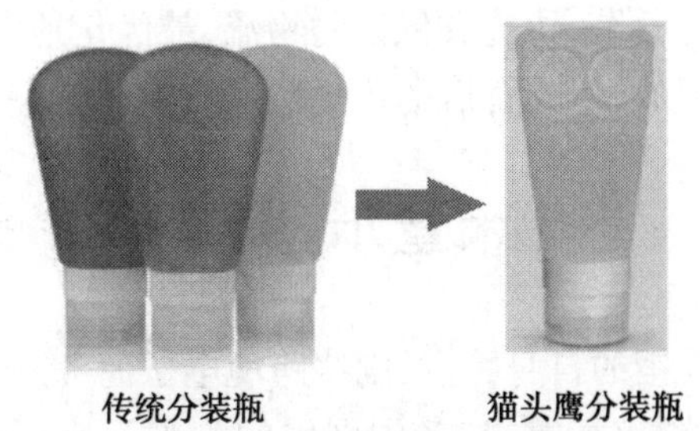

图 4-40 科安硅胶的微创新

3)本土化

进入中国市场的欧美跨国公司,凡是团队没有实现本土化的,大部分都失败了。同理,进入海外市场的中国跨国公司,仍坚持只使用中国人团队的,大部分也都失败了。其实,这背后的道理很简单:最了解目标国家用户需求的、最了解目标国家用户行为方式的,只有目标国家的本地人。

因此,对想在海外塑造品牌的中国企业,本土化是必经之路。中国企业只有秉持开放、协作、共赢的态度,与大量的目标国家专业团队(如设计团队、营销团队、物流团队等)建立紧密的关系，深耕海外本地市场，才可能建立真正的全球品牌。

朗维国际，定位为“海外集客营销专家”，致力于帮助中国企业实现海外本土化营销，增加中国企业的产品附加值及利润空间。

通过多年的积累，目前朗维国际已经整合了来自欧美的30多家设计、营销、交互领域的专业公司，组建了包括多名国际专家在内的中国支持团队，帮助包括雅戈尔集团、杉杉集团、迪麦格、盛世龙图在内的上千家企业实现了高达千亿元的利润增长。

4）**品牌与品牌化**

跨境电子商务时代，伴随着人类沟通方式的变革和沟通成本的快速降低，中国企业获得了塑造全球品牌的机会，但这不等于所有企业最终都能够建立起自己的品牌。

塑造品牌的过程是漫长的、充满坎坷的，没有企业可以做到品牌一经推出，就获得品牌价值，塑造品牌需要企业下定决心、坚持不懈；塑造品牌是需要持续投入的，不仅包括金钱，还包括人才、资源等的投入，而对于很多中国企业而言，当下仍处于寻找出路的阶段，缺乏相应的储备和能力。

不是所有中国企业最终都能建立自有品牌，但品牌化的理念应该植入中国企业的基因之中，应该贯穿到中国企业的经营之中。

企业要有明确的产品定位、品牌定位、经营理念，要善于聚焦将核心优势兵力集中在一个战场上。特别是对中小企业而言，一定要找到属于自己的垂直细分领域，这不仅仅关乎品牌，还决定了企业的可持续发展能力。

企业要回归商业本质，在产品上下功夫。企业要学会针对用户的实际需求，通过微创新的手段，不断对产品迭代升级。这不仅有利于企业塑造品牌，还可以帮助企业有效地提升利润。

企业要持续重视用户，创造良好的用户体验。企业要学会因地制宜，面对不同国家的用户，采用有别的设计、针对性的营销、快捷有保证的物流，最优化地满足其需求。本地化不是所有企业都可以在现阶段实现的，但其背后的逻辑是所有企业都应该掌握的。

【本章小结】

本章针对跨境电子商务营销的自身特点，围绕跨境电子商务各国消费人群特征展开，具体包括各国消费人群分析、各国市场需求、各国网民的购买习惯，分析了卖家在跨境电子商务中针对各国买家应该注意的问题，介绍了跨境电子商务的选品逻辑。以速卖通、敦煌网为例，介绍了产品信息的主要内容、店铺发布商品的步骤和技巧。

【思考题】

1. 简述巴西买家喜欢购买的产品。
2. 简述跨境电子商务选品的主要意见信息收集渠道。
3. 简述跨境电子商务的选品逻辑和选品工具。

【实践训练】

假设你购买一本国外的书籍,在网上查询,要求挑选在最便宜的书店购买。写出购买步骤、网站域名、价格等,分析与购买国内书籍的差异。

第 5 章 跨境电子商务营销

【导入案例】

利用 Facebook 平台进行联合推广

如今 Facebook 已经是跨境电子商务最大的流量来源之一。投放一条 Facebook 广告，一天就能带来成千上万的访客，对销量提升有巨大作用。全世界每个月登录 Facebook 的人数为 165 亿人次，其中 66% 的人每天都会登录(2016 年第一季度)。Facebook 的使用人数在亚洲最多，为 3.5 亿人次，其次为美国(2 亿)、中东/非洲(1.95 亿)、巴西(1 亿)、英国(3 700 万)、德国(2 800 万)、加拿大(2 100 万)、澳大利亚(1 400 万)(2015 年第四季度)。这相当于覆盖了全球 1/5 的人口，占全球网络用户数的 48%，其中 90% 是通过移动设备登录。值得一提的是，Facebook 的用户规模是微信的 3 倍，是 Twitter 的 5 倍，是 Snapshot 的 8 倍，是 Youtube 的 16 倍，是 QQ 的 2 倍，是新浪微博的 7 倍。

人们在 Facebook 和 Instagram 上花费的时间超越了其他一些主流社交媒体平台的总和。在拉丁美洲，66% 的购物者会在购物时登录 Facebook 了解折扣信息；在美国，51% 的人称 Facebook 对他们的节日购物有一定的影响力，甚至非常有影响力；在英国，人们用 Facebook 来寻找购物灵感的比例是其他社交媒体的 21 倍；在马来西亚，70% 的人称他们在购物之前先在 Facebook 上查看相关信息。另外，数据显示 Facebook 已成为人们探索信息的新途径，76% 的人称 Facebook 是他们观看视频的主要渠道；每天人们在 Facebook 上的搜索次数为 15 亿次；超过一半的用户每天在 Facebook 上观看视频；每天视频的浏览量超过 80 亿。

一家总部设在中国的名为 Lovely Wholesale 的服饰品牌，致力于为全球时尚女性提供价格相对便宜的时尚服装。Lovely Wholesale 希望接触全世界的广告受众并把他们吸引到自己的网站，同时希望得到较高的广告回报率及转化率。通过使用 Facebook 的点赞广告、推广专页接触受众及新用户，并利用自定义广告受众功能更加精准地投放广告。在 3 个月时间内，Lovely Wholesale 的新用户增加了 180 倍，销售额增长了 50%，网站浏览量增加了 3 倍，广告投资回报率翻了 20 倍。

（资料来源：根据雨果网相关资料整理）

思考:

1. Facebook 在人们日常生活中扮演着什么角色?

2. 企业如何借助 Facebook 开展营销推广?

对跨境电子商务企业来说,营销成本约占企业总成本的 30%。在营销手段上,平台卖家多以平台内营销方式为主,而品牌商、平台和独立外贸(B2C)最主要的营销方式是搜索引擎投放。SNS 营销、EDM 营销也是使用较多的途径。搜索引擎在营销总投入中占 30% ~50% 的比例。主要投放的搜索引擎中,Google 约占 70%,Yahoo、Bmng、Yandex 也是常用的搜索引擎。SNS 营销尽管是跨境电子商务企业常用的营销手段,但投入并不大,占比平均不足 5%,带来的直接订单数量也屈指可数,但 SNS 营销为跨境电子商务带来的品牌传播和推广效应以及在维护老顾客等方面的作用不可忽视。SNS 营销渠道中,Facebook 的使用最广泛,其次是 Twitter、Interest 等。

5.1 跨境电子商务企业官网建设

大多数中国企业(特别是传统制造业企业)对官网的定位有偏差,重视程度严重不足。这导致中国企业的官网更像是“门户网站”,以介绍老板魄力、公司战略、内部新闻为主。

在跨境电子商务时代,企业官网的作用十分巨大,原因如下:

①企业很难通过跨境电子商务平台建立自有品牌。跨境电子商务平台以销售为导向,如何“吸引流量并进行分发”是其商业逻辑;品牌以认知为导向,如何“占领客户心智”是其主要目标,没有企业可以仅通过高超的销售技巧占领客户的心智。

②官网是“企业品牌形象的高地”,可以以客户习惯的方式(如针对性的语言、表述逻辑、表现方式等),更有效地向广大客户传达企业理念、产品特性、使用状况等。

建设企业门户网站往往需注意以下几点:

①设计与产品品牌风格的统一,让客户留下较为深刻的品牌印象。

②用户体验。一方面要适应多应用场景的需求,如电脑端、平板端和手机端因为显示屏幕大小不同而造成排版的不一致;另一方面要增加语言的多样性,从而方便全球各地、不同语言的客户接收信息。

③数据沉淀。官网的流量来自哪些国家和地区、主要的询盘来自哪些国家和地区、两者之间的转化率情况如何等,都需要有所记录。

成立于 1987 年的黎明重工科技股份有限公司,是一家专业生产大中型破碎、制砂、磨粉设备,研、产、销三位一体的股份制企业。公司总部坐落于传统与创新交融的郑州国家高新技术产业开发区。公司长期与海外各国的交流和合作,不但使公司产品永葆国际最顶尖水平,而且赢得了广泛的国际市场,产品远销俄罗斯、哈萨克斯坦、阿塞拜疆、土耳其、科威特、南非、埃及、越南、马来西亚、印度、澳大利亚、朝鲜、加拿大等国家和地区。

作为一家大型机械加工生产销售企业,黎明重工特别重视企业网站(见图 5-1)的建设。企业网站设计简洁大方,配色与企业标志相一致。同时,网站提供简体中文、英文、俄语、法语、阿拉伯语、西班牙语、葡萄牙语、越南语及日语等 11 国语言选择。网站同时提供 24 小时在线客服服务，方便客户咨询。

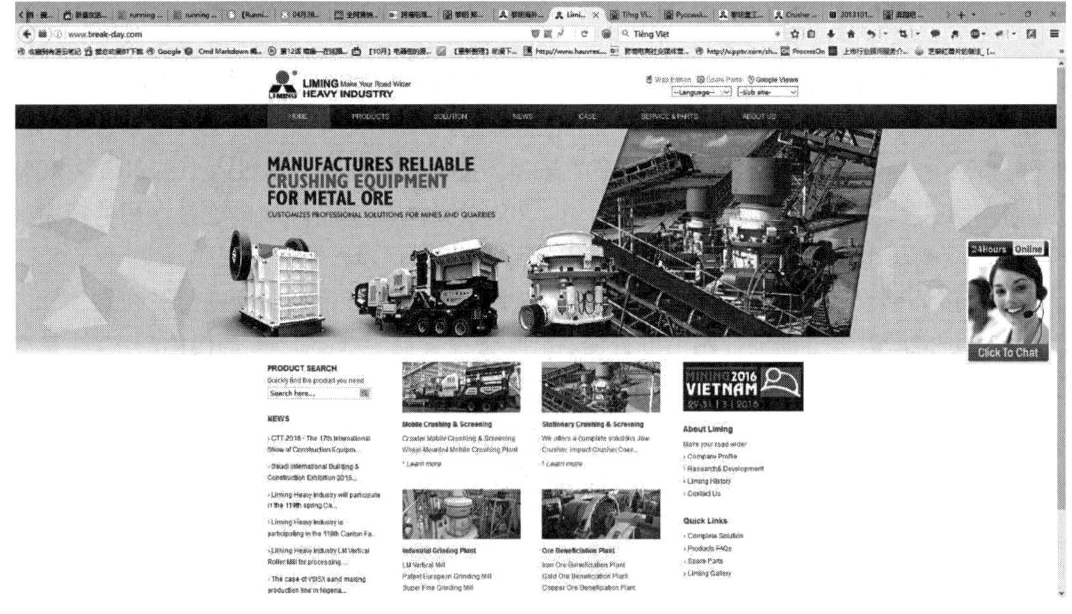

图 5-1　黎明重工英文网站

5.2　跨境电子商务 SEM 营销

互联网时代，人们习惯通过搜索引擎获取所需信息。搜索引擎是国内外最常用的网络工具之一。强大的网民基础使搜索引擎成为电子商务企业开展网络营销的重要途径，对于跨境电子商务从业者来说，如何通过搜索引擎让潜在客户关注自己的产品或网站，是一个非常值得关心的问题。

搜索引擎营销（SEM）就是通过控制网站搜索结果的展现，来满足特定搜索者的信息检索需求，并以此实现营销目标。在出口跨境电子商务领域，企业主要投放的搜索引擎有 Google，但它并不是每个国家的主流搜索引擎。在俄罗斯，Yandex 是首选的搜索引擎，该公司市场份额在俄罗斯占 50% 左右；在韩国，Naver 是主要使用的搜索引擎，其市场占有率高达 70%；在捷克，Seznam 约占捷克 60% 以上的市场份额。在进口跨境电子商务领域，企业主要投放中国的搜索引擎百度，百度在中国的市场占有率高达 85%。

5.2.1　搜索引擎的工作原理

我们之所以能够在 Google、百度等搜索引擎中很快找到所需信息，是因为搜索引擎事先为我们收录了大量的网页信息，并且会定期更新。搜索引擎的工作原理可分为抓取、建库、分析搜索请求及计算排列顺序（见图 5-2）。

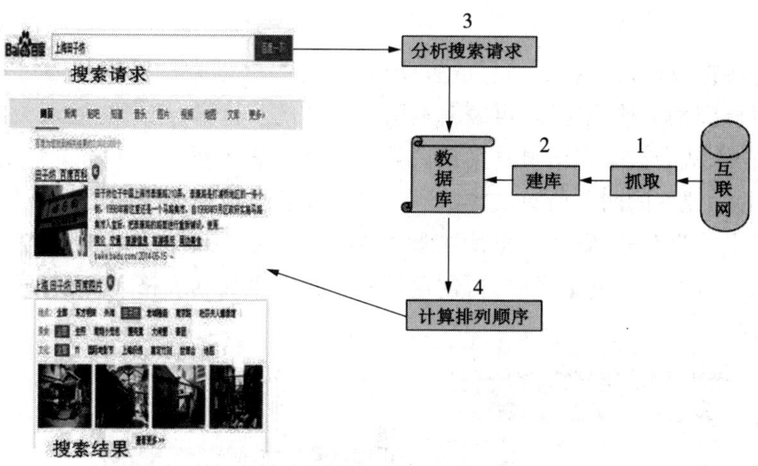

图 5-2 搜索引擎工作原理

1)抓取

搜索引擎能够把这么多的信息收录在自己的信息库中求助的是蜘蛛程序(Spider)。蜘蛛程序是用计算机语言编制的程序,用以在互联网中不分昼夜地访问各大网站,将访问到的网页信息以最快的速度带回。蜘蛛程序通过浏览器上安装的搜索工具栏,或者网站主从搜索引擎提交页面提交的网站入口开始爬取信息,顺着网站链接找到下一个链接,将抓取的文件存入数据库并定期更新。通常情况下,搜索引擎不会将整个网页信息都取回。对网页信息量大的网站,搜索引擎只会取每个网页有价值的信息,如标题、描述、关键词等。那么什么样的网站更容易被蜘蛛程序抓取呢?第一,结构合理的网站更容易被抓取;第二,有可读信息的网站容易被抓取;第三,有规范化 URL 的网站容易被抓取。

所谓结构合理的网站,是指网站有清晰的结构和明晰的导航。一个扁平树形网状结构的网站(见图 5-3)可以使搜索引擎从主页开始顺着链接找到所有页面。

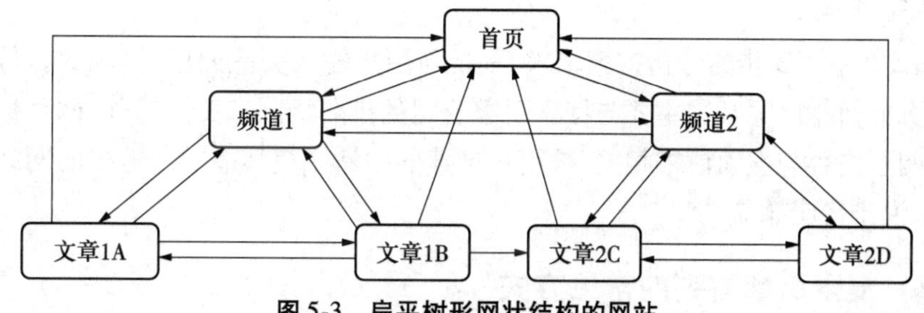

图 5-3 扁平树形网状结构的网站

所谓有可读信息的网站,是指网站内容中的图片、Flash 等非文本内容需要加说明文字,因搜索引擎无法理解图片等非文本文件的含义。

所谓有规范化 URL 的网站,是指网站的域名设计合理,如"http:// www. domainname. com"或"http://www. domianname. com/index. html"。相反,如"http://mp3. domain. com/albumlist/%c1%f5%ee%"则属于网站域名设计不合理。

2)建库

蜘蛛程序将抓取回来的各种信息放置于数据仓库中,但存放信息是通过关键字描述等相关信息进行分门别类整理压缩,再编辑索引后存放的。这样,用户在输入关键字检索信息时,相关网站信息就会被呈现给最终用户。具体建库过程如图 5-4 所示。首先,将抓取的网页分配编号,并对抓取的网页所有文本进行分析,确定网页的关键词。编号为 7222 的网页主要描述的是世界汽车史,则在数据库中通过构建一维数据表格将与世界汽车史相关的文件编号都归入相应的关键词记录中,再创建另外一张二维数据表格,存储对应网页编号的网站网址、标题。

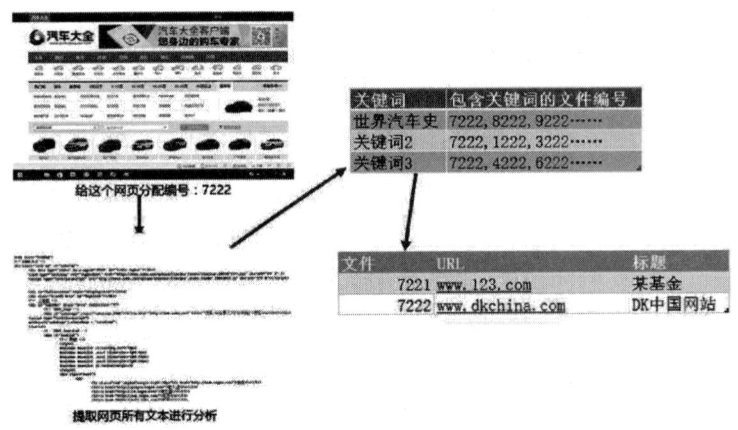

图 5-4　搜索引擎建库流程

3)分析搜索请求

当用户在搜索引擎中输入需要查找的关键词后,通过查找数据仓库中与之匹配的关键词对应的文件编号便可找出相关网页的 URL 及标题等信息。

4)计算排列顺序

通过图 5-2 中第 3 步的分析搜索请求,一批与用户输入关键词相对应的网页被找出,那么,这些网页如何排序呢? 这主要与搜索引擎公司的排名机制有关。另外,网页标题与搜索请求相关、网页内容与搜索请求相关,被用户推荐的网站或被其他网站链接的网站的网页较其他网页来说排名应靠前。

5.2.2　搜索引擎营销的常见方式

1)关键词竞价排名

关键词竞价排名是一种按效果付费的网络推广方式,其营销方式由百度率先推出,之后包括谷歌、雅虎在内的著名搜索引擎网站全部使用了竞价排名的营销模式。竞价排名的基本特点是按单击付费,广告出现在搜索结果中(一般是靠前的位置)。如果没有被用户单击,不收取广告费。在同一关键词的广告中,支付每次单击价格最高的广告排列在第 1 位,其他位置同样按照广告主设定的广告单击价格来决定广告的排名位置。

以 Google AdWords 为例,关键词竞价排名的流程如图5-5所示。首先,对于跨境电子商务企业来说,做关键词竞价排名之前应先了解目标市场,通过对消费人群、竞争对手、产品属性的分析确定关键词清单。Google 的 Google AdWords Keywords Planner 工具可以帮助跨境电子商务企业找到好的关键词,Google AdWords 账户可以制作25个广告系列,每个广告系列中包含若干广告组,广告组来源于对关键词的分类。例如,将词性结构类似且语义相近的关键词集中在一起,形成一个广告组,基于组内的关键词,制作对应的广告语并确定着陆页等信息。广告系列与广告组之间的关系如图5-6所示。下面以设置广告系列为例说明操作步骤。

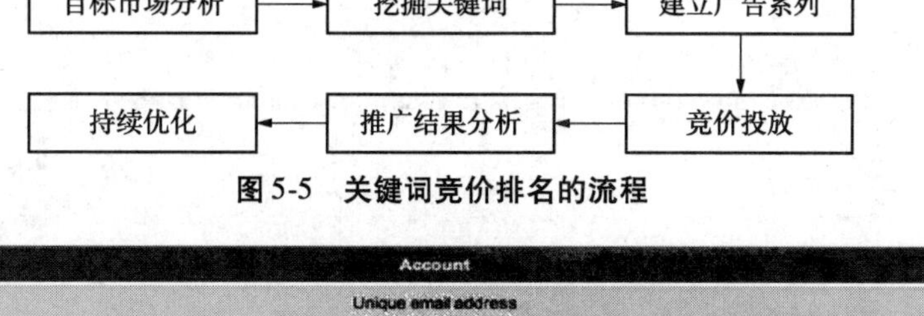

图5-5　关键词竞价排名的流程

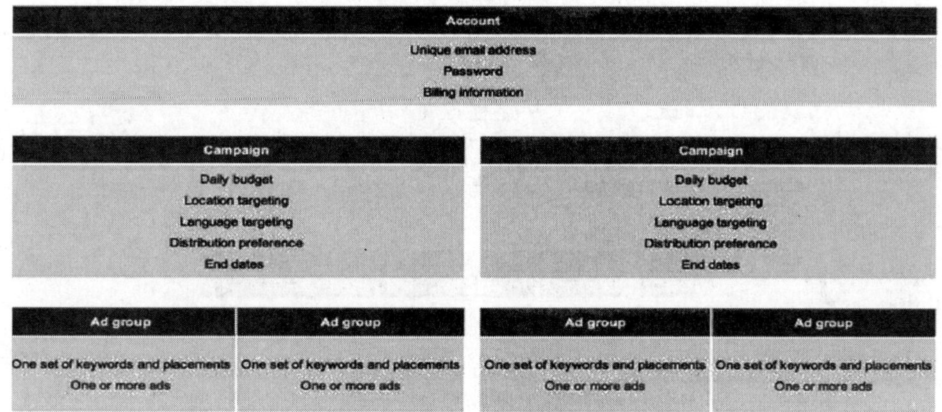

图5-6　广告与广告组间的关系

(资料来源:Google 官网)

第一步,需要注册一个 Google 账号,然后登录 AdWords 网站,在输入企业的电子邮箱和要推广的网址后,进入 Google AdWords 广告设置界面(见图5-7)。

第二步,设置广告系列决定支出费用。决定支出费用设定了企业愿意支出的每日平均金额。企业可以随时更改,仅当有人单击企业广告时才需要支付费用。

第三步,选择目标受众群体。

首先,需要确定广告推广区域,也就是说,只有设定推广区域的地区才能看到推广广告,这保证了广告主的最大利益。例如,广告主的跨境业务主要面向新加坡,那么他就不希望其他国家或地区的人通过关键词搜索到并单击他的广告。

其次,需要选择投放网络,即将企业的广告显示在站内搜索结果、新文章或其他内容旁边的网站,其中搜索网络指将 Google 用作搜索引擎的 Google 搜索网站和非 Google 网站。也可以选择展示广告网络,包括展示广告的 Google 展示广告网络网站和非 Google 展示广告网络合作网站。

最后,需要设定关键字。关键字清单的确定方法有寻找核心词关键字和拓展关键字。

在设定核心词关键字时,需要先根据企业需求初步选择关键字,然后通过关键字设置工具查看关键字的热度,以决定选择哪些关键字。一般情况下,搜索热度越高,也就意味着该关键字往往需要更高的出价。另外,企业还可以通过 Google 关键字的相关搜索功能获取更多用户热搜的词。例如,在 Google 搜索框中输入“三星手机”,把页面下拉到最底部,可以看到(见图 5-8)相关搜索关键字,这些词都可以纳入企业核心词关键字库。

图 5-7　Google AdWords 广告设置界面

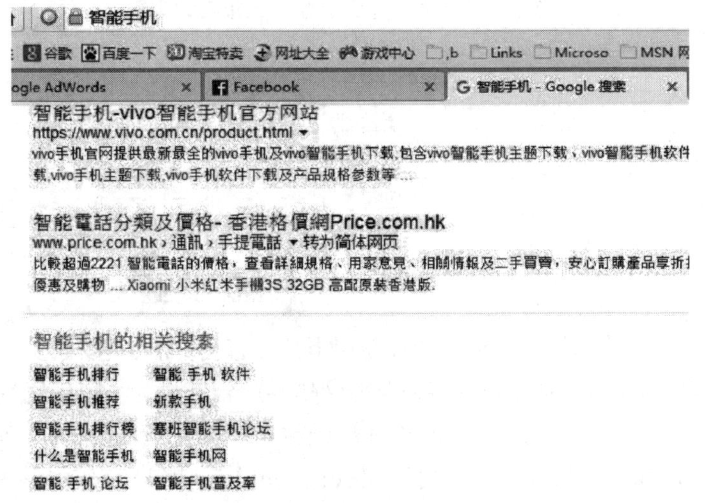

图5-8　相关搜索关键字

以核心词关键字为基础,可以通过拓展词的形式丰富关键字,而且拓展的关键字能帮助企业避免与其他企业的竞争。拓展词可以借助词组组合的方法,如在关键字"洗衣机维修"前后加相关词形成新词"上海洗衣机维修";在"英语培训"后面拓展形成新词"英语培训队"等。另外,也可根据产品的不同功能、属性、特征进行扩展,如"男鞋""羊皮皮鞋""便宜皮鞋""黑色皮鞋"等。Google一般需要企业添加15~20个关键字。

第四步,设置出价。AdWords会自动为用户设置出价,帮助企业在预算范围内争取更多的单击,但若企业希望以人工方式设置出价,可以勾选以人工方式设置出价。

第五步,撰写广告。首先需要填写广告着陆页,即用户单击关键字广告后跳转到的目标网页。广告需要添加两个标题和一个广告内容描述。要求广告内容描述至少包含一个关键字,包含具体价格或促销优惠,最好使用清晰明确的号召性语句。

设定好关键字广告后,选择费用结算方式就可以参加竞价投放了。通过一段时间的竞价投放,广告主需要对推广结果进行分析,确认投放的关键字效果如何,对效果不佳的关键字需要持续优化。

根据Google的算法,广告排名值=竞价×质量评分。因此,若网站本身质量评分不高,即便出价很高,排名也不一定靠前。网站质量评分与关键词相关性及单击率、广告相关性及单击率、着陆页相关性及加载速度、账户使用时间等因素有关。用户可以在竞价投放后,通过安装Google Analytics跟踪代码,得到关于登录页面、图片广告、视频广告的每周浏览统计信息,衡量广告的投资回报率(ROI),确定更有效果的关键字广告。

需要注意的是,广告主实际支付的广告费用并不等于广告主的竞价,广告主实际支付额=后一名广告出价×质量评分/自身质量评分+0.01美元。例如,有4个企业参与同一个关键字的竞价排名,它们的出价和质量评分见表5-1,就可以计算出每家公司的实际支付额。

表 5-1　4 个企业参与同一个关键字竞价排名的实际支付额

公司	出价	质量评分	出价×质量评分	排名	实际支付额
A	2.00	0.97	1.94	2	1.80
B	1.80	1.12	2.02	1	1.74
C	1.50	0.80	1.20	4	—
D	1.45	1.20	1.74	3	1.01

跨境电子商务企业在账户设计时需要注意以下几点：广告系列需要按受众群进行区分，如男士、女士、儿童等，这样可以让企业主容易监控到哪类广告组最容易带来流量和成交量，在广告系列中还可以按年龄来进行投放；广告系列需要落实到具体的产品层而不单停留在用户层。例如，一个外贸男女服装和鞋子的 BC 网站，在设置 AdWord 账户时采用哪种结构更加合理呢（见图 5-9）。

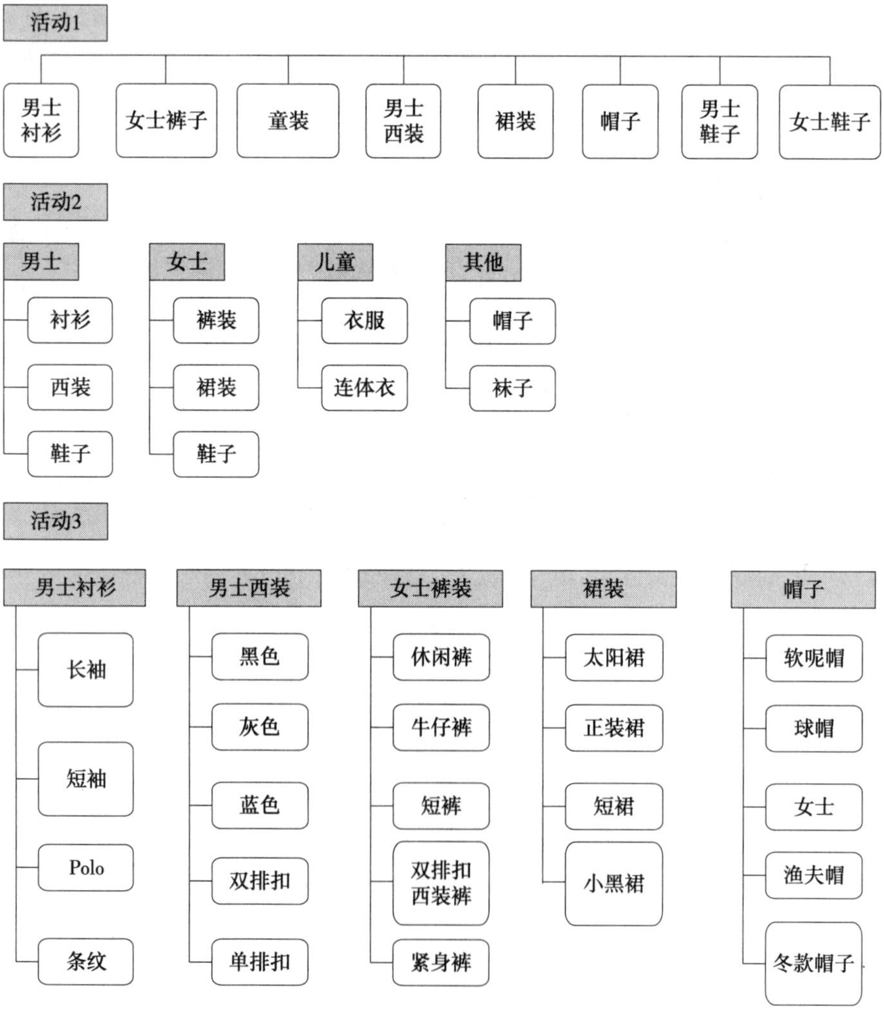

图 5-9　3 种 AdWords 账户结构

第一种账户结构把所有产品放入一个广告系列，这将导致无法追踪每个产品线的具体表现，很多广告组将无法得到展现，长尾关键词（kids clothes，women's shoes）和主关键词（hats，dress，socks）并列，长尾关键词不能得到足够的展示机会。

第二种账户结构中，广告系列实现了按受众区分（men，women，kids），这使广告组监控变得容易实现，另外，还可以设置按年龄投放等功能。但这种广告系列没有落实到产品层，仅仅停留在用户层，这将导致对产品的优化和追踪分析不能起作用。

第三种账户结构中，广告系列落实到了产品层和用户层，能够在最短时间内排查到推广哪里出了问题，哪里的ROI高值得继续投入。是最优的推广账户设计。

2）搜索引擎优化

搜索引擎优化（Search Engine Optimization，SEO）是一种利用搜索引擎的搜索规则来提高目前网站在有关搜索引擎内自然排名的方式。具体包括网站内部优化、网站外部优化、图片优化及代码优化等。

（1）网站内部优化

搜索引擎青睐结构清晰、运行稳定、速度快、内容匹配度高的高质量网站，过度依赖Flash、大量动态URL等不利于网站的索引。因此，企业网站结构应该设计成扁平式结构，网站导航清晰。网页内容最好有一定的更新，更新频率越频繁，蜘蛛程序光顾次数越多，被抓取的页面数量越多，关键字排名出现在首页的机会就越大。不要大量使用图片或者Flash等富媒体形式，而没有可以检索的文本信息。网站页面内容相关，网站首页关键词尽量分散，越靠上的内容越重要，网站主导航和次导航、栏目名称和频道名称以及文章标题等重要位置布局关键词和长尾关键字，可以借助Google AdWords工具，确定与网页相关的关键字。关键字要放在Title，Keyword，Description等标签中，URL地址中要含有关键字。标题和描述与页面内容的相关性要强。

（2）网站外部优化

外部优化的主要工作是建立高品质的外部链接，可以通过购买链接、交换链接和自建链接的方式提高网站链接质量。通常情况下，应该选择加入搜索引擎分类目录网站；来自高PR值的网站目录与主题相关；和数据量大、知名度高、频繁更新的网站做友情链接；与相关内容网站且很少导出链接的相关主题网站交换友情链接。

（3）图片优化

网站所有的图片都可以有一个很直接的文件名和一个Alt属性，这两者都可以好好地加以利用，例如，图片文件名体现出关键字，当图片因某种原因无法加载时，Alt属性允许你添加一个替代文字。添加的替代文字可以跟页面主题相关。

（4）代码优化

HTML代码优化可从Title标签、Meta Description标签、Heading标签、Alt标签的优化入手。Title标签中的单词最好保持在3～6个，最好包含关键字。但Title标签中的单词不要都是关键字，可能会造成页面关键字堆砌，导致过度优化。所选单词应简洁明了，具有描述性，要与网页内容有很强的相关性，并且每个不同的页面都应该包含Title标签。Meta Description标签是对Title标签的进一步解释，可以是一句话或者是包含十几个单词的短语。每个页面都该有自己的Meta Description标签，并且Meta Description标签还可包含一些与网站内容相关但 Title 标签中未提及的信息。与 Title 标签要求相似,该部分内容也应具有描述性,与网页内容具有相关性,可包含关键字,但不可过多。Heading 标签包含了 H1,H2,H3 等,是搜索引擎识别页面信息的重要标记。合理使用 H1,H2,H3 等不同级别的标签能够使页面结构更加清晰,有利于搜索引擎的抓取。H1,H2,H3 等标签是按照重要程度来排名的。一般单个页面按照需求程度来适当添加该标签:从 H1 开始依次往下添加,但不可添加太多 Heading 标签。Alt 标签是一种图片标签,它将图片的信息以文本的形式展现。对 Alt 标签的使用没有太多要求,只要在网页中出现图片的部分添加该属性即可,但其标签内容应与相应页面的内容具有相关性,长度不得过长,一般 1 ~5 个单词即可。

3)网站联盟广告

网站联盟广告借助自动匹配技术,使企业广告可以遍布门户网站、个人网站、博客、论坛。Google Adsense 可以让各种规模的网站发布商在他们的网站展示与网站内容相关的 Google 广告并获取收入。目前,Google Adsense 已经覆盖了全球绝大部分的互联网网站。Google Adsense 广告可以是文字、图片,也可以是 Flash 或视频;收费模式有按单击收费和按广告展示次数收费两种模式。广告主可以根据自身需求设定投放语言、地域、时间和资金预算。

5.3 跨境电子商务 SNS 营销

SNS 全称 Social Networking Services,即社会性网络服务。传统营销是销售导向的,现代营销则倾向于关系导向,强调与消费者的互动,国际知名的 SNS 社交平台有 Facebook, Twitter, Pinterest, Instagram 等。

5.3.1 Facebook

Facebook 是全球最大的社交网站,自用户数冲破 10 亿大关之后,经常用户数平均达到 10.9 亿,移动用户数也达 9.89 亿。2016 年第二季度财务报告数据显示,Facebook 的广告收入达 62.4 亿美元,净利润突破 20 亿美元。借助 Facebook 开展海外营销受到越来越多跨境电子商务从业者的关注。

1)Facebook 流量分析

从图 5-10 可以看出,Facebook 在 2016 年第 34 周日均 IP 访问量达 25 927.5 万次,访问人群主要分布在美国、巴西、英国、法国和土耳其(见图 5-11)。其中,美国访问人群占比接近 1/4。

图 5-10 Facebook 流量分析

(资料来源:站长之家数据统计)

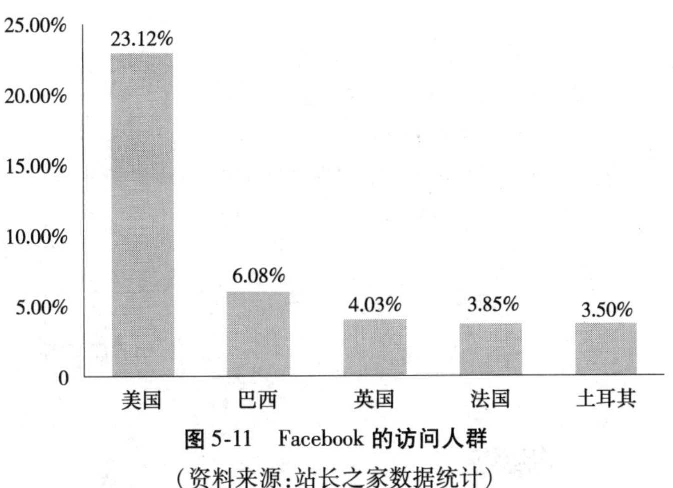

图 5-11　Facebook 的访问人群

(资料来源:站长之家数据统计)

2)如何通过 Facebook 做企业推广

Facebook 官方主页的个人资料是 Facebook 用户的个人数字简介。对于营销者来说,个人资料是展开营销的基础。每个月,用户花费在 Facebook 上的时间超过 70 亿分钟,平均每位用户拥有 130 位朋友,为了能够让你的朋友时刻对你产生兴趣,个人资料必须实时更新以体现自己的风格。

创建个人账户后,可以创建地方性商家或地点、公司组织或机构、品牌或产品、艺人乐队或公众人物、娱乐、理念提倡或社区小组 6 种类型的主页。跨境电子商务企业可以选择创建自己需要的主页。除创建公司组织、品牌或产品主页外,企业甚至可以创建娱乐或理念提倡类的主页,创造更多与顾客接触的机会。以创建公司组织类主页为例(见图 5-12)。

图 5-12　创建公司组织类主页

企业可以添加公司简介、主页照片、加入常用功能以及首选主页受众(包括潜在受众所在地区、年龄、性别、兴趣爱好和语言),具体如图 5-13 所示。公司主页添加完成后还可以通过设置按钮对主页信息进行随时更新。

图 5-13　Facebook 公司主页设置

主页中的信息主要包括 3 部分：企业简介、照片和相关主页。企业简介部分要尽量填写完整，并且添加与企业相关的关键字，将企业的网站、博客、在线商城或 Twitter 页面信息也添加进来(见图 5-14)。通过必要信息的设置,最终公司的主页就建设完成了。以兰亭集势为例(见图 5-15)。在主页中,兰亭集势简介部分添加了公司 URL,照片部分可以向大家展示企业的相关信息,单纯的产品照片往往不能引起用户的兴趣,企业需要通过创新的方法将产品图片和企业品牌融入照片中,吸引用户点击。

图 5-14　Facebook 公司主页设置

图 5-15　兰亭集势 Facebook 公司主页

相关主页部分,企业可以创建多个相关主页并形成关联。例如,兰亭集势还创建了 LightinTheBox Wedding, LightinTheBox Flash Sales, LightinTheBox Online Shopping 等相关主页,企业主页与上述主页关联,以增加粉丝量,提升企业形象。

3)Facebook 粉丝量的增加

增加 Facebook 粉丝量是一个长期的过程,主要可以通过发布更新、大号引流、Facebook 的发起活动功能、Facebook Groups 以及选择付费广告等实现。

(1)发布更新

除了在填写资料的地方留下链接外,还需要同时附上让别人关注的信息(如新品、促销、活动)。粉丝的质量远比数量重要,因此在 Facebook 上最好不要直接发布产品信息等硬广告,可以发布一些品牌和企业故事、相关人物或与企业产品相关的信息。发布更新要注意多样性,既有原创性优质文章,又有转载好文或者是短小精悍的视频、名人名言等。原创性文章发布时间最好放在上午 10 点以后,转载文章放在中午 12 点半到下午 2 点之间,下午 3 点到 6 点则适合发布一些有趣的、有话题感的内容。

(2)大号引流

通过 Facebook 的搜索功能输入与企业相关的关键字,找出一些社区大号,如服装外贸企业可以输入关键字"fashion",一些热门大号就会被搜索出来(见图 5-16)。挑选出与目标群相关的大号,分析其帖子的内容、群里感兴趣的话题、转发率、活跃度、活跃时间等,积极参与评论,对质量好的大号,可与其取得联系,付费发帖。通过发帖、积极参与评论,增加大家对企业网站的了解。

图 5-16 借助关键字搜索热门大号

(3)Facebook 的发起活动功能

借助 Facebook 互动功能,可以邀请好友或对活动感兴趣的所有人参加,活动形式可以是现实场景活动,也可以是虚拟场景活动。活动内容可以是一场促销、新品发布会,也可以是其他内容(见图 5-17)。活动不仅可以通过 Facebook 传播,也可以借助电子邮件或发短信的形式通知其他不是 Facebook 但你认为有必要参加活动的人。在 Facebook 里可以记录活动的相关信息,上传活动照片、视频等信息,也可以就活动进行评论。下面介绍一个案例,一个哥伦比亚的小伙子在 Facebook 上宣布要把自己拥有的所有东西都免费送出去,当闻讯赶到

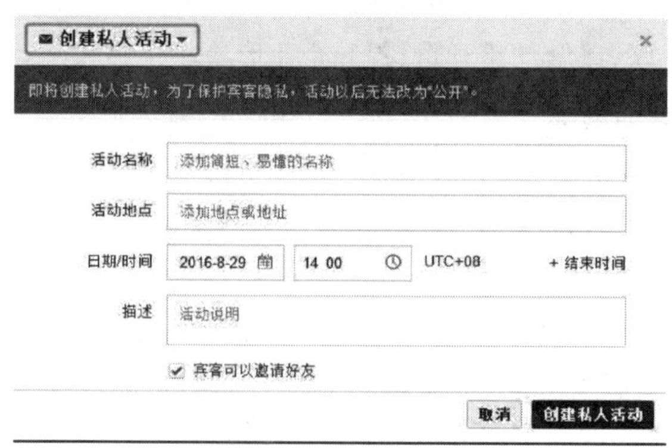

图 5-17 Facebook 发起活动

准备拿走他东西的人们排起长龙后，有人发现是 Sodimac（一个居家用品连锁品牌）赞助了他的这次行动。

（4）Facebook Groups

Facebook 用户众多，每天都有成千上万的消息发布，巨大的信息流让人无所适从，如果建立或加入 Facebook 小组，就可以选择浏览自己喜欢的信息，同时也有机会与同行和网络潜在客户互动，进行推广营销。Facebook 小组是与合适对象沟通、共同完成事情的理想场所。通过 Facebook 创建小组功能，可以与志趣相投的好友线上交流，小组里可以分享照片和视频、展开对话、制订计划等，企业还可以利用小组做个性化的客户服务工作。

（5）选择付费广告

Facebook 拥有强大的广告平台。进入公司主页单击网站推广，用户可以看到推广网站的信息设置界面（见图 5-18）。企业在对推广网址、推广文字、标题、图片、受众年龄、性别、地区、兴趣爱好、预算、投放期进行设置后，Facebook 会生成桌面版动态消息和移动版动态消息供企业预览，在预览无误的情况下即可展开推广工作。推广开始后，企业可以随时查看推广状态和推广效果。

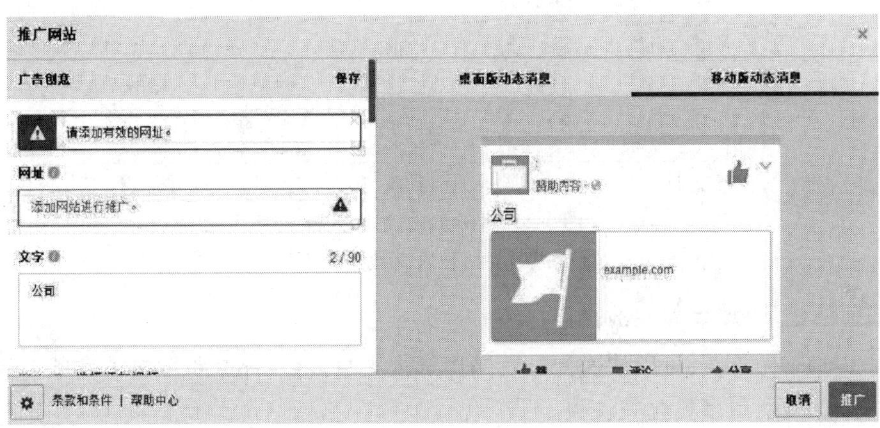

图 5-18　Facebook 付费广告

5.3.2　Twitter

Twitter 是全球最大的微博网站，拥有超过 5 亿注册用户。虽然用户发布的消息不能超过 140 个字符，但却并不妨碍各大企业利用 Twitter 进行产品促销和品牌营销。网站的非注册用户可以阅读公开的推文，注册用户则可以通过 Twitter 网站、短信或者其他应用软件发布消息。跨境电子商务企业可以利用 Twitter 进行产品推广。

1）Twitter 流量分析

从图 5-19 可以看出，Twitter 在 2016 年第 34 周日均 IP 访问量达 5 347.61 万次，访问人群主要分布在日本、美国、印度、英国、西班牙（见图 5-20），其中日本访问人群占比 20%，美国占比 18.7%。

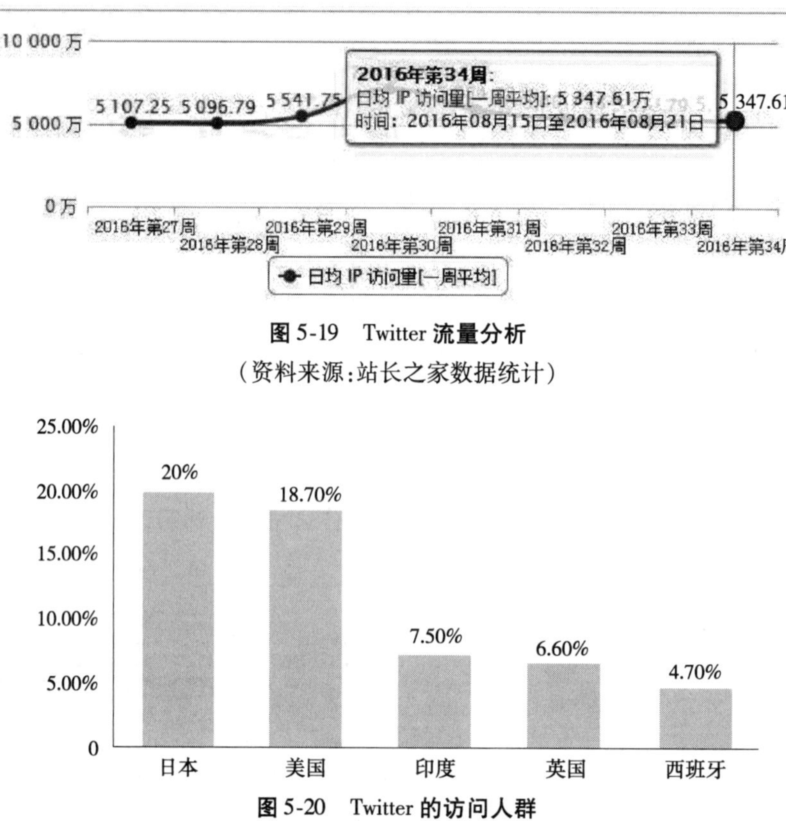

图 5-19　Twitter 流量分析

（资料来源：站长之家数据统计）

图 5-20　Twitter 的访问人群

（资料来源：站长之家数据统计）

2）如何通过 Twitter 做企业推广

利用 Twitter 做外贸，可以快速为外贸网店导入大量流量，那么跨境电子商务企业如何通过 Twitter 推广吸引更多粉丝关注呢。

（1）Twitter 账号的设置

注册完成 Twitter 账号后，企业应该确保 Twitter 资料填写的完整性，因为未来关注你的人，一定会先看一下你的企业资料。Twitter 企业资料包括企业简介、所在位置、网站等。兰亭集势 Twitter 资料的填写如图 5-21 所示。

图 5-21　兰亭集势 Twitter 资料的填写

(2)利用 Twitter 的搜索功能确定关键词

在海量的信息中,企业想让自己的信息得到最大限度地曝光,需要借助 Twitter 的搜索功能。Twitter 内部搜索结果目前是按照时间顺序排名的,在最新发布的信息中,相关关键词的信息排名靠前。因此,围绕单个关键词不停地更新,企业发出的信息就会排在 Twitter 搜索的靠前位置。另外,随着搜索引擎搜索算法对 SNS 因素的考虑,Google 搜索结果中开始融入 Twitter 结果,若所发推文是最新的且包含相关关键词,在别人没有更新之前,所发推文将排在前面,并显示在 Google 的首页。例如,生产陶瓷砂轮的企业输入关键词"ceramic grinding wheel"可以查看到大家围绕这个关键词都在讨论什么(见图 5-22),都在使用什么型号的产品,有没有可借鉴的信息,对一些与本行业相关又特别活跃的用户可以关注他们,再看看他们都在关注什么。在这个过程中不仅可对市场有所了解,还可发现商机,找到潜在的客户,也能抓住发推文的核心内容。

图 5-22 通过关键词查看热议的推文

(3)在 Twitter 上发起活动

通过创建有吸引力的活动让 Twitter 用户积极参与,活动形式可以多样化,但最好有一定的报酬。Namecheap 是一个域名注册和网站托管公司，其粉丝数量超过 12 万，它们经常在 Twitter 上分享生活趣事或发起优惠活动(见图 5-23)。

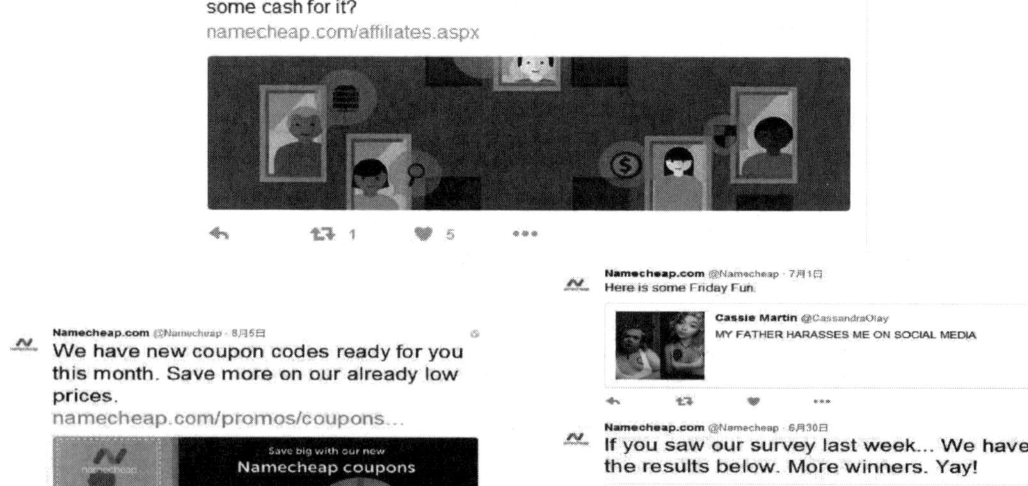

图 5-23　Namecheap Twitter 活动

(4)借助名人效应吸引粉丝

名人往往具有较高的人气，企业可以借助名人的高人气带动对自己 Twitter 的高关注。Roger Smith. Hotel 是曼哈顿的小型宾馆，经常请知名记者或有影响力的人来宣传，让有影响力的人入住酒店并用 Twitter 分享入住体验，所以该酒店在大众面前打响了自己的品牌。

(5)与客户积极互动

客户通过 Twitter 与企业互动，不仅有利于企业了解客户的需求，也让客户感觉到实时沟通带来的乐趣。对于跨境电子商务企业来说，需要借助 Twitter 的搜索功能找到与企业相关的话题，若有话题参与时可以积极回应，宣传自己。例如，纽约州的牙医 Dr. Simkin 通过 Twitter 的搜索功能找到与牙医相关的话题，当有人急需解决牙齿问题时，他会表明自己的职业并开出处方，这种行为塑造了良好的个人品牌，进而吸引了更多客户。

5.3.3　Pinterest

Pinterest 是一个基于兴趣爱好的图片分享型社交网站，兼具 SEO 的猎奇属性和 SNS 的交互属性，以瀑布流的方式推送，无须用户翻页。Pinterest 中每张照片(Pin)的描述和标题均带有关键字。如同一个图片搜索引擎，用户通过关键字搜索就可以找到需要的图片。2011 年，Pinterest 被评为“美国最受欢迎的十大社交网络”，并以月增长 45% 的速度赶超 Google+，成为 2011 年美国社交网络中的一匹黑马。

1) Pinterest 用户及流量分析

从图 5-24 可以看出,Pinterest 在 2016 年第 34 周日均 IP 访问量为 1 764. 25 万次。美国是 Pinterest 用户最多的国家,其中 45. 3% 的用户来自美国,其次是印度、英国、加拿大和意大利(见图 5-25)。Pinterest 用户中的 80% 为女性,用户年龄主要集中在 18 ~ 54 岁,以在校大学生为主要群体,家庭收入主要集中在 25 000 ~ 74 999 美元(见图 5-26)。

图 5-24 Pinterest 流量分析

(资料来源:站长之家数据统计)

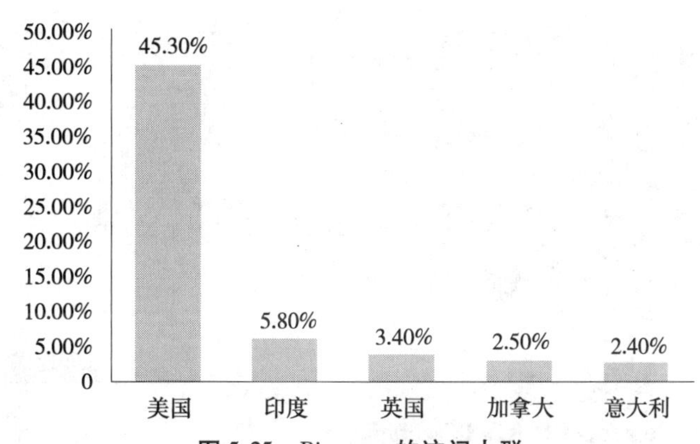

图 5-25 Pinterest 的访问人群

(资料来源:站长之家数据统计)

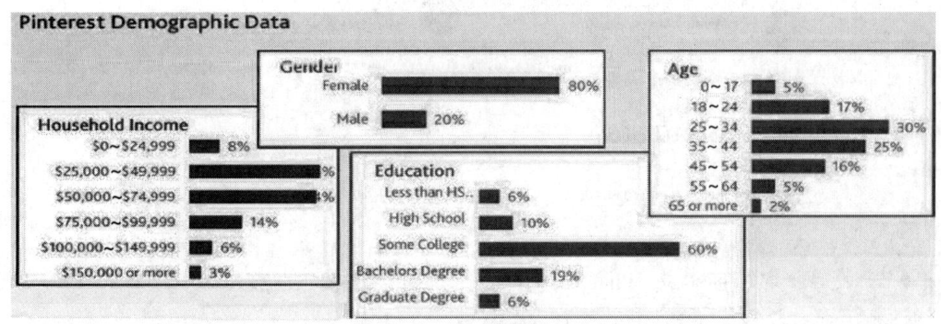

图 5-26 Pinterest 用户统计数据

(资料来源:nielsen 统计报告)

2）如何通过 Pinterest 做企业推广

（1）设置账户信息

设置账户信息包括邮箱、语言、个人简介、所在地、网站以及相关信息的设置。对于企业来说，需要详细填写，在设置中关联企业自己的 Facebook 和 Twitter 账号。

（2）设计 Board 布局

Pinterest 允许用户创建公开 Board 和私人 Board。公开 Board 允许别人访问，在创建时需要进行相关资料的设置。其中类别设置部分，企业可以根据展示的图片类型选择。Board 创建完毕后，可以通过 Facebook，Twitter，G+等 SNS 平台邀请朋友加入（见图 5-27）。

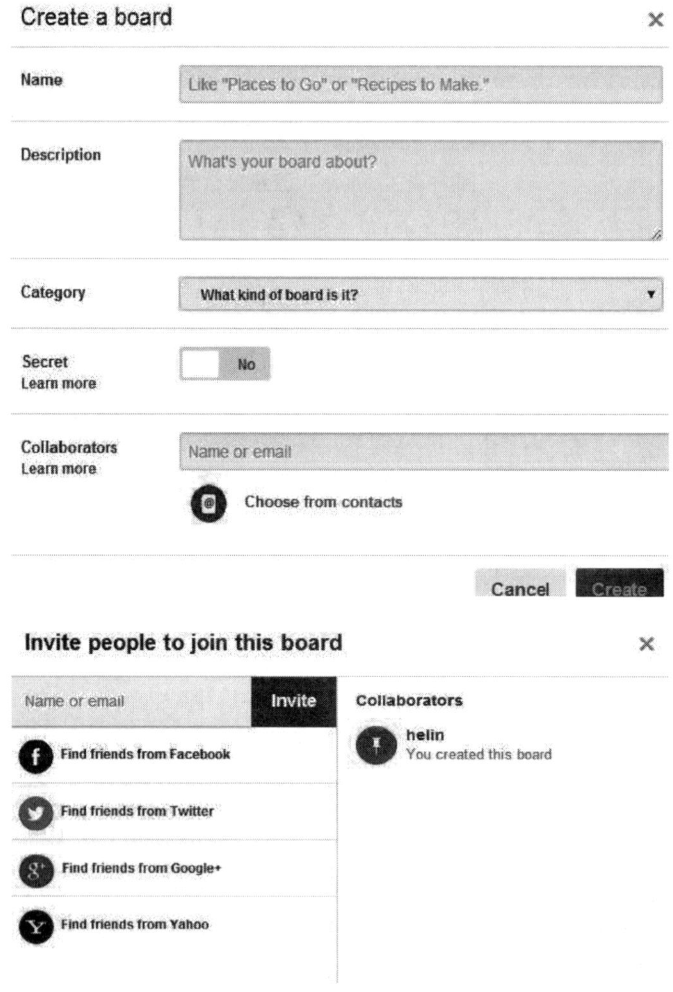

图 5-27　Pinterest 创建公开 Board 并邀请好友加入

企业可以创建主 Board 和副 Board。在主 Board 中展示企业的产品图片，在副 Board 中展示产品相关的用户感兴趣的信息和一些介绍企业的信息等。企业在创建 Board 时，需要做好市场调研，了解目标受众都对什么样的 Board 话题感兴趣，然后再创建类似的 Board。Board 标题尽量控制在 25 个字符内，在 Board 描述部分尽量体现一些热搜关键词，提高被检索的概率。

(3)申请 Rich Pin

Rich Pin 相对于普通 Pin 来说,展示的信息更丰富,而且 Rich Pin 呈现的文字信息比一般 Pin 要多。目前,Pinterest 有6 种 Rich Pins: APP Pins、地点 Pins、文章 Pins、产品 Pins、食谱 Pins 以及电影 Pins。不同种类的 Rich Pins 可以让用户查找到相关的 Pins。如图 5-28 所示,它比普通 Pin 展示了更多的产品信息。对于企业账户来说,申请 Rich Pin 是免费的,当企业网站有内容更新时,Rich Pin 会自动更新。

图 5-28 Rich Pin

(资料来源:沃蓝电商课堂)

(4)通过付费广告的形式推广企业产品

2014 年5 月,Pinterest 推出了推广图钉(Promoted Pins)广告。Pinterest 根据关键词、本地地址、语言、设备、性别来确定广告的呈现。

(5)关注别人以获取一定比例的关注

与其他 SNS 营销平台一样,企业在 Pinterest 关注别人可以获取一定比例的关注。通常情况下,企业可以查找竞争对手或同行账号的关注者(followers),若他们关注(Pin)多个同行企业产品,那么他们很有可能成为企业的目标用户。另外,加入 Pinterest 中的公共 Boards 也是获取更多关注者的好方法。企业可以通过筛选选项的设置快速找到需要的公共 Boards,如图 5-29 所示。

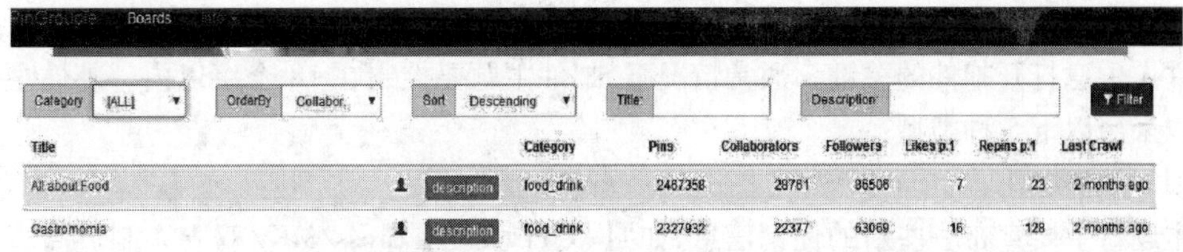

图 5-29 通过筛选选项的设置快速找到需要的公共 Boards

Pinterest 以图片为特色的展示方式使得品牌和产品营销更直观,而且作为购买主力的女性更容易受图片的吸引而做出购买行为,因而与其他渠道相比,Pinterest 的用户更有可能从他们分享的众多种类中购买产品。

用户在 Pinterest 上的行为主要有分享自己的生活、购物经历以及想要购买的商品等,针对用户的不同行为，跨境电子商务企业可以做的品牌推广行为见表 5-2。

表 5-2　根据用户行为企业可以做的品牌推广行为

用户行为	企业可以做的品牌推广行为
通过生活照片展示自己，主要以分享商品购买、购物经历的形式为主	通过用户的行为识别企业客户
分享自己认为值得了解的东西，主要以在线购物、服务的推荐和评论为主	可以了解用户对企业产品的想法，并了解企业的竞争对手，使用设计精美的照片吸引用户的注意
分享自己感兴趣、想要购买的商品，主要以 wish-lists 为主	了解消费者的真正需求是什么
发现和探索有趣、值得购买的产品，主要以在线搜索、内容下载、产品相关信息搜索为主	使用类似 SEO 的战略使企业从竞争对手中脱颖而出

5.4　跨境电子商务 EDM 营销

EDM(E-mail Direct Marketing)营销指企业在经过用户许可的前提下，通过 EDM 软件向目标客户发送电子邮件，传达企业相关信息，促进产品销售、维系客户关系的一种网络营销形式。由于操作简单、成本低廉、针对性强、精准度高，电子邮件成为跨境电子商务卖家与国外买家进行交流的重要渠道。

在营销的不同阶段，电子邮件可以完成不同的营销功能。在营销初期，企业可以利用电子邮件进行信息宣传；在客户对企业产生印象后，可以利用电子邮件发布具有针对性的广告信息；当顾客完成购买行为后，企业可以借助电子邮件与顾客保持联系，处理客户反馈意见等。

5.4.1　设计 EDM 邮件

1）邮件主题的设计

对企业发送的电子邮件，大家往往在收到邮件后只会一扫而过。而一个好的主题往往是收件人乐意打开邮件的关键。通常情况下，邮件主题要控制在 18 个字以内。邮件主题设计可以采用以下 5 种类型：

（1）公告类型

主题行主要宣布一些新的促销信息，如“【双 11 大促】Cross/MK/双立人制造商直供夏季新品仅 10 元起，限时 3 天”“Keds 制造商帆布鞋等新品上线！”“换季特惠 49% off 封顶，仅余 3 天！”。

（2）列表类型

主题突出活动内容，并且可以添加具体的数字，但主题列表中不要带太多电子邮件的内容。例如，“你有 10 余种夏季必备用品可选择免费领取！马上领取，逾期失效”“100 元以内的中秋礼物”。

(3)指令类型

面对消费者,企业可以直接给出报价或折扣信息,让他们立即采取行动。例如,“【全场 8 折特惠】尊贵会员专享,梦想清单在这一季成真!”“【官网专享】年中大促返场指定产品 3 折起”。

(4)幽默类型

对幽默的东西大家往往不会反感,而一个具有幽默风格的主题也往往能够让人产生好感。例如,“Love to shop? Love to save?”“Best of Groupon: The Deals That Make Us Proud (Unlike Our Nephew, Steve)”。

(5)问题类型

在邮件中使用问句是一个很好的方法,可以让更多的人查看邮件。通常情况下,设计问题不是想让顾客回答问题,而是让用户被问题吸引有继续看下去的愿望。例如,“What can you afford? What are our customers saying?”。

2)邮件内容写作技巧

内容和版面尽量简洁,突出主题,尽量使用图片以避免文字在各个主流邮箱中显示时存在差异,整页图片控制在 8 张以内,每张图片最大不超过 15 KB。图片地址不写本地路径,图片名称不能包含 a 字符,否则图片会被过滤成广告。邮件中的链接数量不能超过 10 个,链接需要显示绝对地址,链接长度不能超过 225 个字符。

3)邮件发送问题

发送前需要分类管理好自己的客户,不同类型的客户往往需要发送不同类型的电子邮件,尽量避免邮件统一群发。发送邮件的合适时间主要集中在 7—9 点和 11—13 点两个时间段,因为这两个时间段分别处于打开计算机的工作时间和上班族休息时间,这两个时间段更能够增加邮件被打开的可能性。

5.4.2 电子邮件的数据监测

邮件发送后,对邮件数据的监测至关重要,判断邮件发送质量的主要指标有:

1)打开率

打开率指有多少人(以百分比的形式)打开了发送的邮件,通常情况下,打开率的监测是通过在邮件中放置微型图片来追踪的。由于很多邮件服务商会拦截图片,因此虽然客户打开了你的邮件,但系统有可能记录他没有打开。

2)点击率

点击率指邮件点击总数除以邮件打开总数得到的百分比。

3)送达率

送达率指到达客户收件箱的邮件数除以邮件发送总数得到的百分比。

4)退信率

退信率指因邮件无法送达而退还的邮件数除以邮件发送总数得到的百分比。退信的原因主要有邮件地址拼写错误、发送邮箱无效、收件箱已满等多种原因。

5.5 跨境电子商务视觉营销

5.5.1 视觉营销的重要性

视觉营销顾名思义就是在买家的视觉感受上下功夫，通过刺激感官引起买家的兴趣，使其产生对产品认同感和购买欲望，从而达到营销的目的。

在网络上，顾客对产品以及店铺的了解主要是通过店铺页面的呈现，并结合自己的想象来最终决定是否下单，所以店铺页面的视觉呈现尤为重要。为了塑造店铺的良好形象，卖家需要按照视觉营销的思路装修店铺，使店铺有更大的视觉冲击力，引起用户的兴趣和购买欲望，塑造店铺形象，提升品牌认知度。

从人类的视觉习惯分析，打开一个店铺的首页，人们的视线第一时间都会停留在店招下面的海报图上，而顾客看到这个图之后的 1 ~2 秒内就会决定是继续往下看还是关闭页面离开。此时导致顾客去留的关键因素就是店铺的色彩搭配与整体风格。人类对色彩是非常敏感的，色彩在人类视觉上占 90% 的引导作用，合理的色彩搭配会让人觉得舒适，易对店铺品牌和产品产生认同感，而杂乱无章的色彩会导致顾客的厌恶情绪，所以色彩是个极为重要的因素，我们一定要注意色彩与产品之间的搭配。

怎样的色彩搭配才算合理呢？首先，我们必须根据产品与风格定位一个主色系，如韩版女装宜挑选可爱、温馨的颜色，其他的颜色可围绕着主色调进行搭配和点缀。因文化差异，东西方电子商务视觉呈现存在差异：东方电子商务视觉靠感官刺激、价格刺激、丰富的色彩以及相对强势的营销方式来展示，通常喜欢以热闹的氛围凸显店铺的兴旺；西方的电子商务视觉呈现相对来说较为简约，色彩较为单一，注重图片的内涵以及图片带来的内容与思考，不会过多地强调价格和促销。

下面来看一下具有中国电子商务视觉偏好的案例（见图 5-30—图 5-32）；图 5-33—图 5-36 列出了一些北美、欧洲电子商务视觉偏好的案例。

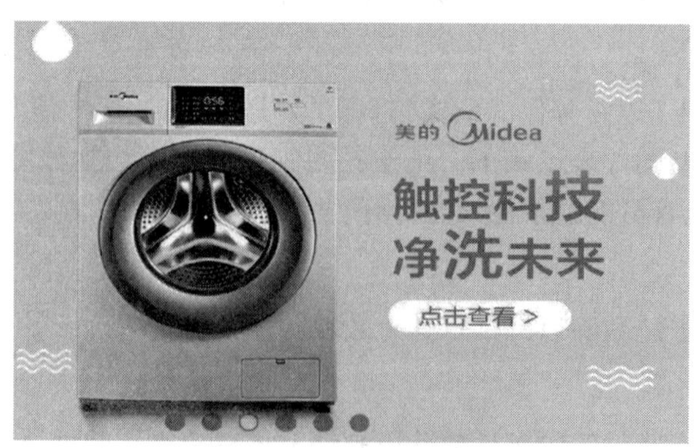

图 5-30 中国电子商务视觉赏析 1

（资料来源：天猫美的广告）

图 5-31　中国电子商务视觉赏析 2

（资料来源：天猫建材广告）

图 5-32　中国电子商务视觉赏析 3

（资料来源：天猫女装广告）

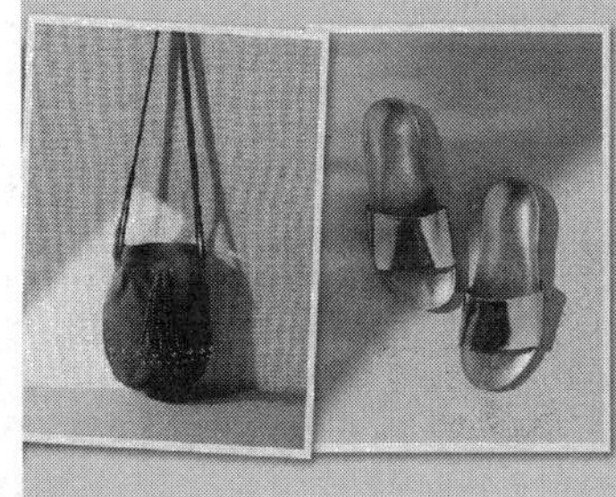

图 5-33　北美电子商务视觉赏析 1

（资料来源：亚马逊美国广告）

图 5-34　北美电子商务视觉赏析 2

（资料来源：亚马逊美国广告）

图 5-35　欧洲电子商务视觉赏析 1
（资料来源：dawanda 广告）

图 5-36　欧洲电子商务视觉赏析 2
（资料来源：dawanda 广告）

5.5.2　店铺视觉设计必备技能

随着电子商务的发展壮大，在网店众多、货品繁杂的情况下，买家的选择余地较大，这给卖家带来了较大压力，借助视觉营销吸引访客、提高订单转化率显得尤为重要。

通常情况下，卖家的视觉营销可以从以下 6 个方面着手：

1）文案策划

文案是指公司或企业中以文字来表现已经制订的创意策略的方案。在网上购物，打动买家的除了图片就是文案了。好的文案具有较强的说服力和较大的诱惑力，能够大大提高店铺的订单转换率。

那么，设计一张具有营销效果的广告图片应该从哪些方面着手呢？

打造爆款，即单品推荐。店铺的爆款广告一般都会在首页滚动 banner 做推荐，并在详情页的置顶位置做关联营销。爆款广告要传达的关键信息往往是物美价廉，因此，文案策划需要抓住价格的吸引力和产品的关键卖点（见图 5-37）。

图 5-37　价格吸引
（资料来源：天猫华为广告）

(1)品类推荐

品类推荐的目的是对店铺主营的产品类目进行推荐,把流量导入最具优势的产品分组中,进而提升店铺的订单转化率。因此,品类推荐文案策划需要突出该类产品的共同优势,并让流量和转化率较高的产品优先展示(见图 5-38)。

图 5-38　品类推荐

(资料来源:天猫广告)

(2)活动广告

活动广告强调利益引诱,所以一定要清晰地向消费者传达产品所带的利益,如促销活动的折扣,图 5-39 中的文案描述"粽情粽意五月天,满 158 减 50"。

图 5-39　活动广告

(资料来源:1 号店广告)

2)产品拍摄

产品照片在拍摄前需要做好产品的客户定位,整个拍摄过程可分为前期准备、中期执行和后期处理 3 个步骤。

拍摄前需要对产品的卖点做仔细分析,选择合适的拍摄环境,备好相机、灯光、道具等器材,并且确定拍摄风格。当拍摄要点明确、设备准备就绪后,我们需要确定拍摄照片的风格,可通过布光以及合理的商品陈设取景和构图实现。照片拍摄完成后,需要对照片进行挑选,进行抠图、调色、剪裁、加水印等处理,完成照片的后期处理工作。

一般情况下,跨境电子商务图片要求画面简约大方,能够突出产品以及产品的内涵,色彩不要过于艳丽,结构不要过于复杂,画风尽量高对比度、高饱和度(见图 5-40、图 5-41)。

图 5-40　高对比度、高饱和度的品牌照片
（资料来源：速卖通大学）

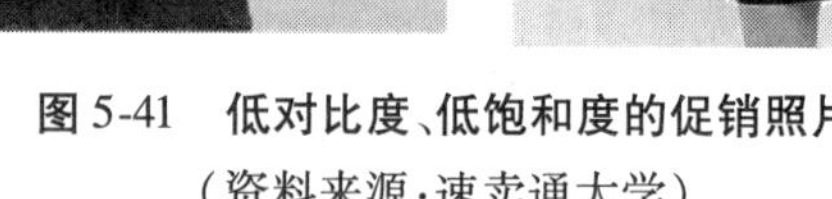

图 5-41　低对比度、低饱和度的促销照片
（资料来源：速卖通大学）

3）图片处理

Adobe Photoshop 是应用非常广泛的软件，由它美化完成的图片，可以拥有更好的效果，可以吸引顾客的眼球。

相机拍摄的照片得到的都是长方形的图，但在电子商务平台上，产品主图都是以正方形的形式展现（见图 5-42），因此，我们首先需要借助 PS 裁剪照片，获取正方形图片。接下来，我们可以通过亮度调整、颜色调整、饱和度调整、清晰度调整等步骤美化照片。

图 5-42　电子商务平台商品主图
（资料来源：速卖通广告）

4）详情页设计

产品详情页的重要性是众所周知的。优秀的详情页不仅能够提高店铺的成交转化率，还可以增加访问深度，降低跳出率，增加产品搜索权重等。详情页的内容主要有店铺促销产品、关联营销模块、限时限量促销信息、卖家对产品的评价，以及产品描述图、细节图、场景图、对比图等。另外还需要对卖家的团队文化、生产工艺、物流介绍、包装介绍、FAQ 模块、退换货处理等方面进行介绍（见图 5-43—图 5-48）。

图 5-43　店铺公告
（资料来源：天猫广告）

HOT SALE:

$18.82
Buy it now

$15.96
Buy it now

$24.30
Buy it now

$21.54
Buy it now

图 5-44　关联销售
（资料来源：天猫广告）

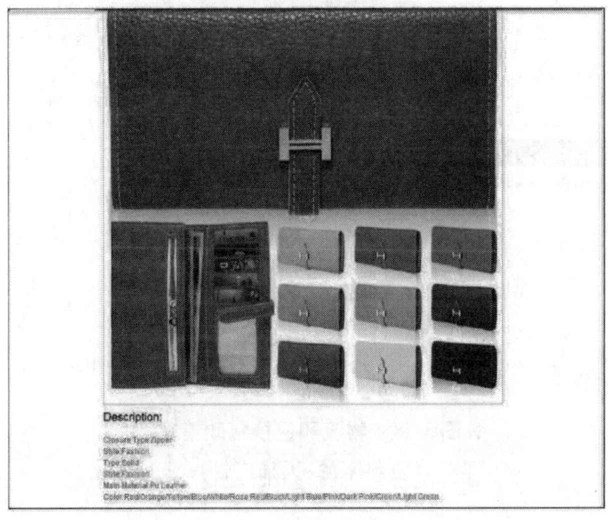

图 5-45　文字说明和各种颜色照片
（资料来源：天猫广告）

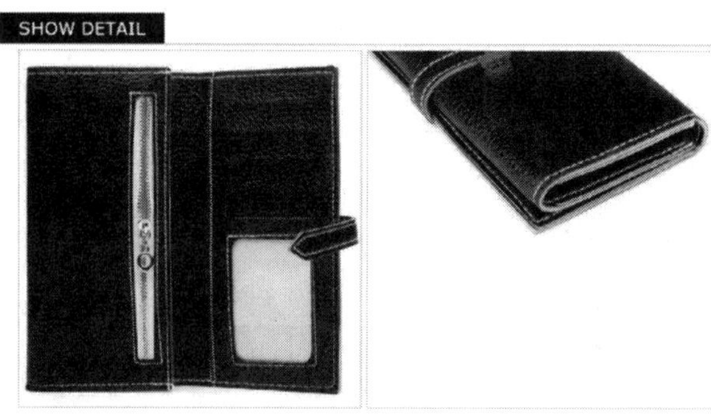

图 5-46　产品细节图

（资料来源：天猫广告）

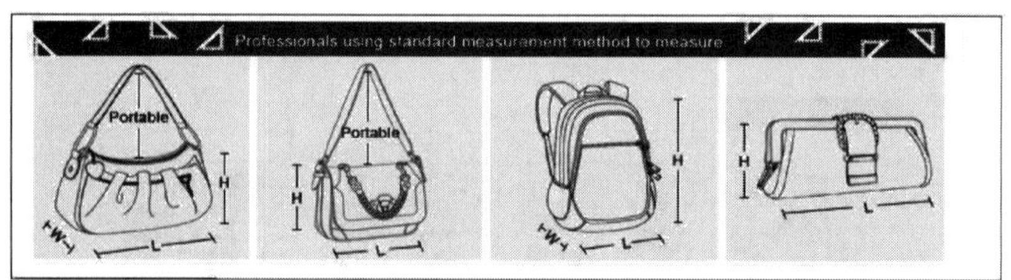

图 5-47　测量方式和尺寸图

（资料来源：天猫广告）

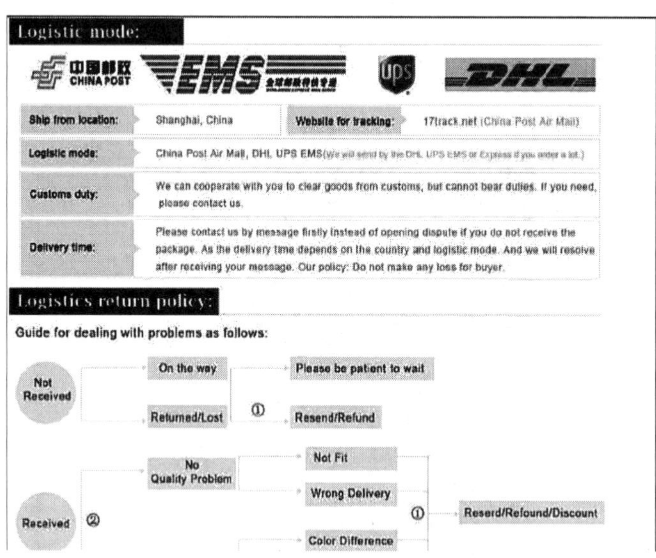

图 5-48　物流和退换货政策图

（资料来源：天猫广告）

5）**店铺装修**

经历了产品拍摄、图片处理后，接下来的工作就是店铺装修。好的店铺装修能够增加浏览量、点击量和销量，提升店铺品质、店铺形象以及买家的购物体验。通常店铺装修分为基础板块操作、第三方板块操作和旺铺首页设计 3 个部分。

其中,基础板块操作主要是使用电子商务平台自带的装修板块,包含店招、图片轮播、产品推荐、自定义内容等几个板块。店招顾名思义就是店铺的招牌,上面通常会有店铺的名称、LOGO 等内容。海报轮播会占用很大的空间,卖家需要十分小心地处理。通常情况下,轮播要有有效的文案和行动按钮,这样不仅能够抓住买家的心,还能够在买家有购物冲动时给予行为引导。卖家可以在轮播部分放一些节日海报、促销海报、类目海报等。产品推荐部分,卖家可以通过电子商务平台设置想要展示的商品。在自定义板块,卖家可以通过编程软件,以文字、图片、表格等形式自定义编辑内容,作为产品海报的展示板块,也可以作为产品推荐板块、标签导航板块等。下面以敦煌网为例介绍店铺装修的系统操作(见图 5-49)。

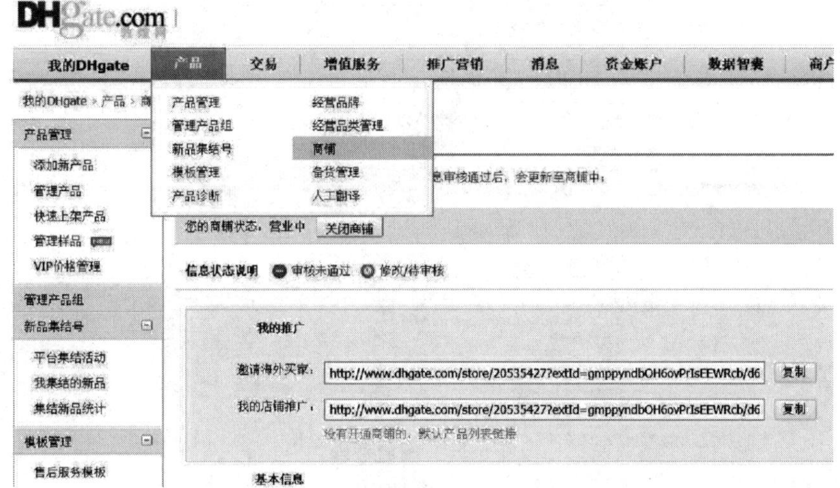

图 5-49　店铺装修入口

选择要使用的店铺模板,单击设置布局内容(见图 5-50),按照页面提示上传相应尺寸的图片,并且保证图片清晰、美观,多图片区域建议全部上传图片,保证页面效果。设置完成后,选择对应的模板和风格,单击“确认”按钮。

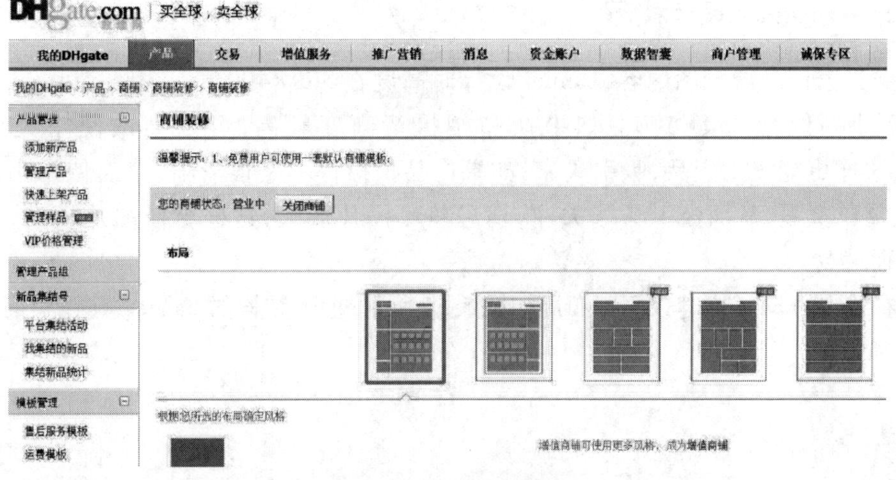

图 5-50　选择店铺模板

在敦煌网,卖家购买的店铺模板包含橱窗智能控制功能,可在"我的 DHgate"—"商铺橱窗管理"—"橱窗管理"设置店铺橱窗名、橱窗产品、补位规则等(见图 5-51)。卖家需要严格按照页面上的图片尺寸要求上传图片,以保证页面效果。部分图片宽度要求为 1 920 px,属于大通屏类型,设计图片时建议有效区域控制在宽度 1 230 px 的尺寸。

图 5-51　橱窗管理

部分模板包含多个图片,建议全部上传,达到最佳页面效果。使用高像素图片,同模块选用相似风格的图片,可将图片设计成图文并茂的形式,以达到最佳的页面效果。为了降低跳出率,还需要添加文字说明。卖家添加的商品图片应链接到店铺内产品最终页,以减少店铺买家的跳出率。

5.5.3　banner 设计技巧

根据买家产品或配图内容,banner 设计时高度在 300×400 px ~ 300×500 px 会比较合适,尺寸一般为 950×500。如果产品拍摄清晰度较高,可以尝试使用大尺寸的 banner,这样更能突出产品,吸引买家;如果产品拍摄得不是很清晰,建议使用小尺寸的 banner,突出文案,从而吸引买家关注,切忌将小图片放大,这样会使图片模糊,让买家产生负面感受。

左右结构的 banner,建议页面布局如图 5-52 所示;上下结构的 banner,建议页面布局如图 5-53 所示。

图 5-52　左右结构的 banner 页面布局建议
(资料来源:速卖通大学)

图 5-53　上下结构的 banner 页面布局建议
(资料来源:速卖通大学)

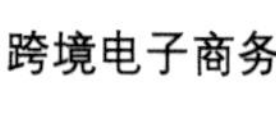

【本章小结】

本章在介绍了跨境电子商务企业官网建设之后,介绍了搜索引擎营销的基本原理、常用的营销方式,介绍了国际知名 SNS 社交平台 Facebook、Twitter、Pinterest 的特点及营销技巧。从 EDM 营销的方法及监测手段两方面介绍了 EDM 营销。介绍了注册店铺的步骤、产品发布流程、店铺视觉优化流程等,并通过多个案例进行说明和阐述。结合具体案例,分析了卖家在跨境电子商务中针对各国平台基础运营需要注意的问题。

【思考题】

1. 查找相关资料比较亚马逊、敦煌网、速卖通各自的优、劣势以及适合的卖家类型。

2. 在亚马逊上调查 10 种商品的价格,再调查国内同类产品的价格,分析产品价格异同的原因。

【实践训练】

假定有一个五金建材类的中小企业打算从事跨境电子商务业务,现已经在亚马逊、敦煌网开设了 2 家店铺,请结合本章知识为该企业设计 SNS、EDM 营销推广方案。

第 6 章
跨境电子商务金融服务

【导入案例】

跨境 e 点通　江苏银行推出跨境金融综合服务方案

"跨境 e 点通"是江苏银行深圳分行实践"互联网+跨境金融"的最新成果,依靠多元化的产品体系和智慧化的交互方式,搭建起生态化的交易平台,为客户提供 7×24 小时跨境金融综合服务方案。主要表现如下:

第一,跨境电子商务综合服务。面对蓬勃发展的跨境电子商务企业,"跨境 e 点通"围绕快速收付、智能账户管理和跨境结算等切入点,为客户提供全方位综合金融服务。其中智能账户管理方案针对电子商务企业大量零散交易对手分布性质,采用 N+1+N 方案,实现海量信息自动匹配归集,有效减轻企业人工工作量和系统负担,降低企业运营成本,提升经营管理效率。

第二,"互联网+"供应链金融。面对深圳市独具代表性的供应链企业,"跨境 e 点通"提供全流程线上解决方案。围绕链条核心企业,管理上下游、境内外对手企业的资金流和物流,为客户提供整套"互联网+"供应链金融的综合解决方案,在确保业务流程化与规范化的同时,极大地提升服务质量与效率,为供应链金融的发展注入新的活力。

第三,指尖上的智慧银行。面向中小企业提供基于移动互联网的服务方案,从 PC 端延伸至手机端,利用移动网络 7×24 小时的沟通时效,内置免费顺丰快递服务,实现随时随地点对点传输。为地势偏远的中小企业打破地域限制,省去在途时间和银行排队时间,极大地提升了服务质量与效率。指尖上的智慧银行为中小企业提供了便利高效且节约成本的服务方式,促进与中小企业建立良好的合作关系。

思考:

1. 跨境电子商务金融服务包括哪些方面?
2. 跨境电子商务供应链金融的作用主要有哪些?

据 WTO 测算,全球 90% 以上的贸易活动需要贸易支付、贸易融资、担保及保险等金融服务的支持,跨境电子商务也不例外。从事跨境电子商务的企业多为中小企业,具有高风险高预期收益的特性,因此,跨境电子商务的金融服务是非常必需且重要的一个部分。

6.1 跨境电子商务支付

6.1.1 跨境电子支付的概念及特征

跨境电子支付就是中国消费者在网上购买国外商家产品或国外消费者购买中国商家产品时,由于币种的不一样,需要通过一定的结算工具和支付系统实现两个国家或地区之间的资金转换,最终完成交易。

跨境电子支付服务的提供者和消费者处于不同的国家,跨境电子支付与传统国际贸易结算在交易流程结算方式上存在着以下显著的区别:

1)支付主体的多元化

跨境电子商务将传统的国际贸易流程电子化、数字化,尤其是实现了在网上完成订购和支付,交易的无纸化程度越来越高。作为支付依据的交易合同、票据和运输单据都以电子化形式存在。此外,随着数字化产品跨国界流动的扩大,由此衍生的虚拟物品跨境交易日渐频繁。跨境电子支付的地位越来越重要,跨境电子支付主体多元化更加明显。

除传统的银行和汇款公司之外,跨境电子支付行业的主要参与者有国际支付公司、互联网巨头、挂牌的第三方支付公司和其他非挂牌支付公司。表 6-1 是跨境电子支付服务提供者的相关比较。

表 6-1 跨境电子支付服务提供者的相关比较

支付主体	优 势	劣 势	主要业务
国际支付公司	技术能力、境外网络、品牌背书	无国内支付牌照,缺乏本地化收单能力,费率较高	国际收单、汇款
互联网巨头	C 端用户体量大,外延式扩展能力强	业务布局分散,重点不明确	C 端钱包,外延式并购
第三方支付公司	跨境支付牌照的结售汇业务资格,国内的市场经验	缺乏境外市场资源和经验	结售汇、人民币的跨境支付
非挂牌支付公司	本地化服务的响应能力强,商业模式灵活	缺乏品牌背书	协助互联网巨头海外落地,系统开发及技术输出、汇款、国际收单和人民币跨境支付

2)支付方式的多样化

尽管基于互联网的信息流动畅通无阻,但是货物的实体流动仍然受到国界的限制。进出口货物通关是跨境电子商务不可逾越的关卡。传统贸易大多是出口企业和进口企业间的交易(B2B),而跨境电子商务大部分是企业和消费者直接的交易(B2C)。由于跨境电子商务直接面对消费者,具有单件包裹出境、频率高、单价低及交易分散等特点,一般的报关要求和结算机构难以满足此需要。

常见的结算工具及比例如图 6-1 所示。

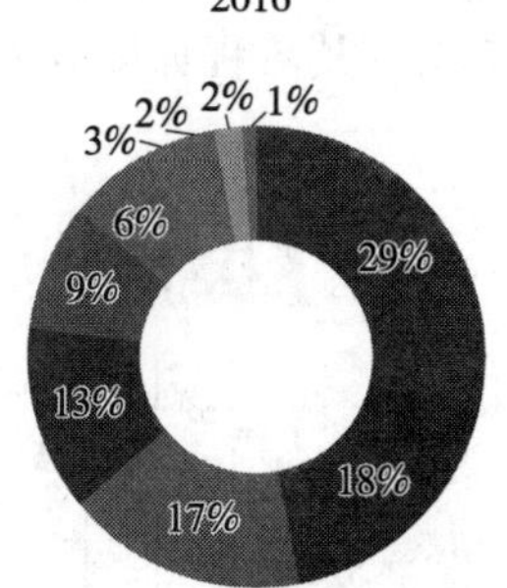

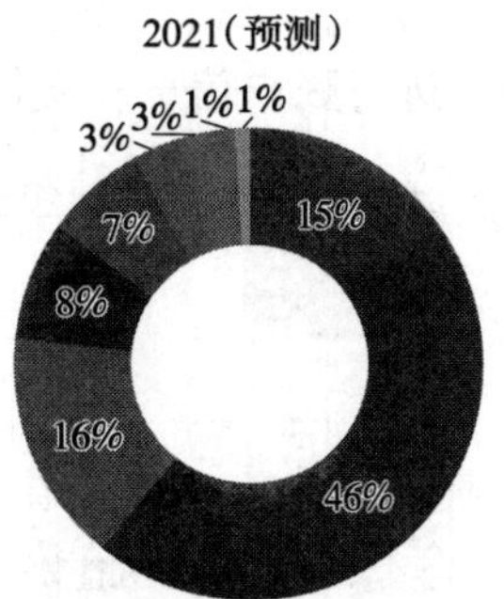

图 6-1 跨境电子商务使用结算工具比例图

表 6-2 跨境电子商务使用各种结算工具占比分析

1	结算工具	Payment instrument	2016 年占比	2021 年占比(预测)
2	贷记卡	Credit card	29%	15%
3	电子钱包	eWallet	18%	46%
4	银行转账	Bank Transfer	17%	16%
5	借记卡	Debit Card	13%	8%
6	货到付款	Cash on Delivery	9%	7%
7	可延期付款借记卡	Charge & Deferred Debit Card	6%	3%
8	预付卡	Pre-paid	3%	3%
9	后付方式	PostPay	2%	1%
10	前付方式	PrePay	2%	1%
11	其他	Other	1%	0%

3)第三方支付机构参与结算过程

在跨境电子商务中,第三方支付机构的参与有效解决了交易双方交易信用缺失的问题。其支付流程大致为:买方先将人民币(外币)资金支付给第三方支付机构,支付机构在买方确认付款或默认付款后,通过合作银行代为购汇或结汇支付给卖方。也就是说,支付机构成为跨境电子商务结果双方之间的中介,这与传统国际贸易买卖双方之间直接通过银行进行结算有着明显的区别。

6.1.2 跨境支付模式及其流程

跨境支付包括收单、汇款和结售汇等三个业务大类。其中跨境收单是指一个国家的商户帮助另外一个国家的客户收钱。可以将其理解为狭义的跨境支付。具体包括外卡收单,帮助中国商家收取国外消费者的贷款。出现在出口业务中,收的是国外的信用卡或其他支付工具。境外收单是指商家在境外，消费者在中国，即进口业务如海淘等。国际收单即商家、消费者和支付机构分属不同的国家，如 PayPal 在中国开展跨境支付业务的情况。收单业务主要服务于 B 端商户，支付公司本身不需要建立账户体系，其核心是在商户和收单之间建立联系，通过网关进行账户信息和支付指令的加密传输。其流程如图 6-2 所示。

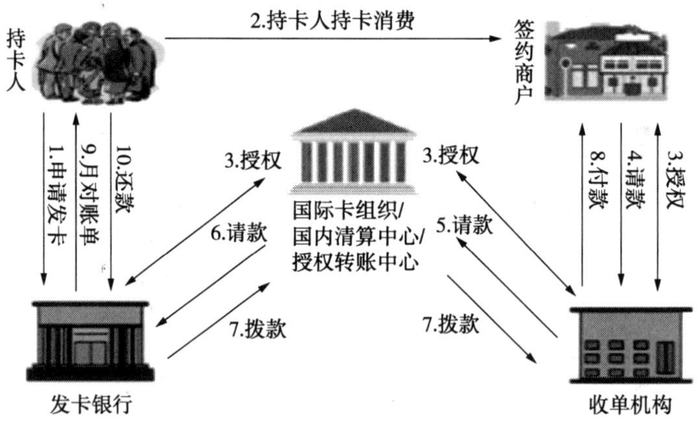

图 6-2　跨境收单业务流程图

银行电汇主要通过 SWIFT（环球同业银行金融电讯协会）系统进行报文传输，指示代理行将款项支付给指定收款人。SWIFT 连接超过 200 个国家和地区 11 000 多家银行和证券机构、市场基础设施和公司客户。银行电汇需要客户去银行网点填写表格，也有部分银行开通了网上银行境外汇款的功能。由于涉及的中间环节较多、费用较高且到账时效性不高。电汇的费用通常包括两个部分：手续费和电报费。手续费通常为汇款金额的 0.05% ~0.1%，电报费从 0 ~200 元不等。

电汇业务在大部分国家需要牌照，专业汇款公司以西联、速汇金等为代表，但这类机构的市场份额正在减少，而 PayPal，Payoneer，Worldfirst 等支付机构日益成为跨境汇款的主流公司。例如，中国商家在亚马逊、Wish 等美国的第三方电子商务平台上销售产品时，在相关外汇政策的支持下，在美国获得汇款牌照的支付公司可为中国商家开立美国的银行账户（虚拟账户），再将货款汇入境内结汇或在中国香港结算成人民币。其一般流程如图 6-3 所示。

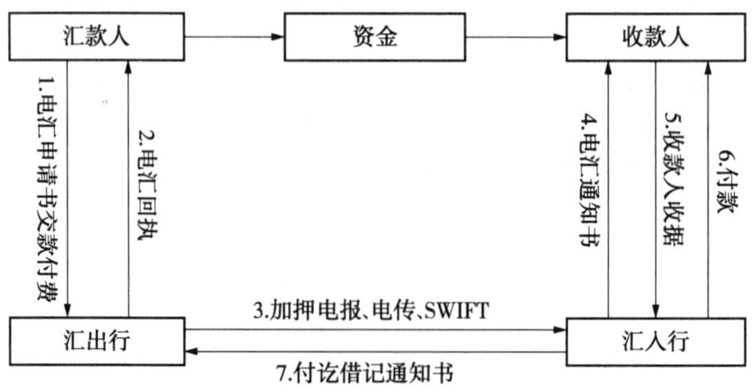

图 6-3　跨境银行电汇业务流程图

外汇跨境支付的具体流程如图6-4、图6-5所示。首先要进行换汇，持牌照的跨境支付公司可在境内开展结售汇业务。目前，更便利的方式是人民币跨境支付，支付公司在中国香港进行换汇，现有政策鼓励人民币跨境支付业务，中国香港外汇监管比银行宽松，操作手续简单。因此传统贸易也使用第三方支付的通道进行跨境支付。持牌照的支付公司将结售汇作为跨境支付的主要业务，赚取汇兑差。

资金出境:
①人民币付款
第三方支付公司
（有跨境支付牌照）
④结算
境内买家
境内/外商户
②购汇
③外币
合作银行

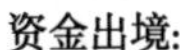

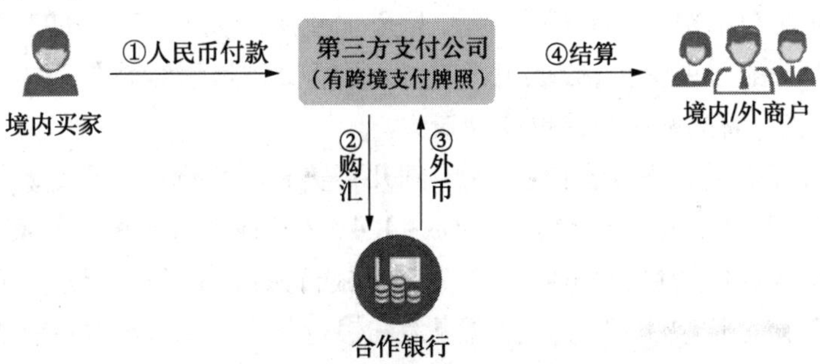

图6-4　跨境电子支付的购汇业务流程图

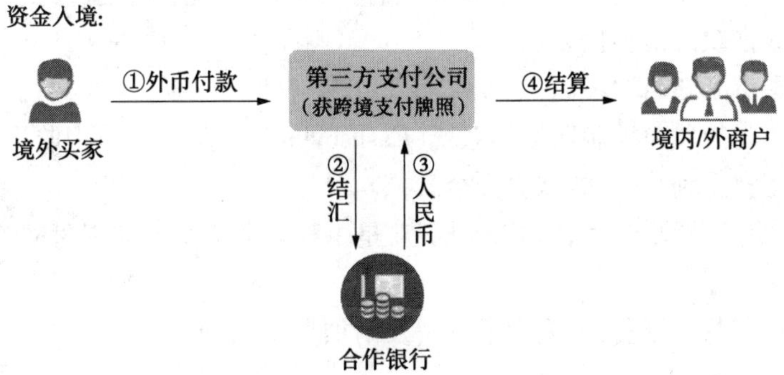

资金入境:
①外币付款
第三方支付公司
（获跨境支付牌照）
④结算
境外买家
境内/外商户
②结汇
③人民币
合作银行

图6-5　跨境电子支付的结汇业务流程图

6.1.3　跨境支付工具

跨境电子支付方式有两大类：网上支付（包括电子账户支付和国际信用卡支付，适合小额的跨境零售）和银行汇款（适合大金额的跨境交易）。每种支付方式对应不同的支付工具。因为每个支付工具优势各异，所以便捷性和时效性都不同。下面将对常用的支付工具及其优劣进行简要分析。

1）线上跨境电子商务支付的常用工具

（1）信用卡收款

跨境电子商务网站可通过与Visa，MasterCard等国际信用卡组织合作，或直接与海外银行合作，开通接收海外银行信用卡支付的端口。

优点：欧美普遍流行的支付方式，信用卡的用户人群非常庞大。

缺点：接入方式麻烦、需预存保证金、收费高昂、付款额度偏小。黑卡蔓延，存在拒付风险。

适用范围：从事跨境电子商务的零售平台和独立B2C。目前，国际上五大信用卡品牌

Visa, MasterCard, America Express, JCB, Diners Club,其中前两个为大家广泛使用。

(2)Paypal

Paypal 与支付宝类似,在国际上知名度较高,是很多国家客户的常用付款方式。它允许在使用电子邮件标识身份的用户之间转移资金。

优点:交易完全在线上完成。适用范围广,尤其受美国用户信赖。收付双方必须都是 PayPal 用户,以此形成闭环交易,风控较好。

缺点:Paypal 用户消费者(买家)利益大于 Paypal 用户商户(卖家)的利益,交易费用主要由商户提供,对买家过度保护;收取电汇费用,每笔交易除手续费外还需要支付交易处理费;账户容易被冻结,商家利益受损可能性较大。

适用范围:跨境电子商务零售行业,几十到几百美金的小额交易更划算。

费率:2.9% ~3.9%(ebay 平台);3.4% ~4.4%(其他平台或传统外贸)。

费用:无开户费及使用费;每笔收取 0.3 美元银行系统占用费;以美元形式提现至大陆银行每笔收取 35 美元;以人民币形式提现至大陆银行每笔收 1.2% 的手续费。

(3)Cashpay

优点:加快偿付速度(2 ~3 天),结算快;支持商城购物车通道集成;提供更多支付网关的选择,支持商家喜欢的币种提现。

缺点:在中国市场知名度不高。

安全性:有专门的风险控制防欺诈系统(Cashshield),而且一旦出现欺诈 100% 赔付。降低退款率,专注客户盈利,资料数据更安全。

特点:安全,快速,费率合理,PCIDSS 规范,是一种多渠道集成的支付网关。

费率:2.5%。

费用:无开户费及使用费;无提现手续费及附加费。

(4)Moneybookers

优点:安全,以 e-mail 为支付标识,付款人不需要暴露信用卡等个人信息;只需电子邮箱地址就可以转账;客户必须激活认证才可以进行交易;可以通过网络实时进行收付费。

缺点:不允许客户多账户,一个客户只能注册一个账户;目前不支持未成年人注册,需年满 18 岁。

安全性:登录时以变动的数字作为登录手续,以防止自动化登录程序对账户的攻击;只支持高的安全(128 位)加密的行业标准。

费用:免手续费,提现会收取少量费用。从银行上载资金免费;从信用卡上载资金,手续费 3%;向境外汇款,手续费 1%(直到 0.50 欧元);取钱到银行,固定收取费用 1.80 欧元;通过支票取钱,固定收取费用 3.50 欧元。

(5)Payoneer

Payoneer 是一家总部位于纽约的在线支付公司,主要业务是帮助其合作伙伴将资金下发到全球,同时也为全球客户提供美国银行/欧洲银行收款账户,用于接收欧美电子商务平台和企业的贸易款项。

优点:便捷,中国身份证即可完成 Payoneer 账户在线注册,并自动绑定美国银行账户和欧洲银行账户;合规,像欧美企业一样接收欧美公司的汇款,并通过 Payoneer 和中国支付公司的合作完成线上外汇申报和结汇;便宜,电汇设置单笔封顶价,人民币结汇费率最多不超过2%。

适用范围:单笔资金额度小但是客户群分布广的跨境电子商务网站或卖家。

(6) ClickandBuy

ClickandBuy 是独立的第三方支付公司,收到 ClickandBuy 的汇款确认后,一般在3~4个工作日内会收到货款。每次交易金额最低 \$100,每天最高交易金额 \$10000。如果客户选择通过 ClickandBuy 汇款,则可以通过 ClickandBuy 提款。保留选择通过 ClickandBuy 退款的权利。

(7) Paysafecard

Paysafecard 主要是欧洲游戏玩家的网游支付手段,是一种银行汇票,购买手续简单而安全。Paysafecard 在大多数国家可以用在报摊、加油站等场所。用户凭16位账户数字完成付款。要开通 Paysafecard 支付,需要有企业营业执照。

(8) WebMoney

WebMoney 是俄罗斯最主流的电子支付方式,俄罗斯各大银行均可自主充值取款。

(9) CashU

CashU 主要用于支付在线游戏、VoIP 技术、电信和 IT 服务,以及实现外汇交易。CashU 允许客户使用任一货币进行支付,但该账户将始终以美元显示客户的资金。CashU 现多为中东和独联体广大网民所使用,是中东和北非地区应用最广泛的电子支付工具之一。

(10) LiqPAY

LiqPAY 是一个小额支付系统。一次性付款不超过2 500美元,且立即到账,无交易次数限制。LiqPAY 以客户的移动电话号码为标识。账户存款是美元,所以如果客户存入另一种货币,将根据 LiqPAY 内部的汇率进行折算。

(11) Qiwi wallet

Qiwi wallet 是俄罗斯最大的第三方支付工具。它使客户能够快速、方便地在线支付水电费、手机话费,以及网购费用,还能用来偿付银行贷款。

(12) NETeller

NETeller(在线支付方式或电子钱包)可免费开通,全世界有数以百万计的会员选择 NETeller 的网上转账服务。

2)线下跨境电子商务支付的常用工具

(1)电汇

优点:收款迅速,几分钟就到账;先付款后发货,保证商家利益不受损失。

缺点:先付款后发货,买方容易产生不信任感;用户量少,限制商家的交易量;买卖双方都要支付手续费,数额较大的手续费高;对银行信息要求非常高。

适用范围:电汇是传统的 B2B 付款模式,适合大额交易付款。

费用:买卖双方各自承担所在地的银行费用。具体费用根据银行的实际费率进行计算。

(2)西联汇款

西联汇款是世界领先的特快汇款方式,可以在全球大多数国家的西联代理所在地汇出和提款。手续费由买家承担。

优点:到账速度快;手续费由买家承担;对卖家来说最划算,可先提钱再发货,安全性好。

缺点:对买家来说风险极高,买家不易接受;买卖双方需要去西联线下柜台操作,手续费较高。

适用范围:1 万美元以下的中等支付额度。

费用:手续费由买家承担,需要买卖双方到当地银行实地操作。在卖家未收款时,买家随时可以撤回资金。

(3) MoneyGram

MoneyGram 又称速汇金汇款,是一种快捷、可靠的国际汇款方式,收款人凭汇款人提供的编号即可收款。

优点:汇款速度快,十几分钟即可到账;汇款金额不高时,费用相对较低,无中间费用,无电报费;手续简单。

缺点:汇款人及收款人都必须是个人;必须是境外汇款;如果客户持现钞账户汇款,需交纳一定现钞变汇的手续费。

费率表格见表 6-3。

表 6-3　MoneyGram 汇款费率一览表

汇款金额	手续费
400 美元以下	10 美元
400 ~ 500 美元	12 美元
500 ~ 2 000 美元	15 美元
2 000 ~ 5 000 美元	22 美元
5 000 ~ 10 000 美元	33 美元

备注:单笔最高汇款金额不得超过 10 000 美元(不含),每天每个汇款人的累计汇出最高限额为 20 000 美元(不含)。

(4)香港离岸公司银行账户

卖家通过在香港开设离岸银行账户,接收海外买家的汇款,再从香港账户汇往大陆账户。

优点:接收电汇无额度限制,不需要像大陆银行一样受 5 万美元的年汇额度限制;不同货币可自由兑换。

缺点:香港银行账户的钱还需要转到大陆账户,较为麻烦;部分客户选择地下钱庄的方式,有资金风险和法律风险。

适用范围:传统外贸及跨境电子商务都适用,适合已有一定交易规模的卖家。

6.1.4　跨境电子商务支付目前存在的难点与问题

在国内,电子商务配套金融体系已较为成熟,支付宝、微信支付、网银等平台均能满足不同收款需求。而跨境电子商务涉及跨境转账,问题就比较复杂。

首先,在出口跨境电子商务生意链中,付款和收款环节不可或缺。以亚马逊为例,中国公司通过亚马逊将产品卖给美国消费者,消费者付款给亚马逊,但出于反洗钱的制度设计,亚马逊不能直接付款到中国公司银行账户。

基于跨境电子商务交易的小额高频特点,银行并不是最好的选择,境外买家的支付渠道主要通过境外第三方支付机构。主要有 Payoneer(俗称 P 卡)、WorldFirst(俗称 WF 卡)和 PayPal 三家公司,其向卖家收取 1% ~3% 甚至更高的收款手续费。如 Payoneer,浙江跨境电子商务企业用于收发欧美电子商务平台和企业的贸易款项,在美国账户入账需要扣除 1%,银行转款扣除 2%。WorldFirst 和 PayPal 的手续费同样高昂。对零售行业,这样的单个环节成本可谓天价。然而,浙江的跨境电子商务企业大多是中小商户,没有能力在美国开设离岸公司和美国银行账户,也没有能力与三大支付公司议价。

以一家普通的跨境电子商务企业为例,其 2016 年销售额为 1 000 万美元,其在收款环节支付的成本需 100 万元,极大侵占了企业利润。面对这种不合理的现象,企业也只能忍气吞声。因为全球能选择的支付服务企业只有这几家,且价格都差不多。

除手续费畸高之外,跨境电子商务卖家的银行账户还容易被冻结。以亚马逊为例,每年会对账号逐一审核,若浙商的店铺账号被投诉,将有可能被冻结。因此,国内跨境电子商务在亚马逊上做销售,常常会设 5 ~10 个银行账户,然而这又会导致账户管理的琐碎和不便。

其次,各国政策差异大、变动多,经常出现汇兑损失情况。跨境电子商务平台容易受到关税、清关等政策影响,以及不同国家币种的汇率变化影响,这将直接影响货品的利润率。如何有效降低汇率风险,针对各国政策制定不同的策略,解决跨境支付流程难题是目前跨境电子商务平台发展最大的阻力之一。

6.2 跨境电子商务融资服务

从事跨境电子商务的企业多为中小企业,具有高风险高收益预期的企业特性,并且大多数跨境电子商务企业不具备申请传统银行信贷的条件。跨境电子商务本身就是个烧钱的行业,不少小规模、难以经受住冲击的跨境电子商务企业都将面临被行业淘汰。再加上国内外税改的不断调整,跨境电子商务进入资本社会属于市场的驱动。因此,对于跨境电子商务企业而言,其融资活动也越来越重要。据投融界统计数据显示,2015 年跨境电子商务单个项目平均最低融资额高达 5 650 万元,其中北京的平均最低融资额最高,达到 2.8 亿元。

6.2.1 跨境电子商务融资的含义及特点

1)跨境电子商务融资的含义

跨境电子商务融资是指跨境电子商务企业作为资金的需求者,以不同方式筹集资金以支持自身的生产或者经营活动。从狭义的企业融资定义来看,跨境电子商务企业很少能够从自身进行调剂资金的活动,因为跨境电子商务企业多为中小型甚至微型企业,其内部资金周转和运营情况不能够满足内源融资的条件,因此跨境电子商务企业大多从企业外部的资金持有者获取对自身发展有利的资金融通。

2)跨境电子商务融资的特点

如上所述,跨境电子商务企业与国内电子商务企业、传统生产或经营企业存在差异,跨境电子商务企业又多为中小企业,因此,它在融资时兼具国内中小企业、从事外贸企业、从事电子商务企业三者在资金融通时的全部或者部分特点。

(1)资产规模不同

与传统大型制造企业不同,跨境电子商务企业资产规模小,缺少抵押物或抵押物价值低廉,企业员工的人数较少,经营方式比较单一,其经营状况在一定程度上容易受政策法规和宏观经济环境的影响。同时,跨境电子商务企业的固定资产少,抵押物价值低,担保能力弱,这些特点决定了跨境电子商务企业在采取传统银行信贷方式融资时困难重重。如作为全球最大的小商品基地,浙江义乌的电子商务经营主体有 3 万多家。大多数跨境电子商务企业因为没有固定资产难以找到担保人,要获得银行信贷支持并不容易。

(2)资金需求的规模、期限、频率和急迫程度不同

跨境电子商务企业对资金的需求存在“短、小、频、急”的特点,而传统企业投资对资金的需求规模大、期限长,因企业发展需要选择适当的时间节点进行融资。

(3)信息的对称性不同

对于银行信贷而言,跨境电子商务企业因企业自身规模的局限性,难以对风险进行全面而准确的评估,其经营能力也会受到银行等金融机构的质疑。另外,中小企业的负债能力较弱,一旦资金链在其他环节出现问题,将无法承担偿还银行贷款的责任,因申请传统银行信贷较为困难。

6.2.2 跨境电子商务的融资需求

跨境电子商务企业通常在选品、营销、物流、仓储、售后服务、入驻平台、平台维护等方面均有资金输出,与国内电子商务在物流、政策、供应链以及信息上有所不同,企业开展业务所需的成本和费用更高,因此通过各种途径筹措企业生存和发展的资金是跨境电子商务企业不可或缺的一项工作。在不同发展阶段,跨境电子商务企业对资金的需求各有不同,跨境电子商务企业筹措资金的目的可分为以下 4 类:

(1)起步阶段:解决短期资金周转问题

对于以轻资产为特点的中小微跨境电子商务而言,资金筹措是首要问题,这类企业没有生产、没有技术,基本的业务环节只有采购和销售。对进口跨境电子商务,往往需要预付部分或全部货款后,供货商才能够发货;对出口跨境电子商务,获取订单后不仅需要大量的资金投入货物采购,而且货款回收周期长。除基本业务外,跨境电子商务的日常运营也需要流动资金,这就给中小微型跨境电子商务的资金周转增加了难度。因此跨境电子商务企业必须要筹集资金,以维持企业的正常运营,解决资金周转问题。

跨境电子商务企业的资金周转往往在短期内进行,且额度较小,频率较高,对融资的灵

活度要求高,而传统的债务融资和股权融资很难满足企业的要求,所以为了解决跨境电子商务企业短期内的资金周转问题,比较适合的融资方式就是通过企业所选择的跨境电子商务平台进行贸易融资。

(2)成长阶段:开展特色项目,促进企业快速成长

当跨境电子商务企业发展到一定阶段,企业的日常经营业务已初具规模,流动资金周转问题能够依靠企业正常运营得以解决。为谋求更高层次的发展,推出具有企业特色的项目以提高企业的知名度,拓宽销售渠道和业务范围,需要筹措更大规模资金以支持企业特色项目的开展。此时,企业可以选择的融资方式有基于平台的信用融资,或者寻求民间借贷、借贷平台、风险投资等股权融资。

(3)成熟阶段:发展成为大型跨境电子商务企业或向特色领域跨境电子商务平台转型升级

随着企业规模的扩大和品牌的建立,跨境电子商务企业长期发展积累的资产规模、品牌效益、供应或销售渠道等优势使得企业存在向大体量级跨境电子商务发展的可能。另外,一些拥有特色项目的跨境电子商务企业能够在独特的领域内通过自主创新培养出强大的竞争优势,这些企业可以选择发展成为该领域内的跨境电子商务平台。如瑞茂通由最初的国内外煤炭、冶金煤等大宗商品的供应商成功转型为大宗商品交易平台,推出易煤网。

巨大的发展潜力能够帮助企业争取到风险投资、上市等股权融资,资产规模的扩大、良好的资产负债情况和抵押物价值的提高也使得银行贷款等债务融资能够成为企业进一步融资的选择。

(4)横向发展阶段:大型企业将跨境电子商务作为新的业务方向

许多传统的制造型企业也在跨境电子商务领域寻求新的发展机遇,开展跨境电子商务领域业务,将其作为众多分销渠道中的一个业务部门。对于转型从事跨境电子商务或在跨境电子商务领域开展业务的大型制造类企业来说,由于其在以往发展历程中积累而成的巨大资产规模、良好的信誉水平和高价值的抵押物,通过银行贷款的方式进行融资的可能性大大增强。同时,发行企业债券等其他债务融资和增资扩股、股权转让、寻求风险投资等股权融资方式的要求也能够为这类企业所满足。因此,这一类企业可选择的融资方式十分丰富,融资难度也大大降低。

6.2.3 跨境电子商务的贸易融资

贸易融资的含义是基于跨境电子商务平台展开经营的跨境电子商务企业依据在平台上形成的信用记录、交易数据、订单合同、仓单数据等信息,从跨境电子商务平台处或以跨境电子商务平台为担保而取得的融通资金。贸易融资的最大特点是基于平台、门槛低、成本低、可以快速申请,方式灵活,种类多样,适合采用各种不同支付方式的跨境电子商务企业。正是由于贸易融资模式的上述特点,使得其能满足企业业务经营中对短期内资金周转的需求,因此更适用于起步阶段的初创企业或小微型企业。

平台贸易融资具体包括平台授信额度、订单融资、基于平台的信用融资及仓单融资 4 类。其中,平台授信额度、订单融资和仓单融资伴随着企业的经营活动,能够很好地满足资

金周转的需求。而基于平台的信用融资不仅可以解决资金周转问题,也可以在促进企业成长方面起到一定的作用。下面对这 4 种融资方式进行具体的介绍和分析。

1)平台授信额度

(1)平台授信额度的定义

平台授信额度是指跨境电子商务平台为跨境电子商务企业积累的,买卖双方可见的信用额度,平台会员可据此了解交易双方的交易诚信度。在买卖双方交易时,由跨境电子商务平台进行信用背书,对买卖双方的交易信用进行担保,使买卖双方更容易得到对方的信任,促成交易达成。

(2)平台授信额度的产生

2015 年以来,许多跨境电子商务 B2B 平台开始从信息服务平台向交易平台转变,实现交易闭环。长期以来,信用积累和展示是全球中小企业实现“卖全球”的瓶颈,也是实现 B2B 跨境在线交易的巨大障碍,特别是小微企业没有条件向国际客户展示自己的诚信状况,难以获得国际订单。

因此要想使跨境电子商务真正成为国际贸易新的驱动力量,就必须解决跨境电子商务企业的信用难题。在“互联网+”改变传统行业的时代,外贸的信用机制顺应时代发展出现了更高效的形式。跨境电子商务平台将供应商在平台上的行为以及真实贸易数据等信息不断沉淀,以出口企业基本资信、历史交易数据和其他综合信息作为其在信用保障额度的累积依据,逐步建立起全球网上交易信用体系,在额度范围内帮助供应商向买家提供贸易安全保障,帮助买卖双方解决交易过程中的信任问题,在信用额度的帮助下,跨境电子商务企业可以使自身良好的信用记录变成增加合作订单的机会,快速达成交易。

(3)获取平台授信额度的条件

在大部分跨境电子商务平台中,注册会员均有凭借交易数据、信用记录累积授信额度的资格。例如,目前 eBay、速卖通、亚马逊 3 大跨境电子商务平台通过金融服务提供商“宜信商通贷”,使得其平台上的卖家通过将平台交易数据开放给贷方,即可获得不同额度的授信,最高上限达百万,不用任何抵押、担保。

(4)影响授信额度的因素

信用保障额度的提升是一个循序渐进的过程,无法通过单个行为或事件迅速提升,需要长期的积累和维护。具体而言,跨境电子商务企业授信额度的影响因素有:

①跨境电子商务企业的基本信息,如工商认证信息的真实性、与跨境电子商务平台的合作年限、平台操作表现等。

②跨境电子商务企业的经营能力,主要参考依据是贸易流水数据,通过不同方式完成的订单或可占据不同的权重。

③跨境电子商务企业的资信情况,主要参考跨境电子商务企业对平台相关规则的遵守或违规情况。

④其他风险因素,如企业和法人代表征信情况、纠纷处理等。

⑤平台所规定的其他标准。

(5)提高授信额度的方法

①完善企业基本注册信息,并保证上传数据的真实性和准确性。

②加入平台的诚信评估体系,使平台能够及时获取交易数据和信用记录。

③遵守平台的相关规定,注意与平台的合作年限,若选择继续与平台合作,则应及时续约。

④提高企业的经营能力,通过有效管理诚信经营,保证商品质量和良好的服务。

⑤避免陷入商业纠纷。

2)订单融资

订单融资是指满足条件的跨境电子商务企业在产生合同订单后,就应收账款和预付货款向平台申请的融资。

(1)订单融资的分类

①应收账款融资。在购销双方签订合同后,作为平台上的供应商无法立即收到应收账款,因此在备货时若存在资金周转问题,可依据订单向平台申请应收账款融资。融资主体将赊销形成的应收账款转让给金融机构合作的跨境电子商务平台,以获得贷款支持。应收账款的债务人是银行认可的具有偿债能力的企业。融资主体能提供完整、有效的债权转让文件。终端客户到期支付货款,用于偿还贷款。融资主体分批偿还贷款本息,赎货销售。最终实现货物、资金安全交付,确保买卖双方利益。

②预付账款融资。跨境电子商务平台上的买卖双方签订合同后,作为货物买方的融资主体,这时可以向平台申请随订单产生的预付账款融资,平台经审核无误后,为了促进交易的实现,在金融机构的合作与支持下,跨境电子商务平台将依据信息额度将不同程度的贷款汇入供应商指定账户。随后买方可在指定日期进行还款付息,一些平台还允许融资主体分批偿还贷款本息,赎货销售或随贷随还。不仅货物、资金安全交付,确保买卖双方利益,而且降低了跨境电子商务进口企业贷款融资的门槛和成本。

(2)订单融资的注意事项

①申请资质。企业须满足跨境电子商务平台规定的相关标准方可申请订单融资。

②申请流程。在申请订单融资的过程中,要注意平台对流程的规定以及需要准备的相关资料,并确保申请材料的完整性、真实性和准确性。

③还款方式。不同跨境电子商务平台对还款方式、还款期限和还款利息等事项的规定不同,跨境电子商务企业在申请订单融资时应充分了解平台还款事项的相关规定,做好融资预算及还款计划,以免出现到期无法还款等影响自身信用记录的问题。

④收费标准。有的跨境电子商务平台对申请订单贷款融资制订了一系列收费标准,企业应在融资前对此有足够的了解和解读。

⑤经营品种。有的跨境电子商务平台对企业经营的货物品种有要求,只有规定种类才能申请订单融资。如金银岛能够申请订单融资的货物种类有煤炭、矿石、油品、化工、有色、塑料等大宗产品,目前重点支持煤炭、矿石、油品。

案例:徐州跨境电子商务综合服务平台的订单融资

A.订单融资:低风险、低成本的打开优质赊销市场。

B. 特点：买家经过资质审核，融资高于80%的应收账款，3个工作日放款。

C. 使用流程：

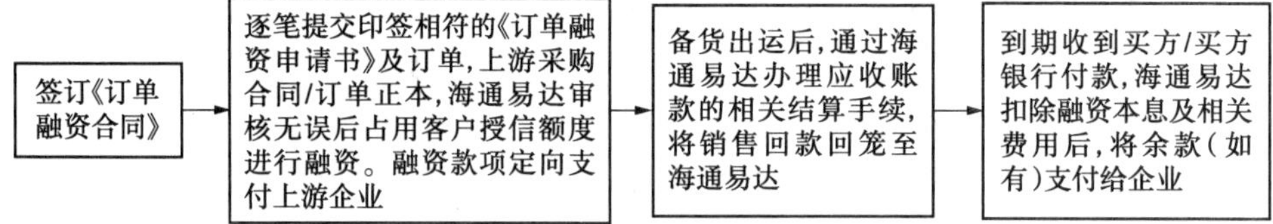

D. 订单融资的申请条件：

a. 基础交易具有真实的贸易背景，相关订单有效且内容清楚、明确；

b. 企业主营业务突出，履约能力强，经营情况良好，具有较强的市场竞争力，所在行业应满足海通易达相关准入标准；

c. 与买方保持长期稳定的业务往来关系，收款记录正常，无拖欠、迟付等情况；买方资信良好，达到海通易达相关准入标准；

d. 货物出运后在海通易达办理相关结算手续，并授权海通易达将销售回款自动冲抵融资本金、利息和费用。

e. 融资期限与订单项下货物采购、生产、装运及回款期限相匹配，最长不超过180天（含）。

3）基于平台的信用融资

（1）信用融资的定义

跨境电子商务平台建立跨境电子商务诚信体系，对入驻平台各个企业的交易数据、历史信用进行激励、累积和评估，并形成可申请信用贷款准入门槛、信用贷款额度以及支付利息的标准，从而在跨境电子商务企业申请时为其提供相应的信用贷款。

（2）信用融资的特点

跨境电子商务交易平台与P2P金融服务企业合作，借助先进的互联网为中小企业网络融资提供了便利。申请平台信用贷款，无须抵押物、无须担保，只凭借企业信用，直接在线提交电子商务平台账号就可以申请。极大地降低了跨境电子商务企业的借贷门槛，也降低了运营成本，技术红利直接转给了借贷方。融资平台会以大数据分析所提交账号的综合经营情况，并在第一时间给出对应的授信额度，最快可实时授信，贷款申请全部在线操作，加快了放款速度。同时，部分平台的信用融资还有一个特点是还款容易，因为贷款到期系统将实现自动还款。

（3）申请信用融资的条件

在不同的跨境电子商务平台上，企业能够申请信用贷款的标准也会有所差异，根据现有跨境电子商务平台提供信用融资的条件，可以总结如下：

①跨境电子商务企业的注册信息必须真实且符合平台要求。

②跨境电子商务企业必须在一段时间内持续有效经营，经营状况良好，且须保持良好信用记录。

③跨境电子商务企业过往交易数据所形成的信用等级符合标准。

④贷款额度与贷款期限与信用等级相对应。

⑤跨境电子商务企业在金融机构没有不良记录,且符合金融机构的审核要求。

(4)申请信用融资的程序

大部分跨境电子商务平台的信用融资申请都可以线上完成,在平台网站的会员服务中心均设有申请平台信用贷款的入口。如 eBay 联手宜信推出的商贷通,利用线上数据进行实时授信,同时简化贷款步骤,卖家只需点击 eBay 卖家服务中的“卖家金融贷款”,即可到达商贷通的页面,轻松获得贷款。借款的期限一般是6个月,最高的借款额度是100万元,月息1.2%。

还有一部分跨境电子商务平台的信用融资申请则需要线上线下同时进行,在线上提交申请,审核信用数据并接受贷款、还款付息,但相关的申请资料需要在线下递交,如跨境电子商务平台金银岛为其注册企业会员提供的信用贷款,就需要企业将准备的部分实物资料交予金融机构进行审批,通过后即可获得贷款。

4)仓单融资

(1)仓单融资的定义

仓单融资是指跨境电子商务企业把国际知名的贸易公司开具的仓单,以及自己可控的现金流,还有整个现金流的管理系统,通过信用证换仓单然后再进行贷款。跨境电子商务企业可反复申请仓单融资,现金流就可以扩张20~30倍,而且几乎零成本。

(2)与传统仓单质押融资的区别

传统的仓单质押融资中,融资主体直接将电子仓单质押给银行,可获得相当于一部分货值的银行贷款。融资主体分批偿还银行贷款,分批解押、销售。而跨境电子商务平台的仓单杠杆融资模式,则是经跨境电子商务平台审核后,再与银行取得联系,从而获得银行授信。

传统的仓单质押融资中,电子仓单须为银行指定的仓储单位开具,而跨境电子商务平台的仓单融资中,跨境电子商务企业将货物存放在平台指定的仓库中,所有仓单由这些仓储单位开具。如金银岛为了满足业务的发展需求,在全国各地设立了大量金银岛指定监管交割仓,方便客户融资、交易的需要。

(3)仓单融资的业务流程

①在线提交入库申请,将货物存入指定的仓库。

②贷款企业在线选择货物和数量生成电子仓单,提交质押申请。

③物流企业在线审核发送银行。

④贷款企业到银行网上银行进行贷款支用申请。

⑤银行审核并发放贷款。

案例:“义乌通”外贸综合服务平台为中小微企业提供仓单融资服务

其中最典型的就是基于跨境电子商务平台通过其上下游产业生态链,依托某个核心企业或平台,进行1+N的捆绑方式来申请银行融资。如浙江物产集团旗下外贸综合服务平台“义乌通”网站显示,其为跨境电子商务提供无抵押无担保、最低月利率0.9%(年利率10.8%)的融资。同时,“义乌通”还有仓单质押等融资产品,贷款成本更低。

跨境电子商务单个客户主体由于存在轻资产、小规模等特点,针对电子商务卖家因贷款周期短所导致的平摊融资成本偏高,且申办手续复杂的情况,省内各大商业银行不断创新针对跨境电子商务的融资服务模式，通过分析跨境电子商务资金流水、订单交易等大数据，提供无担保小额流动资金贷款。

例如，中国银行义乌分行探索为中国小商品城出口电子商务“海外仓”项目提供并购贷款；建行相关人士在受访时表态，力争在2017年一季度末提供基于流水和交易数据的贸易项下的信用贷款；浙商银行提供“涌金出口池”（池化融资）服务，融资方式多样、期限灵活，全程线上操作，融资结汇一键完成，资金实时到账；招商银行为跨境电子商务平台提供授信，该授信可供企业海外子公司提用。如澳创云购2016年获得境外可提用的授信100万美元。

6.2.4 跨境电子商务的其他融资

1）债务融资模式

（1）跨境电子商务债务融资模式的定义

跨境电子商务债务融资模式是指跨境电子商务企业通过借款承债的方式从个人、组织或金融机构借来资金，用作企业生产经营流动资金或发展建设资金，资金借出方成为公司的债权人，所融入的资金是企业按约定代价和用途取得的，必须按期偿还本息。

（2）债务融资的分类

依据提供资金的主体不同，将债务融资模式分为银行贷款、债券融资、民间借贷、小额贷款公司贷款。以下分别简要介绍这几种融资方式。

①银行贷款：银行贷款是指由银行以贷款的形式向企业提供的融资。

②债券融资：是指跨境电子商务企业按照法定程序发行的、约定在一定期内还本付息的债务凭证，它代表债券持有人与企业的一种债权债务关系。

③民间借贷：跨境电子商务企业民间借贷通常以私下方式与私人或非金融机构拟定金额、利率、期限等融资条件。

④小额贷款公司贷款：小额贷款公司是由自然人、企业法人与其他社会组织投资设立、不吸收公众存款，经营小额贷款业务的有限责任公司或股份有限公司，企业从这类公司通过相关贷款程序获取小额贷款的融资方式。

（3）债务融资的适用性

银行贷款是企业选择最多的债务融资方式。银行针对跨境电子商务企业的传统贷款主要包括信用贷款和抵押贷款。银行通常只接受以固定资产如土地和房产的使用权为抵押物申请的抵押贷款。规模大的跨境电子商务企业，在信息对称性、金融制度、资产规模等方面能够满足银行的要求，因此，大型跨境电子商务企业或者从事跨境电子商务业务的传统制造企业申请银行贷款的难度较低，银行提供长期限、大规模贷款也能够满足这些企业的要求。

相比较而言，由于中小微型跨境电子商务企业过往的交易记录并不能成为说服银行对其进行放贷的依据，故银行等金融机构在面对这类跨境电子商务企业申请贷款时更存在“惜贷”的现象。因此，银行贷款对于跨境电子商务企业来说，不仅难以申请，更是存在期限长、成本高的弊端。同样的道理也适用于民间借款，虽然民间借款相对于银行贷款来说更加灵活便捷，但终因跨境电子商务企业为债权人带来的高风险而无法实现。

债权融资方式更适用于已经积累了相当规模和信誉优势的传统大型制造类企业，这类企业具备完善的财务制度和足够的资产规模,能够满足发行企业债券的条件。

民间借贷分为两部分。一部分是向亲朋好友所借的免息、无须担保或抵押物的贷款,资金到位比较及时,但资金量有限;另一部分是向亲戚朋友之外的资金方借款,一般不需要抵押,但有可能需要中间人担保,而且年化利息高,属于高利贷。如此高额成本的资金运营,几乎没有盈利空间,如非必要,一般不适用于跨境电子商务企业。

与银行相比,小贷公司的贷款门槛低,具有还款能力。能提供证明的借款者一般都能获贷,放款速度也比银行快。但是国内大多数小贷公司的融资比例仍为 50%,这使得小贷公司的放贷能力非常有限,制约了小贷公司的业务发展,相应的对小微企业的资金支持也受到限制。另外,小贷公司考虑自身的业务风险,对贷款条件也有一定的要求,而且贷款利息不低,并且对客户要求高,条件严,获贷客户少之又少,部分贷款利息已为高利贷的下限。对电子商务而言,作为临时周转资金尚可,长期使用难以负担。且多数电子商务无实力背景,缺乏必要的抵押品和担保人。

2)股权融资方式

(1)股权融资方式的定义

从资本市场上获得的融资即股权融资,是指企业通过出售或以其他方式交易公司的股份获得企业生产经营资金和发展资金的融资方式,所融入的资金可供企业长期拥有,自主调配使用,无须归还。

(2)股权融资方式的分类

股权融资模式包括股权转让、增资扩股、风险投资及私募融资 4 种方式。

①股权转让。在原股本规模下以一定的估值方式将一定比例的股权出让。

②增资扩股。指企业以原有的股本规模方式筹集更多的资金,让更多投资者成为股东,分享企业未来经营发展的收益。

③风险投资。通过提供资金支持和发展指导服务的形式帮助企业实现规范化和规模化发展,实现资本的增值,并采取一定的退出机制完成成本回收和收益获取。

④私募融资。通过非公开宣传,私下向特定少数投资者募集资金,在企业获得资金扩大经营规模后,投资者通过销售与赎回方式获取收益。

(3)股权融资的特点

与债务融资相比,股权融资不用承担到期还本付息的压力,具有一定的财务杠杆作用,增强了企业的抗风险能力,若能够吸引拥有特定资源的战略投资者,还可能产生协同效应,迅速壮大自身实力。

由于公开市场法规和机构投资的要求,股权融资需要建立较为完善的法人治理结构,只有发展到一定体量级的大规模跨境电子商务或者转型从事跨境电子商务的传统制造型企业能够满足这点要求,因此通过发行股票、增资扩股的方式筹集资金大多适用于这类企业。

一些跨境电子商务企业在快速成长的阶段中,专注于某一特定领域或展开具有差异性、创新性的特色项目,更能够获得风险投资机构的青睐。因此,只有发展到一定规模,在团队建设、核心竞争力、市场前景和资本运营上具有相当优势的企业才能够实现股权融资。

6.3 供应链金融服务

2018年跨境电子商务领域共发生16起融资案例,融资金额近125亿元人民币,这说明跨境电子商务产业链服务商逐渐获得了资本市场的认可与追逐。跨境电子商务行业经过整合洗牌之后,行业的整体方向将会发生转变,用户数量的竞争将不再是主要焦点,用户需求、自身供应链服务体系的更新完善、产品质量才是竞争主战场。可以说供应链是竞争中的关键资源。

6.3.1 供应链金融服务的概念及特点

基于跨境电子商务平台上的供应链金融,就是在一站式外贸服务的基础上将“贸易流、资金流、信息流、物流”等交易记录进行整合。所有交易流程,从建立订单、物流供应链管理、收结汇、退税等,都在跨境电子平台上进行,形成一个闭环,保障对“贸易流、资金流、信息流、物流”的实际可控,并通过这些交易数据的完整记录建立一个信用体系。从传统企业的本身风险评估体系转变为对其整个供应链的评估,降低中小企业的融资门槛,使其能够进入信用保险和融资机构的服务范围。

跨境电子商务供应链金融的特点是实现了金融电子商务化,把物流、资金流和信息流紧密结合起来。物流金融化、供应链数据化、交易标准化,标准化仓单、标准化抵押,平台专业化,各个平台都有自己的特点,有的是大型垂直类电子商务平台,有的是消费类垂直平台,总体而言,电子商务供应链金融的特点是以颠覆为核心,在企业的交易过程中供应链金融全程对资金、物流进行管控,实现了闭环管控。

跨境电子商务供应链对客户的价值如下:

第一,三流合一。即客户通过将外贸全流程展示在电子商务平台上,电子商务平台通过资金流、信息流和实物流的整合,与信用保险结合,降低客户的贸易风险。

第二,信用建设。客户通过跨境电子商务平台上交易信息的积累,形成了完整的信用记录,可以促进客户在未来的贸易中获得更多的信用和资金支持。

跨境电子商务平台供应链金融平台如图6-6所示。

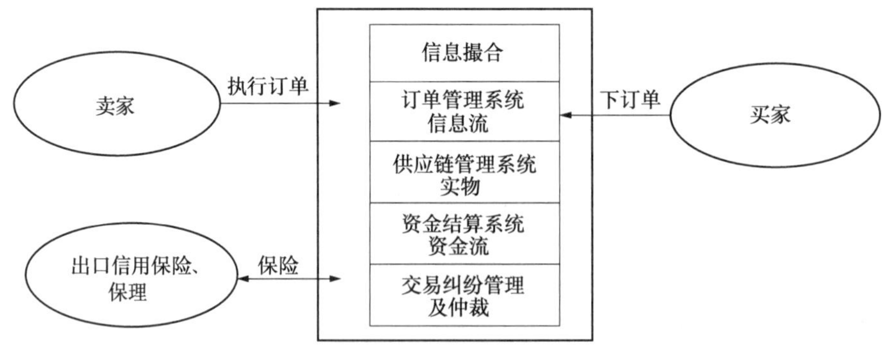

图6-6 跨境电子商务平台供应链金融平台框架图

从图 6-6 可看出，整个跨境电子商务从信息撮合、订单执行、物流服务、融资保险、结汇退税、交易保障形成了一个闭环。这个闭环可高效地解决中小企业实现信息不对称和融资难的问题，就是供应链金融。

6.3.2 跨境电子商务供应链金融的模式

基于上述信用体系的跨境电子商务供应链金融，主要有两种模式：

1）线上订单信用保险

线上订单信用保险是供应商（出口方）和采购商（进口方）通过跨境电子商务平台，达成订单之后投保出口保险，并将保单权益质押给银行之后，银行向供应商（出口方）进行贷款融资。采购方（进口方）付款，供应商（出口方）贷款到期还款，若采购商没有按时足额还款，由出口信用保险进行支付。

2）线上订单信用融资

线上订单信用融资分为线上订单买方融资和线上订单卖方融资。线上订单信用融资是指借款企业凭借应收或应付的电子订单，向银行申请贷款进行融资。它主要包括采购商和供应商向跨境电子商务平台提交授信资料，银行和跨境电子商务平台进行授信，双方生成电子订单并签章之后，通过跨境电子商务平台传送给企业。若为卖方融资，银行先发放贷款，供应商（出口方）进行交货，采购商（进口方）到期还款；若为买方融资，在供应商（出口方）发货之后，银行代替采购商（进口方）付款，采购商（进口方）到期还款。两种区别在于是“先货后款”还是“先款后货”。

6.3.3 跨境电子商务供应链金融的作用

在供应链参与方中，主要是以工厂—金融机构—监管仓（海外仓）—跨境卖家的链状进行发展，银行围绕核心企业，管理上下游中小企业的资金流和物流，并把单个企业的不可控风险转变为供应链企业整体的可控风险，通过立体获取各类信息，将风险控制在最低的金融服务。一般来说，一个特定商品的供应链从原材料采购，到制成中间及最终产品，最后由销售网络把产品送到消费者手中，将供应商、制造商、分销商、零售商直到最终用户连成一个整体。在这个供应链中，竞争力较强、规模较大的核心企业因其强势地位，往往在交货、价格、账期等贸易条件方面对上下游配套企业要求苛刻，从而给这些企业造成了巨大的压力。而上下游配套企业大多是中小企业，难以从银行融资，结果造成资金链十分紧张，整个供应链出现失衡。“供应链金融”最大的特点就是在供应链中寻找出一个大的核心企业，以核心企业为出发点，为供应链提供金融支持。一方面，将资金有效注入处于相对弱势的上下游配套中小企业，解决中小企业融资难和供应链失衡的问题；另一方面，将银行信用融入上下游企业的购销行为，增强其商业信用，促进中小企业与核心企业建立长期战略协同关系，提升供应链的竞争能力。在“供应链金融”的融资模式下，处在供应链上的企业一旦获得银行资金的支持，也就等于进入了供应链，从而可激活整个“链条”的运转；同时，借助银行信用的支持，还为中小企业赢得了更多的商机。“供应链金融”发展迅猛，原因在于其既能有效解决中小企业融资难题，又能延伸银行纵深服务的双赢效果。

6.4 跨境电子商务保险服务

跨境电子商务从用户感知的层面来看，只是一个下单、支付、物流派送的过程。但在底层的供应链层面，是一个非常复杂的体系，包括了海关报关清关、检验检疫、跨境运输、海外仓储、采购分销等环节。一个跨境电子商务订单需要经历 15 个环节才会到达消费者手中。跨境电子商务是一个很大的产业链，而非一个单一“场景”。这个产业链的不同环节存在着不同类型的风险点，需要分门别类地对这些风险进行缜密的分析和风险的管理，用户不会因为跨境消费的环节多、流程长等原因就为极差的购物体验买单，在跨境消费的过程中发生的退货、延迟、丢失、破损、假货等风险对于用户来讲都是不可控的，而这些不可控的因素往往会影响平台，跨境节点服务商的口碑。随着跨境电子商务交易额的不断增长，传统保险已无法满足跨境电子商务的需要。因此，对跨境电子商务保险的研究越来越有必要。

6.4.1 跨境电子商务保险的定义和特点

1）跨境电子商务保险的定义

跨境电子商务保险是指跨境电子商务平台引入保险机制，通过提供全方位的保险保障服务，降低交易过程中的风险，保障卖家的权益，从而达到简化交易环节、避免纠纷、提升买家购物体验的目的。

2）跨境电子商务保险的种类

根据保障的对象不同，跨境电子商务保险可分为卖家相关的保险、买家相关的保险和跨境电子商务货运保险三大类。

（1）卖家相关的跨境电子商务保险

①描述不符责任险：买家收到的实际货物与卖家在电子商务平台宣传的货物因颜色、尺寸、形状的不一致导致卖家退款的损失（商品条码一致）。

②物品延迟责任险：因货物延迟而导致卖家退款的损失。

③物品破损责任险：货物在运输过程中因自然灾害或意外事故造成外观的损坏。

④发错货险：买家收到的实际货物与卖家在电子商务平台宣传的货物不一致（商品条码不一致）。

跨境电子商务卖家保险对卖家主要有以下好处：

①增加了卖家的信誉度。全球调查显示，跨境电子商务的买家普遍担心的是实物与网站图片不一致。完善的售后服务是买家非常在意的。当买家看到网站上精美的货物图片正在犹豫或者质疑时，一句“Be insured”相当于给客户吃了一颗定心丸。

②减少风险损失。帮助卖家从容应对退款风险。无论是海关、罢工、天气等意外原因造

成的损失还是卖家自己增加SKU、扩大销售区域所产生的风险，或者境外买家对物品的颜色、尺寸、外观等不满意导致的退款都可以得到补偿。

③提高重复购买率。打折、退款是消除不满和提高重复购买率的有效手段。如果卖家遇到“描述不符、延误、破损、发错货、海关查验”等都能获得快速理赔时，卖家对买家打折、退款的速度一定快得多，进而让买家对卖家的重复购买率大大提升。

④减少卖家售后服务成本。卖家买了订单保之后，当遇到买家对卖家的各类不满，售后服务所做的事情就是：立即打折、少解释，高效率。这样就不用不断跟买家解释，需要的售后服务会少很多。

(2)买家相关的跨境电子商务保险

①正品险。正品险是天猫携手蚂蚁金服，与中国人保、平安产险等保险公司推出“天猫品质保证险”等一系列普惠保险项目之一，如果消费者在天猫平台购买到假冒商品，将无条件获得退货退款支持，并可以获得4倍赔偿。这是天猫在2012年推出“退货运费险”后，再次升级的消费者保障。“购物送险”已逐渐成为电子商务最新标配服务。在正品险的基础上，2015年8月，作为全国首批跨境电子商务试点城市，宁波跨境购平台联合人保推出了跨境购进口商品“正品保障体系”；2015年11月，跨境电子商务“美篮子”牵手人保财险提供货运和质量保障。

目前，保险公司与跨境购平台应共同搭建电子商务信用体系，将电子商务投保产品质量保证保险及理赔情况纳入电子商务信用体系中，逐步建立电子商务资信分类评级系统，实行优胜劣汰，对规范电子商务企业经营起到促进作用。作为全国唯一国家保险创新综合示范区，宁波在跨境电子商务方面创造性地提出了“正品保障体系”。宁波跨境购平台将全部跨境产品进行投保，由保险公司直接承担跨境进口商品质量风险。

②原产地保证险和产品责任险。无论是因产品发生意外事故导致人身伤亡或财产损失，如国内的婴儿吃了国外的奶粉腹泻不适，国内消费者使用了进口护肤品引起过敏反应等，还是非原产地生产如产品品质、成分与包装标识上的品质、成分不符等，都将为消费者提供赔付保障。

跨境进口电子商务产品的原产地归属，产品的质量和产品的运输时效是终端消费者们最为关心的问题，如果有保险公司为进口电子商务的商品承保“产品责任与原产地保证险”，则大大增加了进口电子商务的信誉度(毕竟保险公司的信誉度远远超过进口电子商务的信誉度)。

(3)跨境电子商务货运保险

目前，跨境电商商务的主要货运方式是邮政小包，其货运保险目前的种类是跨境邮包运输险。

以邮包方式将货物发送到目的地可能通过海运，也可能通过陆上或航空运输，或者经过两种或两种以上的运输工具运送。不论通过何种运输工具，凡是以邮包方式将贸易物货运达目的地的保险均属邮包运输保险。邮包运输险按其保险责任分为邮包险(parcel post risks)和邮包一切险两种。前者与海洋运输货物保险水渍险的责任相似，后者与海洋运输货物保险一切险的责任基本相同。

邮包保险的保障范围如下：

①被保险邮包在运输途中因恶劣气候、雷电、海啸、地震、洪水等自然灾害，或因运输工具遭受搁浅、触礁、沉没、碰撞、倾覆、出轨、坠落、失踪，或因失火爆炸意外事故所造成的全部或部分损失。

②被保险人对遭受承保责任内危险的货物采取抢救，防止或减少货损的措施而支付的合理费用，但以不超过该批被救货物的保险金额为限，邮包一切险的责任除上述邮包险的各项责任外，还负责被保险邮包在运输途中因外来原因所致的全部或部分损失。邮包运输货物保险的除外责任和被保险人的义务与海洋运输货物保险相比较，其实质是一致的。其责任起讫为自被保险邮包离开保险单所载起运地点寄件人的处所运往邮局时开始生效，直至该项邮包运达本保险单所载目的地邮局，自邮局签发到货通知书当日签发起算满十五天终止。但是在此期限风邮包一经交至收件人的处所时，保险责任即行终止。

邮包运输通常须经海、陆、空辗转运关，实际上是属于“门到门”运输，在长途运送过程中遭受自然灾害、意外事故以及各种外来风险的可能性较大，寄件人为了转嫁邮包在运送过程中的风险损失，故须办理邮包运输保险，以便在发生损失时能从保险公司得到承保范围内的经济补偿。

6.4.2 跨境电子商务保险的发展现状

1）跨境电子商务保险服务的必要性

针对跨境电子商务的风险点，跨境电子商务保险的相关企业开发了很多新类型的产品，形成了海关报关清关、检验检疫、跨境运输、海外仓储及采购分销五大类产品体系，统称“跨境电子商务生态保险”。目前，跨境电子商务生态保险包括建设跨境电子商务一体化的风险管理方案、二维码溯源体系、商品正品保障体系、食品质量安全体系及跨境电子商务企业信用评级体系等。跨境电子商务保险的主要作用就是通过互联网技术对接商户平台和保险公司系统，能为跨境企业降低经营风险，为监管方降低监管风险，为终端消费者提供更可靠的商品保障，进而推动跨境产业进一步发展。

2）跨境电子商务保险的现状

目前，国内保险公司针对跨境进口商品的产品质量保证的险种还比较少。大多数情况下，国内销售商借用保险公司名义，固定缴纳一笔保费或事先约定固定赔付率，而实际质量问题的理赔则由电子商务自己处理和赔付，并没有提高商家偿付能力。

作为全国唯一国家保险创新综合示范区，宁波在跨境电子商务方面创造性地提出了“正品保障体系”。宁波跨境购平台将全部跨境产品进行投保，由保险公司直接承担跨境进口商品质量风险。

6.4.3 跨境电子商务保险发展的趋势

跨境电子商务保险面临的问题及痛点较多，例如，难以完成跨境多流程、多环节的定损、定责；不同国家的多币种投保及理赔结算处理；难以把控恶意欺诈及道德风险。因此目前的跨境电子商务综合服务平台联合保险公司将通过区块链等先进技术，解决跨境电子商务保险行业的痛点。

1）通过分布式记账技术，降低保险欺诈与理赔渗漏

避免信息可篡改和伪造风险，承保的商品、物流、通关、支付等交易信息真实可靠，从而防范任何环节的信息造假，防止因信息流不透明所导致的保险欺诈行为以及人为骗保导致的理赔渗漏。

2）通过智能合约，根据预先设定的规则，实现保险的自动理赔

可将所有的保险产品通过智能合约的形式写入区块链平台，当购买了此保险产品的商户在线上发起理赔时，通过AI定损技术判定赔付结果后，直接触发智能合约中预先设定的理赔规则，自动支付理赔款，从而实现了自动理赔。

3）通过区块链数据不可篡改及加盖时间戳的特性，为跨境电子商务增加信用保证保险，促进订单转化率

在跨境电子商务领域，对商品真伪的质疑无疑是圈内一直存在的痛点。虚假发货、篡改商品和物流信息、伪造商品身份等皆为市场投机分子的惯用手段。通过区块链有关商品的所有环节数据无法篡改并加盖时间戳的特性，为跨境电子商务的所有商品都打上了身份标签，通过信用保证保险产品作为智能合约，双重保障可大幅提升跨境电子商务的商品真伪保障和品质保证。

总之，跨境电子商务保险服务相关公司将以去中心化的存储、交换跨境电子商务生态中各种商品流转及交易信息的区块链技术与保险协议，构建高度信任、高度自治的经济体制，安全、透明、高效的存储商品的产品信息、交易信息及流通信息，贯穿商品制造、来源、销售直至售后整个生命周期，构建面向未来的跨境电子商务基础设施生态。

【本章小结】

本章首先介绍了跨境电子商务金融服务中的支付服务的工具、流程；其次从概念、融资需求和融资分类等方面介绍了跨境电子商务的融资金融服务；然后介绍了跨境电子商务金融供应链服务的概念、特点以及供应链服务的模式；最后从种类、发展现状和趋势等方面介绍了跨境电子商务保险服务。

【思考题】

1. 跨境电子商务的支付方式都有哪几种？
2. 跨境电子商务贸易融资的方式有哪些？
3. 跨境电子商务供应链金融的作用主要表现在哪几个方面？
4. 什么是邮包保险？邮包保险的保障范围主要有哪些？

【实践训练】

“空中云汇”结合先进的多币种分布式账本、机器学习算法，点对点结算，为机构及商户提供资金高效、信息透明、全额到账的外汇及支付解决方案。

2018 年 5 月 2 日，空中云汇宣布获得腾讯领投、红杉资本中国基金、MasterCard（万事达）投资的数千万美元 A 轮融资，Pre-A 轮投资人戈壁创投追加投资。

根据所学的内容及上述资料，完成以下练习：

1. 请查阅“空中云汇”的相关资料，说明空中云汇跨境支付业务的主要特点。

2. 说明“空中云汇”能够获得投资机构金融支持的主要原因。

第 7 章

跨境电子商务综合服务

【导入案例】

东信高新科技孵化园:培育电子商务"掘金"厚街制造

广东东莞市首家民营跨境电子商务平台线下实体店——东信高新科技孵化园于2015年6月30日举行开业仪式,这是东莞市首个专注开拓跨境电子商务全球进出口业务、搭建网上跨境电子商务双向交易的综合服务平台。

作为全国第一外贸大省,广东跨境电子商务发展良好,交易额占全国总额七成。东莞作为世界闻名的制造业城市,近年来更是通过多种措施,引导外企通过跨境电子商务等新方式,拓展海外市场,成了广东跨境电子商务发展前沿城市。

该平台的负责人告诉记者,不管是从制造业基础还是外向型经济的主导模式,还是从外贸思维和文化积淀等来看,"世界工厂"东莞有着很好的基础。对比国内其他跨境试点城市,东莞在资源禀赋、区位优势、产业链条和配套服务等方面也有相对突出的竞争力。他们之所以选择在这里搭建首家民营跨境电子商务综合服务平台,就是看好东莞跨境电子商务未来发展潜力。

该负责人表示,企业自2013年开始从传统外贸企业转型而瞄准跨境电子商务业务。于2015年投资建立了东信高科技孵化园,搭建网上跨境电子商务双向交易服务平台,专注全球进出口业务。出口平台定位"世界工厂"的跨境批发平台,网上销售的商品直接来自制造业工厂,帮助东莞制造走向全球。进口平台则专注于海外优质正品,依靠虎门港保税监管仓及东莞临近自贸区的优势,让更多的海外优品通过正规、阳光的渠道走进千家万户。

据介绍,东信跨境电子商务综合服务平台线下实体园区——东信高科技孵化园拥有领先的物流仓储系统,采用OMS和WMS系统实现海关前置监管,本地仓和海外仓联动作业,并与海外物流DHL、日本FC等合作,日处理量可达5万~10万件。

思考:

1. 东信高科技孵化园跨境电子商务双向服务交易主要表现在哪几个方面?
2. 东信高科技孵化园如何培育跨境电子商务"掘金"厚街制造?

7.1 跨境电子商务综合服务概述

近年来，跨境电子商务在信息技术的推动下快速发展，为国际贸易带来了巨大机遇。数据显示，2017 年通过中国海关跨境电子商务管理平台的零售进出口总额达到 902.4 亿元，同比增长 80.6%，跨境电子商务作为新兴业态正在中国蓬勃兴起。

当前影响跨境电子商务发展的最大障碍就是金融和物流服务的缺失，打通中小企业和金融、物流机构之间的障碍，让小微企业也能够得到优良的金融和物流等专业化服务，必须通过一大批以跨境电子商务为先导的全球整合型供应链服务平台来整合资源，化零为整才可能最终实现。

早在 2013 年 7 月 24 日，国务院常务会议推出“外贸国六条”。随后，国务院办公厅又出台 83 号文件——《关于促进进出口稳定增长，调结构的若干意见》，其中第九条意见中指出：民营企业结构调整、重组兼并、管理改善，充分发挥外贸综合服务的作用，为中小企业出口提供通关、融资、退税等服务，抓紧研究促进外贸综合服务企业发展的支持政策。在此背景下，天猫国际、京东全球购、苏宁海外购等传统电子商务占据大部分市场份额，也有像敦煌网、兰亭集势、蜜芽、洋码头等外贸企业与电子商务企业的融合，从而促进了我国外贸企业的转型与发展。

7.1.1 跨境电子商务综合服务的定义及特征

跨境电子商务综合服务是指以中小企业为服务对象，以电子商务为工具，以进出口业务流程服务外包为内容，以供应链服务平台为依托，采用流程化、标准化服务，为中小进出口企业提供一站式通关、物流、退税、外汇、保险和融资等政府性服务和商业性服务。跨境电子商务综合服务具有以下 3 个特征：

1）主要服务对象为国内的中小微进出口企业

跨境电子商务综合服务的对象主要是国内外的中小型外贸企业、中小型跨境电子商务企业、跨境电子商务平台卖家。由于上述企业的外贸业务量不是很大，对外贸流程的处理不是很多，但外贸流程处理专业性很强，中小微企业设置诸多岗位的成本较高。因此，通常选择将相关外贸流程业务外包给跨境电子商务综合服务企业。

2）提供一站式服务

跨境电子商务综合服务企业深入服务企业交易流程，根据流程环节建立服务模型，依托互联网和 IT 技术，为中小微型外贸企业提供快捷、低成本的通关、外汇、退税及配套的物流、金融服务，以电子商务的手段，解决中小微外贸企业的服务难题，这“一揽子”外贸服务解决方案即为“一站式”外贸综合服务。

3）创新的盈利方式

跨境电子商务综合服务企业打通了传统企业以降低成本赚取差价的盈利方式，立足于整个产业链，各环节的企业都成为一个利益共同体，主要提供资金、信息、物流等增值服务，凭借信息、专业知识和人力资源来赚取增值利益,创造了新的盈利方式。把复杂的进出口流程标准化,把分散的进出口服务资源集约化,形成以服务为核心的全球供应链服务体系。主要的服务内容包括国务院六条措施中所指的融资、通关、物流、退税以及保险等外贸的必要环节和一些增值类服务。

7.1.2 跨境电子商务综合服务平台的分类

根据跨境电子商务综合服务的侧重点不同,跨境电子商务综合服务平台可以分为 3 大类:跨境电子商务通关服务平台、跨境电子商务公共服务平台和跨境电子商务综合服务平台,见表 7-1。

表 7-1 三大跨境电子商务服务平台对比

平台名称	概 念	服务对象	监管部门	建设意义
跨境电子商务通关服务平台	为外贸企业进出口通关提供便利服务	传统中小型外贸企业、跨境进出口电子商务企业	海关总署、地方海关	应对外贸订单碎片化趋势、小包裹、小订单急剧增多,政策空缺、无监管实施的对策之一
跨境电子商务公共服务平台	对接各政府部门监管统计系统的公共信息平台	传统中小型外贸企业、跨境进出口电子商务企业	海关、国税局、外管局、商务局、外经贸委和经信委	沟通政府职能部门,对接海关通关服务平台,是政府职能部门面向外贸企业的服务窗口
跨境电子商务综合服务平台	囊括了金融、通关、物流、退税、外汇等代理服务	传统中小型外贸企业、跨境进出口电子商务企业、跨境电子商务平台卖家	企业自建	为中小型外贸企业和个人卖家提供一站式服务,属于新兴的代理服务行业

1)跨境电子商务通关服务平台

根据海关总署出台文件,明确指出电子商务企业和个人可运用跨境电子商务通关服务平台进行分送集报、结汇退税。“跨境电子商务通关服务平台”一词开始受到业内广泛关注。

跨境电子商务通关服务平台就是指为外贸企业进出口通关提供便利服务的系统平台。海关总署相关文件发布之后,地方海关为鼓励跨境电子商务发展各出其政,政策分散导致通关流程各不相同。海关总署建设全国统一版通关服务平台,意在统一报关流程。该平台上的数据直接对接海关总署内部系统,节省报关时间,提升通关效率。

跨境电子商务通关服务平台的主要服务对象是传统中小微型企业以及跨境进出口企业。

跨境电子商务通关服务平台的主要监管部门是海关总署和地方海关。

跨境电子商务通关服务平台的货物通关采用“三单对比”的方式进行监管,“三单”指跨境电子商务企业提供的报关单、支付企业提供的支付清单、物流企业提供的物流运单。“三单”数据确认无误后即可放行。

跨境电子商务通关服务平台建设的意义:跨境电子商务通关服务平台是海关总署在应对目前外贸订单碎片化趋势明显,小包裹、小订单急剧增多,政策空缺无监管实施的对策之一。此平台的建立,将企业数据与海关数据进行匹配,从而达到监管的目的。

从目前统一版通关服务平台来看,服务对象主要还集中在小包裹出口领域。但从实际操作上来看,小包裹主要是个人或小卖家习惯使用的进出口方式,而使用通关服务平台会在短时间内增加成本。随着跨境电子商务通关服务平台的普及应用,以后其服务的大部分对象应该是进出口规模较大的外贸企业小订单业务。外贸企业拥有常态化发展的需求,小订单较小包裹也更易于监管统计。

2)跨境电子商务公共服务平台

随着跨境电子商务交易额规模的不断扩大,各地政府均推出了各种各样的地方性鼓励政策,这些政策多以鼓励、统计、监管为目的。传统外贸商品进出口涉及的政府监管部门较多,容易造成各政府部门之间出现数据不匹配的情况。尤其是跨境电子商务零散包裹和小订单的增多使该现象日益加剧。各地政府亟须一个平台能对接各个政府部门的监管统计系统,确保数据统一,于是跨境电子商务公共服务平台应运而生。

跨境电子商务公共服务平台中“公共服务“的含义具有双向性,一方面为各地政府的职能部门之间搭建公共信息平台;另一方面是服务于众多外贸企业。规范化的外贸涉及环节众多,涉及海关(检验检疫)、国税(纳税退税)、外管局(支付结汇)、商务局或外经贸委(企业备案、数据统计)等政府职能部门及银行结汇等,传统外贸企业需一一对接。跨境电子商务行业因其碎片化订单的特殊性,如每笔订单都重复与职能部门对接将成为极其繁重的工作。另外政府职能部门之间也需要一个公共区域共享企业上传的数据,并进行数据采集、交换对比、监管等工作。于是由政府主导建立的公共服务平台就解决了上述问题。

跨境电子商务公共服务平台的服务对象是传统中小型外贸企业和跨境进出口电子商务企业。其监管部门是海关、国税局、外管局、商务部、经信委等政府职能部门。

与通关服务平台相比,地方性的跨境电子商务公共服务平台也采用“三单对比”的方式进行监管,“三单”手续齐全并经监管认可,才可享受正常的结汇退税。目前公共服务平台均由各地政府自行建设,并无全国统一版本,服务内容有所差异,操作界面也稍有不同。

跨境电子商务公共服务平台作为政府层面建设的平台,除沟通政府职能部门之外,一些地方平台还能直接对接海关的通关服务平台。公共服务平台不仅在政府职能部门之间形成了一个交集圈,更是政府职能部门面向外贸企业开设的一扇服务窗口。

目前各地跨境电子商务公共服务平台的主要服务对象集中于小包裹的进出口领域,使用价值并没有完全发挥出来。随着跨境电子商务的规模及领域不断扩展,跨境电子商务公共服务平台真正的服务对象应该是进出口规模较大的跨境电子商务小订单业务,才能展现其真正价值。

3)跨境电子商务综合服务平台

随着国家对跨境电子商务监管政策日渐明朗,各地海关和政府逐渐收紧监管缺口,一些传统中小型外贸企业和跨境电子商务平台个人卖家面对新的监管逐渐产生了不适应和紧迫感。这部分外贸企业单位具有一个共同特点,长期使用邮政运输,在税务上不征不退,对规范化业务链条不够熟悉。而一些大型跨境电子商务企业在对接政府、海关等部门,处理跨境电子商务长链条环节上出现的问题具有丰富的经验,于是孕育了一批由大型跨境电子商务企业建设的跨境电子商务综合服务平台。为部分中小外贸企业和个人卖家提供代理服务。

跨境电子商务综合服务平台囊括了金融、通关、物流、退税、外汇等代理业务。跨境贸易的链条很长,涉及的操作环节众多,对于传统外贸的中小外贸企业和个人卖家来说难以独立完成。综合服务平台的出现可以一站式解决这部分企业遇到的外贸问题,是真正服务于企业的平台。

跨境电子商务综合服务平台的服务对象是传统中小型外贸企业、中小型跨境电子商务外贸企业和跨境电子商务平台上的个人卖家。综合服务平台一般由企业投资建设,具有品牌公信力的大型综合服务平台功能比较齐全,解决问题的能力比较强,对于其客户而言具有较强的吸引力。

跨境电子商务综合服务平台是企业层面建设的平台,以"为中小型外贸企业和个人卖家提供一站式服务"为基础,衍生出了一个新兴代理服务行业。在降低外贸门槛,处理外贸问题、降低外贸风险等问题上提供了便利和解决方案。目前该平台适用于小包裹、小订单等多种业态,随着跨境电子商务行业的发展,这类平台也将随之拓展出更深层次、更专业的服务,发展潜力比较大。

从以上分析可以看出,跨境电子商务通关服务平台、公共服务平台、综合服务平台是从3个不同层面出发建设的平台(通关服务平台对应的是海关,公共服务平台对应的是政府,综合服务平台对应的是企业)。3种平台之间相互联系(见图7-1),形成信息数据之间的统一交换和层层传递,无论是跨境电子商务企业或是个人卖家,都需要对这些平台进行充分的了

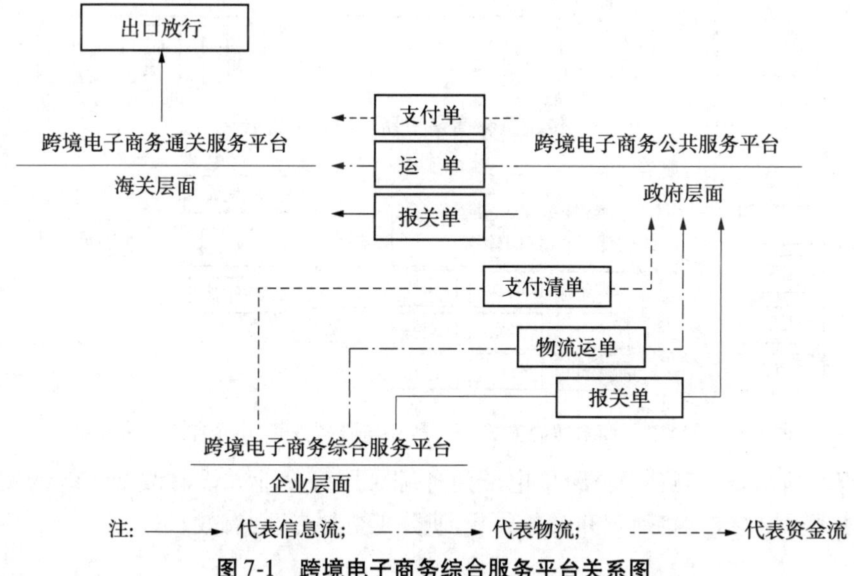

图7-1 跨境电子商务综合服务平台关系图

解。随着跨境电子商务相关扶持政策的落实,各地的跨境电子商务通关服务和公共服务平台将会更加高效和完善,而市场上跨境电子商务综合服务平台也将朝着多样化和专业化的趋势发展。

7.2 跨境电子商务综合服务企业的作用

7.2.1 跨境电子商务综合服务企业的本质

传统的贸易商是贸易与服务的混合体,商品的交易价值由商品价值和流通成本构成。流通成本又包括物流、资金、商检、外汇、关务、中间贸易商的沟通成本以及因业务操作不规范或者操作失误而导致的其他成本。传统外贸业务重,贸易流程复杂、贸易商需要和贸易涉及的海关、税务、商检、银行、物流等政府和企业多头对接,因外贸企业良莠不齐,这种分散的、多窗口对接给政府和企业带来低效和高成本工作。

互联网背景下,出现了新的对外贸易业态,跨境电子商务以及基于单一窗口/外贸综合服务平台的跨境电子商务综合服务,将贸易和服务分开,对接商检、税务、海关、法律、外汇等政府性服务和银行、保险、运输等商业性服务,重新组合与贸易相关的各个环节服务,运用互联网IT技术打通与各环节窗口、数据的对接,从而实现集约化、标准化、规模化、规范化的外贸综合服务,重构全球贸易的价值链,并据此进行新的价值创造,如图7-2、图7-3所示。

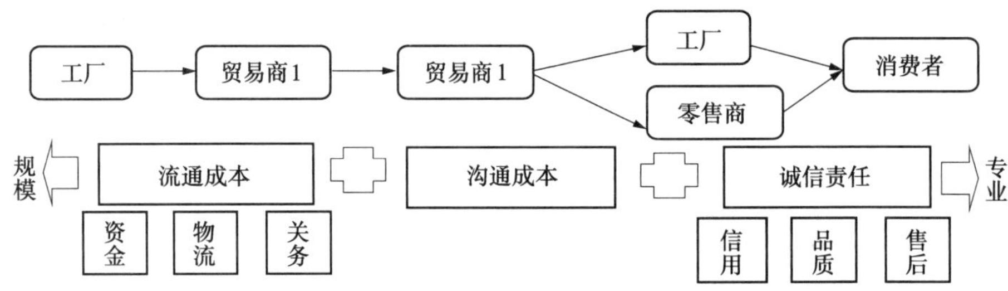

图7-2 传统贸易商是贸易与服务的综合体

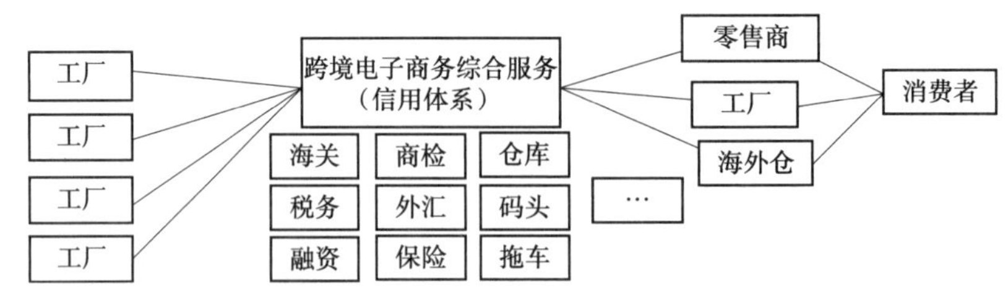

图7-3 跨境电子商务贸易方式——贸易与服务分开,小企业享受大服务

如图7-4所示,从本质上看,跨境电子商务综合服务企业并没有改变传统的贸易流程,只是运用互联网IT技术将外贸和服务分开,使分工更加专业、有效。

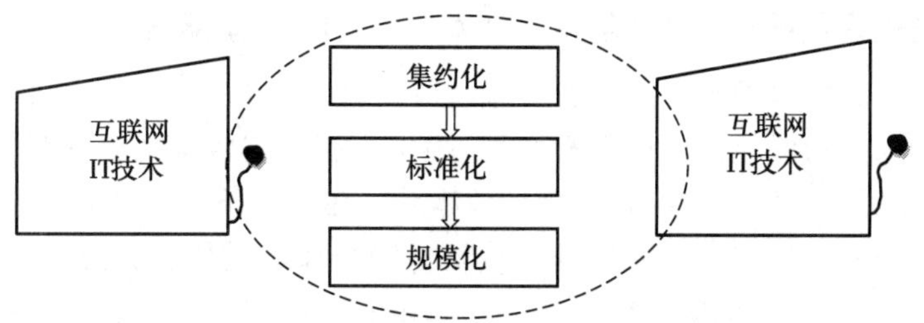

图 7-4　跨境电子商务综合服务的本质

7.2.2　跨境电子商务综合服务平台的运行机制

跨境电子商务综合服务企业就是利用信息化手段整合传统外贸供应链中的各环节资源,在合规的前提下,进行标准化作业,缩短供应链,为广大中小微外贸企业提供信息、物流、通关、外汇、退税、金融等一体化全流程管控的跨境电子商务综合服务平台。其运行机制如图 7-5 所示。

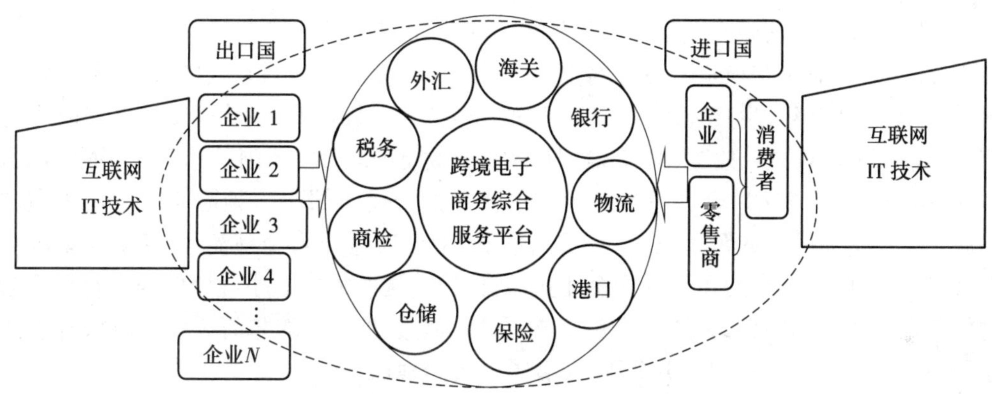

图 7-5　跨境电子商务综合服务企业的运行机制

7.2.3　跨境电子商务综合服务平台的价值创造

1)为中小企业降低流通成本,提高竞争力

目前非制造成本占我国企业经营成本的 45%,外贸出口综合物流开支占比高达 30%,是其他国家的 1 倍以上,严重影响了我国企业的国际市场竞争力。集约化、标准化、规模化的外贸综合服务平台是以电子商务平台为载体,为中小企业提供进出口贸易过程中的“通关、物流、金融”等具有共性的交易流程外包服务。通过标准化、规模化、信息化的操作模式提升服务效率,降低企业运营成本。具体来看,实施供应链管理外包可以将运输成本下降 5% ~15%,将整个供应链的管理运作费用下降 10% ~25%;最高资质的通关速度能规避交货期延误的风险,可使企业的准时交货率提高 15%,订单处理周期缩短 25% ~35%。北美和西欧的经验数字表明,供应链管理外包可以使现金周期分别缩短 19.6% ~26.7%。

2）基于服务交易数据建立企业信用保障体系，创造其金融服务价值

跨境电子商务综合服务平台运用自身系统处理能力，将在其平台上进行服务交易所沉淀的数据作为企业信用保障额度的累积数据，为中小企业提供集监管、申请、投放、还款、放贷等贷前、贷中和贷后一体化的综合资金管理体系。在一定条件下，此信用保障额度累计数据还将作为平台帮助供应商向买家提供跨境贸易安全保障的依据，形成中小企业商业信用基础。另外，还可以为金融机构进行信息采集提供有效的存贷依据，降低贷款风险，并且跟进贷后资金运营监控，保证资金应用方向。能够全面激活中小企业的融资系统，有效缓解中小企业生产运营资金压力，帮助银行改变传统以“存贷差”为主的盈利模式，扩大银行业务对象和范围。

7.2.4 跨境电子商务综合服务企业的作用及战略意义

1）跨境电子商务综合服务企业的作用

（1）支持外贸转型升级，扩大贸易参与群体

当前中国外贸的核心问题不是产品制造的问题，也不是海外市场需求的问题，而是配套外贸服务的问题，对于跨境电子商务的主体——中小微企业而言最重要的是金融服务问题。中国对外开放 40 多年，生产能力、产品配套都已经得到了长足发展，然而交易方式依然是 30 年前的现款现货的模式（现今国际上信用付款的比例越来越高，美国已达 75%，而中国只有 10%，中小企业低于 3%），金融缺失所导致的落后的交易方式极大地阻碍了中国外贸的健康发展。像一达通一类的跨境电子商务综合服务平台通过介入交易流程，获取交易环节及信息，以第三方服务平台的角色验证企业贸易真实性，从而解决中小微企业与银行等金融机构之间信息不对称的问题，打通了金融机构与中小微企业之间的障碍。将金融服务引入跨境电子商务交易平台的外贸服务流程，突破了外贸的地域性，扩大了外贸参与群体。

（2）有利于中小微企业商业信用的建立

企业商业信用，尤其是中小企业商业信用的缺失一直是中国社会经济的一个难题，也是中小微企业融资难的根源所在。像一达通这样的跨境电子商务综合服务平台深入中小微企业跨境贸易的各个关键环节中，采集最为真实全面的交易信息，并将这些宝贵的信息传递给银行用于融资分析和执行。随着企业交易的重复进行，这些信息不断累积信用基础，可以全面激活中小微企业的融资系统。

（3）帮助中小微企业降低成本

跨境电子商务综合服务企业大多拥有专业的通关、物流、税务、金融、法务人员为企业处理通关、物流、外汇结算等全套业务流程，极大地提高了中小微企业进出口业务处理能力，提升了外贸效果。依托平台整体规模优势，通过对物流、金融、保险等各方面资源的整合，改变中小微企业个体规模小、需求分散，金融、物流、通关、渠道等服务环节严重缺少议价能力的现状，降低中小微企业外贸交易成本。通过把服务引入企业经营中的方式，帮助企业返回核心竞争力的建立。

2）发展空间与战略意义

我国已经进入经济转型和产业升级的关键期，跨境电子商务综合服务企业有很大的发

展空间，此类企业可以通过整合资源、创新交易模式、提供跨境电子商务企业的服务外包，帮助制造业特别是中小微企业实现业务管理流程升级，重塑核心竞争力，带动第三方服务业，提升中国产业的国际竞争力和定价话语权，发挥助推产业转型升级的引擎作用，从而拓展出巨大的市场发展空间。

(1)助推中国制造的转型升级

经过30多年的发展，中国的制造能力已非常强大，产品性价比无法比拟，信息化建设也取得显著成效，海内外信息不对称的问题基本上得到解决，当前影响外贸发展的最大障碍是金融和物流服务的缺失，尤其是中小微企业更突出表现为："不是没有订单，而是接了订单做不了业务"。打通中小微企业和金融、物流机构之间的障碍，让小微企业也能够得到优良的金融和物流等专业化服务，必须通过一大批以电子商务为先导的全球整合型供应链服务平台来整合资源、化零为整才可能最终实现。类似一达通这样的跨境电子商务综合服务平台的供应链有利于降低企业进出口及管理成本，能增加企业的议价空间，全面的付款方式(TT/LC/OA)能增加企业的接单能力，最高资质的通关优势帮助企业准时交货。同时，海关、商检、国税等外贸监管部门也可以借助民间服务机构来服务中小企业和控制监管风险。

(2)推进区域经济布局的变化

我国外贸企业主要集中在沿海发达地区，"珠三角+长三角"占比70%，土地及人工成本增长将必然使得生产企业向内地转移，而内地服务业落后是制约其外贸发展的重要因素，以"跨境电子商务综合服务企业"支持外贸发展，可大范围辐射内地市场，优化区域经济布局，缓解其服务业落后的瓶颈制约。

对于进口，也可通过类似一达通这样的跨境电子商务综合服务平台，解决海外企业开展对华出口，不熟悉中国的法律、进出口规则等难题，使得海外商家开展对华出口与对其他海外国家一样方便。

(3)助推第三方服务业发展升级

跨境电子商务综合服务平台通过搭建的类公共平台(进出口服务管理系统)，将服务流程环节通过互联网接驳到各监管部门，涉及银行、海关、商检、国税等。通过IT化的模式，完成进出口服务的电子化操作。整合外贸、金融、物流等服务资源，用信息化工具吸引信用认证、法律支持、外贸咨询、供应链管理等更多的贸易配套服务资源，通过服务接包和转包，助推我国第三方专业化服务业的发展壮大，并通过打造"平台化国际贸易服务中心"，掌握物流、结算话语权，助推国际物流中心和金融中心建设。

(4)为宏观调控和政策制定提供参考

跨境电子商务综合服务平台不仅是商业性的平台，同时因掌握大量中小企业进出口真实数据和信息的服务平台而兼具类公共平台的属性和价值。可以通过统计、分析和研究大量的、频繁的、真实的动态数据，监控中小企业在对外贸易活动中的状况，掌握中小微企业动态的外贸景气状况和资金压力状况，为政府宏观调控和政策制定提供参考。

7.3 跨境电子商务综合服务平台简介

2013年8月国务院办公厅发文指出，要充分发挥外贸综合服务企业的作用，为中小企业出口提供通关、融资、退税等服务,抓紧研究促进外贸综合服务企业发展的支持政策。文中第一次提出"外贸综合服务企业",自发文起至今,涌现出了众多优秀的外贸平台。本章主要以深圳一达通平台为例来说明跨境电子商务综合平台的相关内容。

7.3.1 跨境电子商务综合服务平台的定义

跨境电子商务综合服务平台是指依据一般贸易进出口专业服务能力,依托互联网和 IT 技术,把复杂的进出口流程标准化,把分散的进出口服务资源集约化,形成以服务为核心的全球供应链服务体系。主要的服务内容包括国务院六条措施中所指的融资、通关、物流、退税、保险等外贸的必须环节,以及一些增值类服务。

例如,杭州某家具企业要出口产品至美国,它需要分别找报关行、拖车、海运、银行、保险等完成支付并实现结汇,这就是"一条链路"。如果把这些都外包给跨境电子商务综合服务平台(一达通),这条链路就会"被标准化",即用哪家银行、哪家船公司、什么监管条件、多少费用、多长时间完成等都会被录入系统。然后可以让更多杭州需要发货至美国的外贸企业走这条链路,以集约化的规模获得更好的服务和议价能力。跨境电子商务综合服务平台的盈利主要来自服务的批发和零售。

深圳市一达通企业服务有限公司是阿里巴巴旗下外贸综合服务平台,也是中国专业服务于中小微企业的外贸综合服务行业的开拓者和领军者。在过去的十余年中,通过线上化操作及建立有效的信用数据系统,一达通一直致力于持续地推动传统外贸模式的革新。通过整合各项外贸服务资源和银行资源,一达通目前已成为中国国内进出口额排名第一的外贸综合服务平台,为中小企业提供专业、低成本的通关、外汇、退税及配套的物流和金融服务。由于一达通参与了全程的贸易,掌握了真实有效的贸易数据,在 2014 年,阿里巴巴集团全资收购了一达通,并将一达通列为阿里巴巴打造外贸生态圈中的重要组成部分。基于这些贸易大数据的应用,阿里巴巴集团开始打造信用保障体系,为海外买家的生意保驾护航。

除此之外,加入阿里巴巴后,一达通也开始更茁壮地发展。在其原有产品线外,一达通还与中国 7 家主要商业银行合作,根据中国供应商的出口数据提供纯信用贷款的金融服务。在物流方面,通过整合船公司和货代资源,一达通为客户提供安全及价格 100% 透明的整柜拼箱服务。

阿里巴巴一达通秉承"客户第一、拥抱变化、团队合作、诚信、激情、敬业"等企业文化价值观,立足中国,放眼世界,致力于成为全球卓越的外贸综合服务平台。

7.3.2 一达通综合服务平台的服务模式

目前,跨境电子商务综合服务平台跟其他服务企业的模式有两种:一种是"1+N"模式,"1+N"中的"1"指的是处于跨境电子商务供应链中的核心企业,"N"是核心企业上下游之间的其他成员企业。"1+N"是金融实践论的产物,即着重从整体与部分之间,整体与外部环境之间的相互联系、相互作用、相互制约中综合精确地考察对象,并定量地处理它们之间的关系,以达到最优化处理,很多小企业是依赖一个核心企业生存的,企业之间的关系不是厂家间的堆积,而是一个生态群的整合。另一种模式是一达通的"N+1+N"模式,第一个"N"代表国内中小企业，第二个“N”代表海外商家，中间的“1”指一达通作为两者之间的服务环节所提供的一站式服务，如商检、税务、海关、法律、外管等政府性服务，以及银行、保险、运输等商业性服务。“N+1+N”与已成熟的“1+N”模式有两个方面的不同：一是“N+1+N”的服务对象的两头都是中小微企业；二是“N+1+N”涉及 N 个环节。这个模式的宗旨就是要管好“两头 N”签订订单之后的所有流通服务。两种模式的关系如图 7-6 所示。

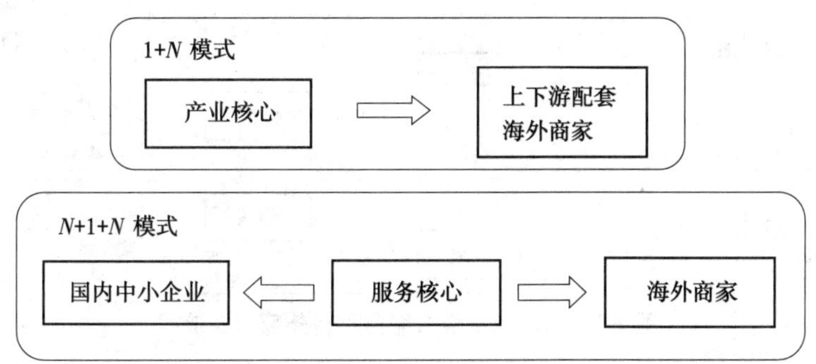

图 7-6　跨境电子商务综合服务平台两种模式比较示意图

7.3.3　一达通服务的内容

一达通提供一站式外贸综合服务，包括基础服务和增值服务两大块。其中，基础服务包括系统进出口服务和内部化系统服务两部分。增值服务包括金融服务和风险控制。

（1）系统化的进出口服务

一达通进出口服务包括进出口通关、物流、外汇、退税、融资全流程，以通关、外汇等进出口监管环节为基础，保证贸易真实性；以融资为核心，转变外贸交易方式，提升外贸竞争力，以物流为辐射，形成线下服务网络，如图 7-7 所示。

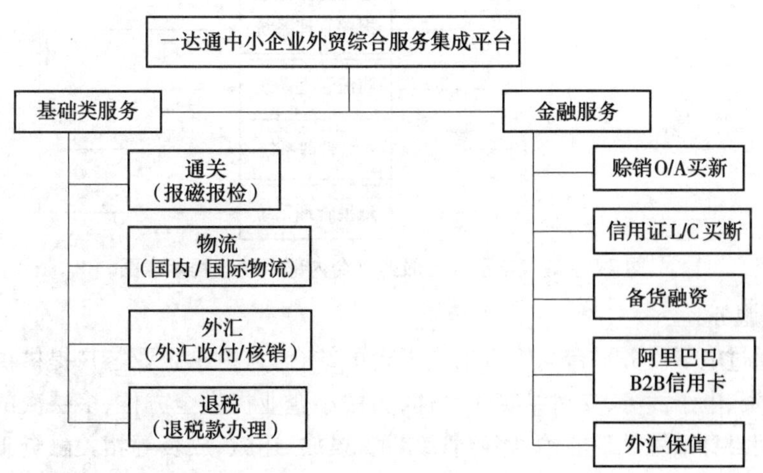

图 7-7　跨境电子商务综合服务平台服务示意图

①外部服务流程。针对中小企业，简便、快捷、安全、适用的原则，采用专人对接、团队服务的方式提供服务。具体流程如图 7-8 所示。

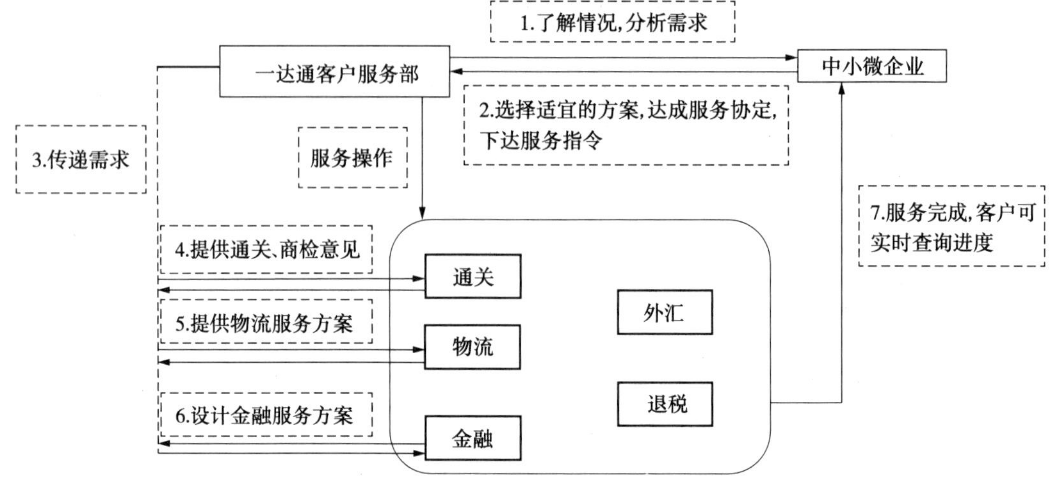

图 7-8 跨境电子综合服务平台外部服务流程

②内部系统化服务简介。一达通在线进出口服务系统,通过创新的数字化、标准化流程提供进出口服务,不仅可以实时查询进出口规模、进出口开支和各类文件往来,而且大大提升了服务品质和降低服务成本,形成完整的信息化服务链条。在外部操作简单的同时,确保内部操作系统化、流程化,如图 7-9 所示。

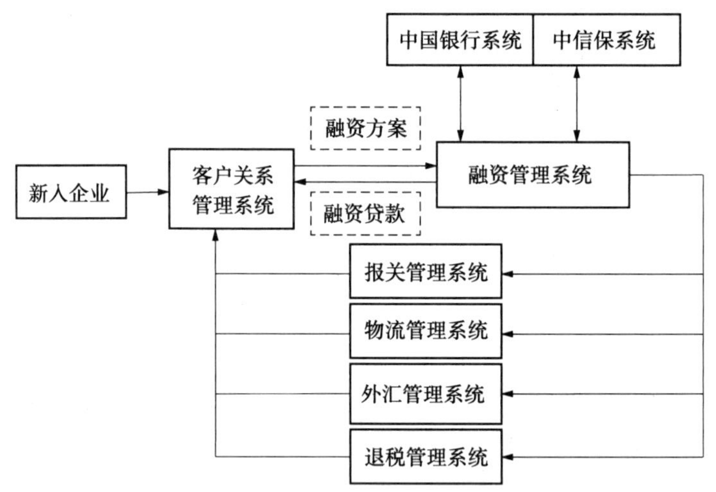

图 7-9 跨境电子综合服务平台内部系统流程示意图

(2)金融服务

一达通通过电子商务平台与银行信贷平台的结合,为中小企业客户提供供应链融资通道,集退税融资、电子商务、支付结算于一体,为中小企业提供全方位、多层次的综合金融服务方案。运用自身系统处理能力,将监管、申请、投放、还款、放贷等相关融资工作纳入统一的信息化网络处理平台,以较好满足中小企业外贸供应链融资小额、动态的特点,为解决中小企业融资难问题找到一个可行的解决方案;同时,一达通平台为银行担负全部的坏账损失,转化银行的中小企业融资风险。银行针对一达通中小微企业融资的需求,统一给予贸易融资贷款授信,授信金额专款专用并对应相应的贸易融资产品,保证银行对资金的控制和监管。

(3)风险控制

根据服务中小微企业的实际,企业实行横向点面相结合的风险管理与纵向时间序列链条式风险管理相结合的方式,将海关、国检、外管、国税等各监管部门的风险管理要求与企业经营合理性监管有机地联系起来,在资源整合、信息互证的基础上,形成识别准确、反应敏捷、管理有效的企业风险管理体系,如图7-10所示。

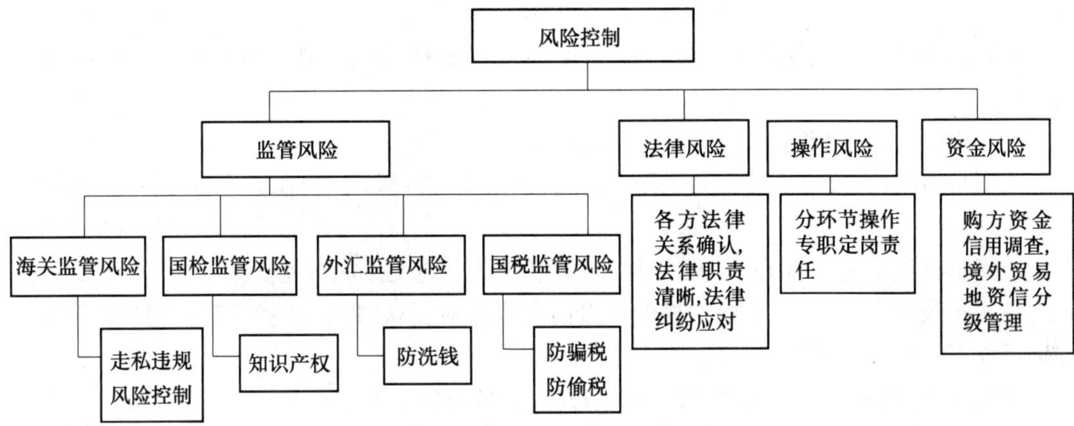

图7-10 跨境电子综合服务平台风险控制体系示意图

①风险控制体系说明。

a. 监管风险。

企业状况评估:对企业当前的生产经营、性质、地理位置、税务历史等内容依据相应的评价指标体系进行静态评价。

对企业自身性质进行审核,采用实地考察与电话查验业务范围和生产经营情况相结合的方式,防止代开虚假开票证及其他不实贸易凭据,审核贸易真实性。

对企业进出口活动在海关、国检、外管、国税各监管环节所表现出来的各类风险特征集成交叉评估指标体系。

对企业生产销售产品,按海关监管税则审核要素进行产品预审。

对企业内部财务状况和外部财务环境对比调查,对照国税关注的税务非正常企业进行警示风控。

b. 法律关系风险。

对企业进行法律层面定位:与国内外买卖双方确立相应的购销和供销关系,明确各方法律关系。

c. 操作风险。

采用流水线操作,对全部进出口流程进行环节分割;各环节设专岗操作,环节间设依据逻辑算法推进。

d. 资金风险管理。

通过对买方信用、卖方信用事前调查、降低贸易个体风险度。

根据不同国家、地区资信评级,掌握区域性资金风险控制权。深度介入贸易过程,掌握贸易真实流向、贷款收款权等，保证资金的回款率。

②风险控制网络。

a. 事前风险评估控制。

对任何产品进行产品通关预审，依据海关审查标准进行通关管理评估、物流监控评估、技术性监管评估。

对产品提取评估数据纵向与企业历史数据进行参照对比，横向与同类产品数据进行参照对比。

对数据不符合逻辑的情况，进行剥离采取加强的特别审核，转现场审核部门进行货物的实际审核。

b. 事中风险评估控制。

就贸易事项，直接与供货方和采购方沟通，根据贸易特征、下单情况、买买方属性判断贸易真实性。

根据单证细节进行海关、国税、国检、外管审核重点的交叉比对复核。

在实际报关出货前，对现场货物做申报前实际校对复核，保证单货相符，对异常情况立即进行修正，对不符情况货物返回停止操作。

围绕退税，在实际退税前再进行一次贸易真实性复核。

c. 事后风险评估控制。

事后对历史数据综合分析，根据各类事故特征，增加风控指标。

风险控制网络的具体流程如图 7-11 所示。

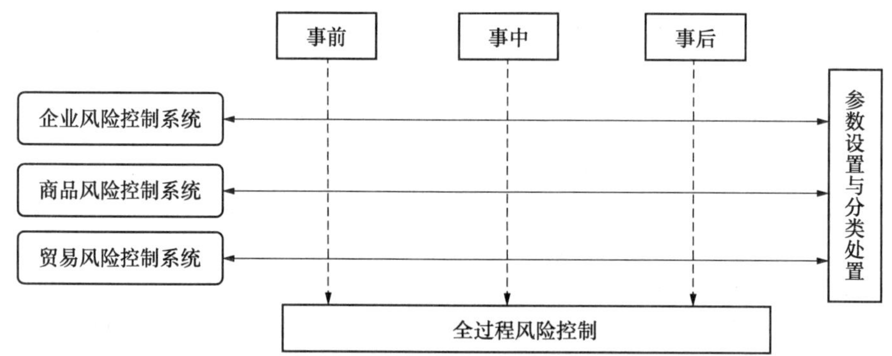

图 7-11　跨境电子综合服务平台风险控制网络示意图

7.4　跨境电子商务综合服务平台业务操作

阿里巴巴一达通是中国外贸创新模式的代表，也是中国服务企业最多、服务地域最广的外贸综合服务平台。阿里巴巴一达通以集约化的方式，为外贸企业提供快捷、低成本的通关、外汇、退税及配套的金融、物流服务；以电子商务的手段，解决外贸企业流通环节的服务难题。其目标是让全球中小企业都能像世界500强企业一样“简单做外贸”，最终实现“全球买全球卖”。

7.4.1 如何开通一达通平台业务

1)登录和报名

首先搜索一达通平台进入首页,点击“申请一达通服务”进行注册。

如果已有阿里巴巴国际站账号,则可以在报名页面点击“直接登录”,直接输入国际站账号和密码登录。根据页面提示留下联系方式等信息,将会有专门的客户经理负责联系。

如果没有阿里巴巴国际站账号,可以先免费注册阿里巴巴国际站,然后登录到一达通平台点击“申请一达通服务”,后续流程同上。

2)产品预审和开票人预审

“产品预审”和“开票人预审”是阿里巴巴一达通为了确保外贸进出口服务操作的合法合规而设定的服务使用准入检测流程。

通过该流程,客户可以更深入地了解我国对产品的监管条件及退税等相关政策,确保货物更顺畅地出口,同时保障退税金额安全及时地到达,产品预审时需要提供资料主要包括实物产品整体外观、实物铭牌标签图片、实物内包装图片及实物外包装图片4个部分。

7.4.2 出口综合服务流程

1)一达通外贸综合服务流程

一达通外贸综合服务流程为:确认合作→通关→外汇→退税。

(1)确认合作

与阿里巴巴一达通签署外贸出口服务协议书:按提示提供“产品预审”及“开票人预审”所需要的相关信息;收到准入结果通知,即为确定合作。

(2)通关

一达通的通关服务是指以一达通名义完成全国各大口岸海关的申报工作。其通关服务优势主要表现为海关的顶级资质及专业操作造就了极具优势的通关速度。

通关步骤为:联系客户经理告知需求:填写“出口报关信息表”(一达通内部进行信息审核,通过);按指导签署“出口服务订单确认函”;一达通安排通关;通关放行。

(3)结汇

结汇时银行按现汇买入价汇率结算,付汇时银行按现汇卖出价汇率结算。

结汇步骤:收到海外买家汇款水单;联系外贸顾问提交水单;接到外汇到账通知,确认最终收款账户;查收水单及外汇款。

(4)退税

一达通的退税服务是指以一达通名义帮助企业快速合规地办理退税的服务。

退税款打到开票人指定的对公账户。满足条件后,一达通一般会在3个工作日内支付退税款。

退税步骤:收到外贸顾问提供的开票资料和“供货合作合同”;开增值税发票,“供货合作合同”盖章,通关单原件,快递给一达通;接到“发票收讫”通知;接到外贸顾问的打款通知;查收水单及退税款。

2)**出口代理服务流程**

一达通出口代理服务流程为:下单→报关出口→一达通开具“代理出口货物证明”→退(免)税申报→收结汇→外贸服务补贴款项发放→结算。

(1)下单

客户于截关时间前至少2个工作日提供出口货物相关资料。如为法检产品且法检备案已完成,提前至少5个工作日。客户可以选择人工下单或者自助下单。

(2)报关出口

(3)一达通开具“代理出口货物证明”

收齐相关资料后,一达通在7个工作日内将“代理出口货物证明”办理完毕并寄还给客户。

(4)退(免)税申报

客户自行在当地办理退(免)税申报,申报截止日期为出货之日起次年4月30日。

(5)收结汇

外汇款汇款至一达通账号后,一达通将在一个工作日内完成结汇。

(6)外贸服务补贴款项发放

自助下单享受1美元补贴1分人民币;人工下单不享受外贸服务补贴。

(7)结算

客户发起结算后,一达通将结算款项汇至客户的对公账户。

7.4.3　一达通金融服务

一达通提供的金融服务主要有一达通流水贷、赊销保、信融保、锁汇保,以及新推出的结算宝等。这里主要介绍一达通平台的主要金融服务:流水贷、保单贷、信融保和锁汇保,以及新推出的结算宝。

1)**流水贷**

一达通流水贷是面向使用阿里巴巴一达通出口基础服务的客户,提供以出口额度积累授信额度的无抵押、免担保、纯信用贷款服务。该服务由阿里巴巴联合中国工商银行、中国建设银行、中国银行、上海银行、招商银行、兴业银行、平安银行、中国邮政储蓄银行等多家银行共同推出,真正实现“信用=财富”,助力中国外贸中小微企业的发展。

与一般银行贷款相区别的是:一达通流水贷是以客户贸易数据累积成为企业的信用,提供相应的贷款。其特点是门槛低、额度高、手续简单。而一般的银行贷款可能需要抵押,担保及证明信用和还款能力的相关资料。

(1)一达通流水贷的优势

①成本低:无抵押、免担保的纯信用贷款,年化综合成本12%起。

②额度高:最高1 000万元人民币。

③还款活:可随借随还,或按月付息,到期还本。

④免费资金备用渠道:申请授信额度全程免费,1年有效期内有资金需求随时支用,不支用永不收费。

(2)一达通流水贷的准入条件

一达通流水贷的贷款人可以是企业,也可以是企业实际控制人(即法人或最大股东)。

其准入条件参考如下:

①企业工商注册年限在2年以上。

②企业已成为阿里巴巴一达通的合作会员。

③未被列入阿里巴巴、蚂蚁金服的重要违规、违约客户黑名单之一。

④企业主营业务不属于钢贸、煤炭、建材、印刷、纸张、木材行业。

⑤企业当前无未完结的法院受理纠纷。

⑥当前企业或企业实际控制人无处于逾期中的金融机构借款。

⑦实际控制人年龄为18~65周岁。

⑧实际控制人愿意签署连带担保合同。

(3)申请流程

①在线申请:在线如实填写公司、联系人等相关信息。

②调查审批:阿里巴巴安排第三方上门收集资料并审核。

③放款:获得授信后,可支用贷款。

备注:如果客户资料齐全,在线申请贷款,大约15个工作日内可以完成审批。

(4)一达通流水贷贷款额度、利率和期限

①贷款额度。

符合一达通流水贷条件的申请客户:

a. 通过一达通出口累积额度客户:1美元贷1元人民币。

b. 通过大型代理公司出口客户(除港澳台地区外):1美元贷0.6元人民币。

c. 全国自营出口客户(除港澳台地区外):1美元贷0.8元人民币。

备注:因为数据验审,征信情况和负债率都会对能否获得的最终贷款额度有影响,所以最终的贷款额度以阿里巴巴一达通融资部和银行审批为准。

②贷款利率。在利率方面,同样无抵押、免担保的纯信用贷款产品,低于同业同类产品、贷1万元,最低每天只需3.2元,且不支用不收费,如果提前还款,也不需要任何费用。

③贷款期限。一达通流水贷贷款期限目前以随借随还为主,客户可以自主选择贷款期限,一次贷款使用最长不超过6个月,最终以客户和银行签订的合同为准,审批通过的客户在授信期限内都可以多次申贷。

2)保单贷

保单贷是指供应商与海外买家进行外贸赊销出口业务合作时,阿里巴巴一达通通过对其提供的海外买家资信调查,提供代买保险和贸易融资等一揽子金融服务。中信担保提供买家回款保险,保障货款安全收回;阿里巴巴提供尾款融资服务,加速资金周转。

在订单操作中,全程配合客户,在订立合同、签署协议、申请投保等各个环节规范合理。

万一需要理赔,全程协助客户提交理赔申请、准备理赔资料。降低因订单操作、理赔申请各个环节中出现疏漏,导致无法投保、赔付的风险。需要注意的是保单贷产品在 2014 年 5 月已取消了买断模式,现在的保单贷是融资性质;保单贷产品在准入后需一次实缴全年保费,2015 年 11 月已取消单缴保费。

(1)保单贷业务的优势

①买家调查:所有买家必须经过阿里巴巴的资质审核。

②保险覆盖:阿里巴巴为供应商代理购买保险。

③快速融资:最高融资 80% 应收款,3 个工作日即可放款。

④提供无抵押无担保融资服务。

(2)保单贷的操作流程

①在线申请:在线完成相关资料的填写。

②预审签约:资料预审后,预审通过后进行基础服务协议的签署。

③买家资信审核:选择合作买家并提交该买家信息,支付买家调查费;中国出口信用保险公司对此买家进行信用调查并审批信用额度;海外买家直接申请时,由海外买家自行提交自己的信息,并由买家支付调查费用。

④签署三方协议:与买家、一达通签署《服务协议》等相关文件。

⑤买卖家审核:进行金融准入审核,确保无历史违规记录。

⑥发货:备货并按照约定时间发货。

⑦收融资款:提交发货全套单据后 3 个工作日内获得约定融资款。

⑧收尾款:约定账期结束后,买家完成支付前提下,收到相应尾款。

(3)保单贷的使用费用

保单贷的使用费用一共有两类:

①基础服务费:2014 年 5 月 1 日起新客户享受 0 元基础服务费。

②保单贷服务费。

a. 海外买家调查费:800 元/户(供应商支付)——买家申请中信保额度时支付的费用,所以是单次收取的。

b. 保单贷服务费:服务费包含融资利息和中信保保费

融资利息=融资金额×万分之三×融资天数

中信保保费=应收款总金额×中信保保费率(保费费率详见《中信保保费率表》)

(4)保单贷的风险规避

保单贷的价值在于能够降低卖家做赊销生意的风险和资金周转压力,帮助供应商打开原本难以承接的赊销市场,风险则在于如果买家不履约,卖家端就没有办法收取到 20% 的剩余尾款。

因此,应该采取以下措施规避风险:

a. 提高报价,用利润率去尽量覆盖尾款比例,买家因做赊销,也会愿意接受更高的报价。

b. 向买家收取预付款,以减少应收款金额,从而减少有风险的尾款金额。

3)信融保

信融保是阿里巴巴一达通针对信用证交易中出口企业面临的主要问题而推出的综合金融服务,涵盖信用证基础业务、信用证买断和信用证融资不买断三大块服务模块。客户可按需要灵活选择。

(1)信融保的服务内容及准入条件

①信用证基础服务:提供专业免费的审证审单,专业制单、交单收汇服务。

满足以下两个条件原则上可以通过一达通操作信用证基础业务:

a.客户必须已通过一达通完成一笔完整的通关业务。

b.次单满足一达通业务合作要求(即完成通关产品预审和开票人预审)。

②信用证买断服务:实现规避风险和资金融通的需求。在符合条件的情况下,一达通将代替客户承担信用证买断款项的收款风险。最高支付100%信用证款项,买断收汇风险,快速回笼资金,买断累积买断额度最高可达1 000万元人民币。

申请信用证买断需要满足的条件:

a.收到以一达通为第一受益人的信用证正本。

b.信用证条款通关一达通审核。

c.单据无不符点。

d.开证国家为信保评级D1(含)以上的国家且开证国家和开证银行未在一达通不接受的国家和银行名单之内,可提供最高100%交单金额的信用证买断服务。

e.对不完全符合上述买断前提条件的,经开证行承兑后,可以申请买断。

③信用证融资不买断服务:融资成本比较低,实现客户资金融通的需求。在符合条件的情况下,一达通提前向客户支付部分信用证款项,相关风险由客户自行承担。最高垫付80%应收货款,分担企业资金压力。融资利率低至0.03%/天。

申请信用证融资不买断需要满足的条件:

a.收到以一达通为第一受益人的信用证正本。

b.信用证条款通关一达通审核。

c.开证国家和开证银行未在一达通不接受的国家和银行名单之内。

d.申请信用证融资不买断,经一达通审核同意后,可提供最高80%交单金额的信用证融资不买断服务。

(2)信用证买断(融资不买断)比例和额度设定

①融资比例:信用证买断的比例单笔最高为信用证交单金额的100%;信用证融资不买断,单笔最高为信用证交单金额的80%。

②单笔额度:对控货权的信用证,单笔买断/融资不买断金额不超过300万元人民币;不控货权的信用证,单笔买断/融资不买断金额不超过100万元人民币。

累积循环额度:最高1 000万元人民币。

(3)信融保的操作流程

①信用证草稿审核:供应商与开证申请人确定开证条款后,将信用证草稿件提交一达通审核。

②开立信用证正本:联系开证申请人,按审核修改后的信用证草稿开立正式信用证。

③正本认领,确认融资需求:信用证正本开出后,供应商自行联系外贸服务顾问进行正本认领,同时向一达通明确此份信用证融资要求。

④生产备货,安排报关与物流:按信用证要求在规定时间操作报关出口及物流工作。

⑤提交交单单据及融资申请:按照信用证要求提交全套交单单据后,提供信用证买断或融资不买断申请。

⑥融资申请审批:融资申请经一达通审批通过,扣除相关利息和费用后,退款到供应商指定的对公账户。

⑦收汇并结算:收回后结清所有费用,多退少补。

4)锁汇保

锁汇保是指与银行签订锁汇协议,约定将来办理结汇或售汇的外汇币种、金额、汇率及交割日期,到约定交割日当天,根据协议约定的汇率向银行办理结汇或售汇。换言之,就是锁定汇价在前、实际交割在后的结售汇业务。

购买锁汇保的客户须使用阿里巴巴一达通的通关、外汇及退税服务,客户需根据币种、金额、交割汇率及到期日等情况缴纳一定比例的保证金,部分客户可根据实际情况申请减免保证金。每天外汇开盘 9:30 至收盘 16:30,客户都可以向外汇专员询问报价进行交易。

(1)锁汇保的优势

①低门槛。单笔 2 万美元起。

②5 分钟快速锁定。

③分批分期结汇,锁定方便。

④优势报价,免费锁定,无忧保值。

(2)锁汇保的操作流程

①签约。客户与阿里巴巴一达通签订《远期结售汇委托协议》。

②锁定汇率。客户下单出口后,向外汇专员申请锁定汇率,生产合约并缴纳保证金(可申请减免保证金)。

③合约到期。收到买家外汇且锁定合约到期。

④结汇。按锁定汇率结汇,释放保证金。

(3)关于锁汇保的常见问题

①什么是交割?即购买的锁定外汇合约到期之后,海外买家付汇至一达通,一达通按照锁定汇率结汇。

②远期外汇是否只能到期当天交割?远期外汇分为固定期和择期,固定期必须在到期日当天交割,如果客户不能把握到账时间,可根据实际情况选择择期期限,最长可择期 3 个月。

③合约截止日,没有外汇收款,该如何处理?购买了锁汇保合约后,客户没有在规定的交割时间内支付资金或支付的资金不足以覆盖合约金额时视为违约,违约形成汇价损失的由客户承担。

5) **结算宝**

结算宝于 2016 年 10 月 24 日正式上线发布,为一达通金融服务新增的理财服务。结算宝是阿里巴巴与知名银行合作,为阿里企业类用户定制的对公理财产品,为企业对公账户提供安全灵活的高收益理财服务。具有在线充值、在线结算、积分提取、交易账单等功能,可以为用户交易行为提供充值、结算、提取等资金操作。作为企业版的余额宝,结算宝让客户账户里的闲置资金实现增值。

结算宝是专为一达通客户的账户资金打造的每日增值服务,系统会自动对客户在一达通自助结算系统中的部分资金计算收益,不影响客户账户中资金的随时操作,无须购买、自动开通,没有金额限制,收益看得见。

7.4.4 物流服务

一达通的物流服务包括陆运、海运、空运和快递。

首先进入一达通首页,登录阿里巴巴国际站账号,进入“My Alibaba”—“查询报价并安排发货”,接着按下列程序开展:选择物流方案;创建物流订单;等待审核结果(国际快递订单无须审核,可直接发货至指定仓库);送货进仓等待入库;带货物入库后付款;服务商安排运输;在线跟踪货物状态。

目前,阿里巴巴物流服务部未收取任何物流费用以外的平台服务费和平台手续费,物流费根据服务类型不同,收费标准不同。具体可直接访问物流网站或者登录“My Alibaba”—“查询报价并安排发货”进行查询。

1) **海运**

阿里巴巴海运联合各大物流服务商,为企业提供海运整柜和海运拼箱服务,在线查询船期、订舱、操作、费用透明,真实有效。同时,提供拖车、报关、散货还有目的港送货到门等增值服务。海运整柜目前开通了深圳、上海、宁波、青岛、天津、厦门、广州 7 大起运港。海运整柜已基本全航线覆盖,如欧地线、中东印巴线、东南亚线、日韩、澳洲、非洲线、美加、中南美。目前只承接普通货物,暂时不支持粉末、液体、化工品、危险品以及单边长度超过 2 m 的货物。海运拼箱服务开通了中国台湾,以及日、韩、东南亚、欧地黑、美、加、澳洲、中东、印巴及南美等国家和地区航线。

(1)海运整柜服务流程

首先登录物流网站,查询方案。

①如查询方案,满足您的要求:

a. 在线直接“订舱”。

b. 订舱联系人邮箱接收舱位确认信息。

c. 客户邮件提交提单信息及核对提单信息。

d. 船离港后发送费用账单至订舱联系人邮箱。

e. 客户付款后,传水单到阿里操作。

f. 确认费用到账后,寄送提单。

②如无查询方案结果：

a. 点击“人工询价”。

b. 平台工作日3小时内更新运价。

c. 3小时后可在线“运价查询”。

d. 选择合适方案，直接在线“订舱”。

(2)海运拼箱(仓到仓)操作流程(见图7-12)

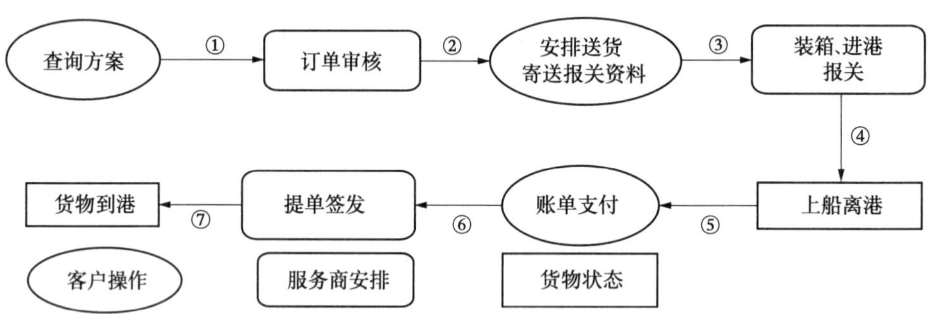

图7-12　一达通海运拼箱(仓到仓)操作流程示意图

具体过程如下：

①查询并选择方案。

a. 登录“My Alibaba”，选择“交易与物流”模块中的“查询报价并安排发货”，客户也可以直接访问网站进入查询页面。

b. 选择“服务范围”为“海运拼箱”，输入起运港、目的港，输入件数、毛重和体积后，单击“查询”展示方案列表。

c. 在查询结果页，对平台支持上门提货、送货到门的方案，可直接勾选“上门提货”后的方框内点提货地址后，平台将自动根据方案查询时录入的货物信息，显示相应的“起运港上门提货费用”。

②创建物流订单，填写发货信息，提交物流订单。

A. 确认预订船期并填写订单信息，订单信息分两个页面，“商品信息和收/发货人信息”。

a. 确认船期。

b. 填写商品信息：中英文商品描述为必填项。点击“增加商品”可输入多种商品，一个订单最多可增加20种商品。

c. 填写商品总包装信息并点击“继续下单”：总申报价值和商品包装信息为必填项。

B. 填写收/发货人，通知人、委托人及其他信息，并提交订单。

a. 填写发货人、收货人以及通知人信息。勾选保存收、发货人信息，下次下单时可通过选择常用收、发货人信息，避免重复录入。

b. 填写订舱委托人信息：其中公司名称、联系人、电话/手机、邮箱为必填项。平台同时支持保存订舱委托人信息，下次下单时可以直接勾选常用订舱委托人，不必重复录入。

c. 填写发票信息、勾选提单类型及增值服务等。标注红色*的为必填项。

d. 确认费用预估信息、勾选线上协议《海运拼箱服务协议》后，点击“提交订单”。

e. 系统提示订单提交成功并显示阿里物流“订单号”，点击“查看详情”可查看订单详情。

③等待订单审核结果。

承运商需要审核客户填写的商品是否可运,一个工作日之内反馈确认。进入"管理物流订单"查询订单详情。

订单审核通过,进仓通知会自动发送客户在下订单时填写的订舱委托人邮箱。客户收到信息后请及时安排送货并寄送报关资料。

④仓库收货后安排报关出运并提供费用账单,服务商依据订单船期安排报关出运等事宜。货物出运后,客户可以根据阿里提供的费用清单安排付款事宜。

⑤货物跟踪。

a."已出口通关":出口报关成功,一个工作日同步。

b."上船离港":船离港,一个工作日同步。

c."订单完成":物流费用支付完成,安排签发提单。

2)国际快递

阿里巴巴与FedEx,DHL,UPS,TNT,EMS,TOLL等国际知名快递品牌公司合作,在客户完成线上下单支付后,提供快递公司上门取件服务。运费低至1.1折,北美平均3个工作日投递,支持全国36个城市上门取件服务,航线覆盖200多个目的国。目前支持上门取件的国际快递服务商有UPS和FedEx。

(1)国际快递仓到门服务操作流程

①"My Alibaba",选择"贸易服务"模块中的"查询报价并安排发货"。

A.选择"服务范围"为"快递",输入发件地邮编、目的地、货件信息。若有多个不同规格包裹,可单击"添加包裹"。

B.查询结果展示中选择合适的渠道,点击"下单"。

备注:

a.国际快递仓到门服务有FedEx,DHL,UPS,TNT,EMS,TOLL。

b.FedEx提供FedEx IE(国际经济快递服务)和FedEx IP(国际优先快递服务)两种服务。

c.UPS提供UPS Expedited(全球快捷服务)和UPS Saver(全球速快服务)两种服务。

d.DHL Express-HK承运商为香港DHL。

②创建物流订单,填写发货信息,提交物流订单。

A.首先,填写商品信息,填写发货信息,提交物流订单。

a.确认仓库信息,下单将货物发送到对应仓库。

b.填写发货到仓库信息:包括国内快递承运方,物流运单号,快递包裹件数三项以及包裹的长宽高和质量。

备注:如果客户的订单需要分多个包裹发货,产生了多个物流运单号,请点击"+增加物流运单号",务必把同一个订单的所有物流运单号填入到该信息中。

c.填写商品信息:包括中英文商品描述、海关编码、商品件数以及商品状态描述等。

d.填写申报信息后继续下单。

备注:海关规定对产品申报价值超过 USD 600 的快递运输货物,需要按要求正式报关;发件人有义务与责任确保通过线上发货提供的产品品名和货值与实际货物相符,并承担违反此原则带来的一切损失。

B. 其次,填写收发货人信息,并确认预算价格。

C. 确认预算的费用详情,勾选用户协议,提交订单。如有注意事项在“备注信息”备注说明。

D. 订单提交成功。

③将货物发到阿里巴巴指定合作仓库。

④支付相应费用之后,仓库安排发货。

a. 系统根据仓库反馈的信息计算出国际物流费用,请直接点击订单的“付款”按钮进行支付,进入支付页面,通过支付宝或者网银支付国际运费。

b. 系统收到支付成功的确认后,将告知仓库发货。仓库会根据客户的物流指令安排发货,并反馈发货信息。系统收到仓库的发货信息后,将系统邮件形式通知客户,同时客户也可以在后台“管理物流订单”查看订单状态,或者在各国际快递官网跟踪订单情况。

3)国际空运

阿里巴巴与全球优质空运服务商合作,提供在线查询空运运费、在线比价、在线下单的服务。目前,在线提供空运服务的服务商分为两种:一是全球 TOP 空运服务商。例如,DHL Global Forwarding(敦豪全球货运)是有 200 年历史的德国邮政三大业务之一,是世界排名第一的空运服务商,也是供应链解决方案方面的领导品牌,目前其网点遍布全球 220 多个国家和地区,旨在提供一站式的物流服务。又如,Kuehne+Nagel(德迅)是一家全球领先的物流供应商,在过去的 125 年里,德迅从一个传统的国际货运代理公司发展成为一个全球供应链解决方案的提供者。二是国内如中海环球货运有限公司、北京民航鹏远航空服务公司、港中旅华国际物流股份有限公司等 10 家优质空运服务商。

可空运的货物:特殊物品如液体、粉末、化工品等,需要出具化工研究院的证明;含有磁性的物品需要做磁检,超过航空公司要求磁性范围的,不能运输;法律禁止的货物,不得空运;法律限定的货物,需办理手续后才能空运;会对航班安全造成威胁的危险品也不得空运。

需要注意的是,空运货物的运输都需要出具非危保函;发货前,请根据货物性质及质量、运输环境条件和承运人的要求,采用适当的内、外包装材料和包装形式,妥善包装。精密、易碎、怕震、怕压、不可倒置的货物,必须有相适应的防止货物损坏的包装措施。

【本章小结】

本章主要介绍跨境电子商务综合服务的分类,跨境电子商务综合服务企业的作用以及跨境电子商务服务平台的运行机制,然后中分析跨境电子商务服务平台价值链的基础上,以一达通为例,详细介绍了跨境电子商务综合服务平台的进出口商品服务、金融保险服务以及物流服务的主要特征及流程。

【思考题】

1. 跨境电子商务综合服务的特征主要有哪些?
2. 跨境电子商务综合服务平台的类型有哪几种?
3. 几种跨境电子商务综合服务平台之间的关系是什么?
4. 跨境电子商务综合服务平台的运行机制是什么?
5. 跨境电子商务综合服务平台对跨境电子商务发展的价值表现在哪些方面?

【实践训练】

2018年2月7日,跨境物流商斑马物联网宣布完成约1亿美元C轮融资,该轮融资由中国香港著名投资机构ZEEMAN领投。此前斑马曾获招商财富、新加坡大华银行、元禾基金、国大基金等参投的两轮融资。本轮融资后,斑马物联将整合全网资源、开发闭环系统,进一步进行全球布局。

请根据所学的内容及上述资料,完成以下练习:

1. 请查阅斑马物联网的相关资料,分析目前斑马物联网跨境电子商务的运营模式。
2. 根据本章中跨境电子商务服务平台的分类标准,指出目前斑马物联网属于哪一类服务平台。

第 8 章 跨境电子商务平台规则与保护

【导入案例】

一起亚马逊跨境电子商务欺诈案例的启示

亚马逊或许是对退货退款的调查不上心,美国一对夫妇利用亚马逊的这个漏洞,骗取了大约 120 万美元的商品。据了解,这对欺诈了亚马逊的 Finan 夫妇住在美国印第安纳州波利斯市,他们以“没有收到商品”“商品送来时就已经坏了”等理由请求退货、退款,骗取商品。为了不被亚马逊追踪到,他们使用数百个虚假账号来进行退货欺诈,骗来的商品有 GoPro 相机、微软 Xbox 游戏机、三星的智能手表等,货值加起来相当于 120 万美元。这对夫妇被捕后,被法院判处最高 20 年有期徒刑。一般来说,商家们都会将商品损坏、被盗等情况计入预算,遇到客户请求退货、退款时,为了不浪费预算金额,商家往往会认真调查索赔原因是否真实。但是作为电子商务巨头的亚马逊,或许是因为其家大业大,又或者是因为它遵循客户第一的原则,所以并不是很重视对客户索赔情况的调查。

另外,这起诈骗还不是由亚马逊发现的,而是印第安纳州警方和国税局在调查时发现的。也就是说,被骗走大量商品的亚马逊,直到事情被完全曝光后才注意到有欺诈情况。

对亚马逊来说,这对夫妇所带来的损失大概是不痛不痒的,但是如果考虑其他人也有退货欺诈的话,真正的损失就不知道有多少了。

思考:

1. 跨境电子商务欺诈的特殊性在哪里?
2. 如何防范跨境电子商务欺诈?

8.1 跨境电子商务平台知识产权规则

跨境电子商务网络虚拟化、交易远程化的特点让部分商家在知识产权(尤其是商标权)上产生了“搭便车”的侥幸心理。但跨境电子商务不是法外之地,中国海关以及众多知识产权密集型企业已经愈发重视在电子商务领域中的知识产权保护。此外,美国正在对中国实施的“特别 301 条款”调查也让跨境电子商务面临着新的合规挑战。“特别 301 条款”专门针对那些美国认为对知识产权没有提供充分有效保护的国家和地区。在《2017年特别301报告》中，美国贸易代表办公室把中国、印度等11个国家列入"优先观察国名单"并且把中国放在了最前面。从企业层面看，美国企业利用中国电子商务知识产权保护意识薄弱、对美国知识产权保护制度不熟悉以及不愿意投入法律成本等特点，频繁对中国企业提起知识产权诉讼。知识产权已经成为外国企业制约中国企业的重要竞争手段之一，也是制约跨境电子商务发展的重要瓶颈。

8.1.1 跨境电子商务活动中知识产权价值的考量

知识产权是设定在特定创新性智力成果上的专有权、排他权。知识产权制度是通过对智力成果强制设定垄断专有性权利进行保护，达到鼓励创新的一系列制度。它要兼顾个人利益和公共利益的平衡，通过具体的法律规定来均衡利益冲突，在利益诉求点不同的前提下，实现共生共存的良性动态均衡。

知识产权给权利主体以排他性权利，尤其是财产性收益，来激励作品创造，同时又要对这种排他性权利进行限制与控制，以确保公众能够享用那些作品，并力求排他性权与限制控制权二者之间实现一种平衡。

知识产权的价值有兼顾鼓励知识创造与促进知识传播、保障知识专有与实现信息共享的双向标准。知识产权是通过授予个人或机构一种特权为特征。这种赋权行为主要赋予权利主体在经济上的特权。它特意授予一种权利来承认智力劳动的财产价值。但是，这些只是一种手段，并非目标。知识产权保护的终极目标是实现公共利益。知识产权的终极价值是利益分配功能。

在跨境电子商务活动中，如何保障权利人对相关知识产权具有独占性、支配权和排他性个人权利的同时，又能实现公共利益，这成为制度设计的价值考量目标。

8.1.2 跨境电子商务活动中知识产权的表现形式

在跨境电子商务活动中，大多数知识产权的呈现形式为"数据信息"，如文字、图形、声音、影像、计算机程序等，涉及著作权、专利权、商标权等多种类型的知识产权。这些类型的知识产权可以传递出某商品蕴含的独特信息，彰显出商品的品质及附加值，同时降低交易者对商品的寻找成本，促进商品的成交量。跨境电子商务活动中大多数买家无法目睹商品的真实情况，知识产权已成为传递品牌信赖的标识，买家主要通过专利、商标、版权对消费产品的信息、可靠度进行比较。在跨境电子商务平台上，知识产权的价值更加凸显，拥有知识产权的产品销售火爆，不含知识产权（如商标、专利技术）的产品点击率低，无人问津。在跨境电子商务活动中知识产权之所以重要，是因为在互联网上进行交易的有价值的东西通常通过使用知识产权加以保障和实现，如果跨境电子商务中的知识产权得不到保护，那么它们就会遭到肆意偷盗或剽窃，这样会使整个电子商务交易秩序和知识产权制度的激励创新功能毁于一旦。

在跨境电子商务中，有部分商品是以信息为载体的知识产权的产品，往往成为跨境电子商务的直接交易对象，特别是那些附有高新技术的高附加值的高科技数字化产品，如集成电路、计算机软件、多媒体产品、数字化音乐、视听产品、音像制品、文学作品等。在国际交易平台上，这些知识产权信息化产品只需轻轻点击鼠标，产品就以信息流的形式方便而快捷地进入对方的计算机系统，根本不需要物流就实现了跨境的即时交易。而这些以信息为载体的知识产权的产品，如何获取合法授权将是棘手问题。

8.1.3 跨境电子商务活动中知识产权面临的困境

1）权利的保护方式面临冲击和挑战

原有的措施很难适应跨境和网络环境新形势下对知识产权的保护，技术的进步导致传统的知识产权保护体系出现新的空白。不分国境的民众对优秀知识产权无限渴求，他们想通过便捷的网络来免费获取并分享他人的智力成果。这样一来拥有知识产权的权利人的创造性和收益就无法得到保障，这严重挫伤他们的创作积极性，以至于影响到后面知识产权产品的再生产。知识产权实际上保护的是知识产品背后的创造精神。

在跨境网络环境下，知识产权保护面临重重危机。知识产权的客体如文字作品、专利技术、商标标识都是以信息方式出现，这种信息极易通过网络传播。例如，数字化的著作权、计算机软件如果得不到严格的技术性保护，其复制品在网络上的传播将很容易，它的传播速度可以在数秒内传遍分属不同国境的角落。如果这些知识产权产品的创作者的权利得不到很好保护，知识产权制度的利益平衡原则就难以实现。

2）网络环境催生了新型的客体类型

新型的客体类型很难归纳到现行的法律法规保护中。在新型技术的快速变革下，很多新型的权利客体无法找到自己的归属地。例如，视频音乐多媒体、在线计算机软件、网络数字化作品，这些新型的权利客体在目前的法律规范中很难找到究竟属于何类的知识产权系统，如何保护，目前学界、政界争论不休，尚未形成一致主张。

3）知识产权的地域性特征和跨境电子商务无界性引发的冲突

知识产权具有明显的地域性特征。各国因迥异的政治、经济、文化、科技水平，对知识产权的保护内容、侧重点也是各异的，各国对知识产权的立法也具有明显的地域差异。虽然随着知识产权领域的国际条约被广泛接受，各国立法地域差异性在明显减少，但是在行政司法保护范围、保护水平、法律适用、地域管辖、管辖原则、管辖权等方面还是具有极强的地域差异特征。相比较而言，发达国家对知识产权的管辖权通过强化"专有性"的保护来延伸。例如，在网络环境，很多发达国家就增加管辖范围，纷纷将版权中的新权利和数字化权利纳入自己管辖范围内。

4）知识产权相关法律在电子商务活动中的适用面临困境

例如，在版权法的适用问题上，按照传统的版权法，其保护的作品必须以某种载体来呈现，这些载体可以是纸张、磁盘、磁带，只有这样才能得到版权法的保护。在互联网的情境下，如果将作品转化成数字符号的信息包，并把它储存在计算机上供人下载，这样的计算机存储器是否算一种载体？这种计算机存储器显然与传统意义上的载体并不一致。在这种情况下，计算机存储器引发的侵权将很难找到法律法规的适用。在商标法中的适用也会有些麻烦,特别是域名与商标的冲突最为明显。有的国家奉行使用在先原则,谁使用在先,谁就获得相关的权利。而域名不是简单的商标法问题,目前还没有统一的国际规范管理,只有一些规范性的指导原则,这就使得域名问题在电子商务活动中的适用面临许多困境。

在法律适用管辖权问题上,法律适用问题也无法绕开。从民事诉讼的角度来看,侵权行为发生地、被告所在地等都可以行使管辖权。但在跨境互联网的境况下,传统的管辖权适用问题就无法简单应对,很有可能无法准确找到侵权发生地、被告所在地,使得侵权起诉地点无法确定。

目前,跨境电子商务中的知识产权问题是迅猛发展的新生事物,中国(杭州)跨境电子商务综合试验区在发展中面临着众多法律空白,这些都应该引起重视。如何处理和解决这些困境,建立一套完整规范的体系,确立经典案例,为知识产权权利人起到示范作用,显得尤为紧迫。

8.1.4 跨境电子商务活动中知识产权风险的种类

在跨境电子商务活动过程中,市场主体面临的知识产权风险主要集中在版权、商标和专利及电子商务交易平台方面。其中,典型表现在著作权侵权风险、商标权侵权风险和专利侵权风险 3 个方面。

1)著作权侵权风险

表现在著作权上的风险主要集中在对复制权等的侵犯、信息网络传播的侵犯、数据库的侵犯。

(1)侵犯复制权、传播权、发行权

在传统环境下的著作权的保护,如复制权、传播权、发行权属于著作权人。这些权利保护模式在传统的环境下已经基本成熟。而在跨境电子商务的环境下,著作权人对作品的复制权、传播权、发行权都受到严重威胁,侵权人可以很容易在未得到权利人授权和许可的前提下,将作品肆意传播。

在跨境电子商务交易的过程中,通常可以看到将那些未授权和未许可的作品进行数字化转化,那些文字、图像、音乐等通过计算机转换成为可以被计算机识读的数字信息,进而通过网络进入传输。这样的转化行为不具有创造性,是一种对原权利人复制权、传播权、发行权的侵犯。

(2)侵犯信息网络传播权

从本质上讲,将原作品数字化后上传到网络是对原权利人信息网络传播权的侵犯。网络具有无国界性、全球性,使得任何人可以在任何地点、任何时间通过网络下载得到该作品。也正因为上述原因,侵权人可以轻而易举通过网络交易来盈利,使得原权利人的利益受到损害。例如,网络服务商侵权行为承担责任问题,如何确定侵权事实的存在及损害赔偿的原则问题,以及网络店家在"第三方电子商务平台"中未经授权销售盗版的出版物时"第三方电子商务平台"责任的分担问题,这些都是亟待解决的问题。另外,在跨境电子商务中,一些网上商城、网店经常出现一些没有授权的宣传图片、广告语、原创性商品描述,显然这些也应该引起广泛的关注。

(3)侵犯数据库

一般认为,数据库是由文学艺术作品或其他信息材料有序集合而形成的汇编物。这些文学艺术作品及其信息集合属于著作权保护范围。数字化的数据库在跨境网络下极易被复制和传播。侵权行为人可以采用互联网 FTP 文件传输功能轻易将数据库远程取走,严重侵害了原权利人的合法权益。

2)商标权侵权风险

在跨境电子商务中商标权(含商号或企业名称)的侵害问题也十分突出,急需解决。在跨境电子商务交易中,主要有以下典型形式:一些网络平台、网店未经授权销售其他权利人已经注册的商标专用权;在网络上使用类似他人已经拥有的注册商标;未经许可使用他人已经合法取得的商号名、企业名称、网店标志标识。这些情况往往又交织在一起,以一种复合形式呈现。而这其中,既有网上商家卖未经授权的“假货”问题,也有在这种跨境交易中“第三方商品与服务交易平台”如何界定的问题。在跨境电子商务交易中又以域名与商标侵权行为重叠问题以及网上超文本链接侵犯商标使用权最为典型。

(1)域名与商标侵权行为重叠

跨境电子商务发展初期,因权利人对域名权认识不深刻导致与自己商标一致的域名被他人抢注。抢注人利用“先申请,先注册”的原则取得了域名权。抢注人明知该域名不属于自己,故意在商品交易中混淆视听。这就与原权利人的商标权相冲突、重叠,特别是驰名商标、知名字号,更易受到伤害。

(2)超文本链接侵犯商标使用权

跨境电子商务中,经常出现商户在点击页面链接时,计算机自动转跳至预先设定的网址,这种情况被称为超文本链接。这种超文本链接往往间接侵犯了权利人的商标使用权。互联网中,权利人的商标使用权也应该得到权利人的许可。但这种预先嵌入的链接往往没有取得授权或者履行相应告知义务,这样极易引起纠纷。

3)专利侵权风险

著作权和商标侵权行为相对容易判断,侵权客观表现较多。专利侵权则很难判断,具有很强的专业性。

在跨境电子商务中,专利侵权问题主要看该标的物是否属于专利产品,该产品是否得到权利人的授权许可。作为“第三方商品与服务交易平台”仅仅可以获取产品的信息,无法获取实物,如何来认定“第三方商品与服务交易平台”的专利侵权、界定责任范围往往成为争议的焦点。

在跨境电子商务中,专利侵权问题主要集中在侵犯许诺销售、进口专利产品或者使用其专利方法、假冒专利产品等方面。

8.1.5 跨境电子商务活动中知识产权保护面临的问题

1)各方对侵权认识不足

一是消费者辨别能力低。因为食品安全等问题,国人对国外产品信任度高,对国外高品质商品需求量大，但国外产品也存在侵犯知识产权问题，也有假冒伪劣商品，对此风险，消费者普遍认识不足；二是商家的知识产权保护观念淡薄，尊重他人知识产权、维护自身合法权益的意识和能力普遍缺乏。跨境电子商务多为邮件小包，价值较低，即使海关查获侵权商品也只能予以收缴，但无法适用罚款等其他制裁措施，商家侵权成本低廉，使得重视不足，一再尝试。

2）海关对侵权行为认定困难

跨境电子商务这种新型业务形态有别于传统的进口业务，呈现出境内、境外两头复杂的特点，即商品境外来源复杂，进货渠道多，有些来源于国外品牌工厂，有些来源于国外折扣店，有些来源于国外买手等；此外，境内收货渠道复杂，且多为个人消费，无规律可言；而商品进境时品牌众多，与其他进口渠道比较，其涉及的商品品牌将大幅增加，且商品种类也较丰富，而海关执法人员对相关品牌认识不足，难以确认是否有侵权行为。这些特点都会给开展知识产权确权带来一定困难，需要确权的数量、难度也会大大增加。

3）侵权责任划分困难

跨境电子商务是指交易主体（企业或个人）以数据电文形式，通过互联网（含移动互联网）等电子技术，开展跨境交易的一种国际商业活动。涉及境内外电子商务平台、商家、支付、报关、仓储、物流等一系列企业，而电子商务平台又可分为自营型电子商务平台、第三方电子商务平台，主体多元、形式多样、结构复杂。其中在所有类型的平台中，第三方平台涵盖的知识产权客体极为广泛，成为知识产权侵权纠纷的重灾区。而在第三方商务平台纠纷案件中，争议最大、最缺乏法律规范规制的就是第三方电子商务平台的责任问题，如审查义务、归责原则等。这些责任划分从一般的电子商务到跨境电子商务的知识产权保护责任划分问题一直争议不断，难以划分。

4）国际争端解决困难

一是司法管辖权认定困难。跨境电子商务的支撑载体是国际互联网，就网络空间中的活动者来说，他们分处于不同的国家和管辖区域之内，跨境电子商务的随机性和全球性使几乎任何一次网上活动都是跨国的，很难判断侵权行为发生的具体地点和确切范围，使得司法管辖区域的界限变得模糊、难以确定。二是国际间立法差异较大。在跨境电子商务中，还没有国际组织统一的立法指导，各国根据自己国家的实际需要，制定不同的立法标准，而我国更是缺少相关的法律法规，有关的立法在知识产权的保护方面还存在很多分歧。三是国际维权困难。跨境电子商务涉及大量的中小电子商务企业，有的甚至是个人，这部分商家、个人缺少对国外法律的认知，且跨国诉讼费用高昂，在出现涉及侵权问题时，国际维权困难。例如，第三方支付平台 PayPal 曾被爆出有大量中国跨境电子商务商家的账户因为侵权诉讼遭到冻结。一批来自美国的买家以高价购买仿冒品为由与中国商户聊天，获取其 PayPal 账户，随后相关品牌商凭借聊天记录在美国提起诉讼。因不了解美国相关法律且在美国打官司费用高昂，大部分商户没有选择积极应诉，但随之而来的是他们的 PayPal 账户及资金被冻结甚至清零，此次账户遭冻结或清零的中国商家超过 5 000 人，保守估计金额超过 5 000 万美元。

8.2 跨境电子商务平台禁限售规则及商品

跨境进出口商品,将实施以风险分析为基础的质量安全监管。督促跨境电子商务经营主体履行质量承诺、不合格商品退市等商品质量保证和追溯制度。对未在中国注册的,及时检索相同或近似商标在中国的注册情况,采取有效措施规避侵权风险,并建立"跨境电子商务禁售商品"负面清单制度,凡不在负面清单上的商品品种均可自主、自由、便利开展跨境交易。

8.2.1 全球速卖通禁限售规则

(1)总则

平台禁止发布任何含有或指向性描述禁限售信息。任何违反本规则的行为,阿里巴巴有权依据《阿里巴巴速卖通的禁限售规则》进行处罚。

用户不得通过任何方式规避本规定、平台发布的其他禁售商品管理规定及公告规定的内容,否则可能将被加重处罚。

(2)禁止发布违禁和限售商品

平台用户不得在阿里巴巴速卖通平台发布任何违反任何国家、地区及司法管辖区的法律规定或监管要求的商品。根据违禁商品信息的严重程度,全球速卖通区分一级、二级违禁商品信息违规。具体商品目录见速卖通平台的《全球速卖通违禁信息列表》。如部分国家法律规定禁限售商品及因商品属性不适合跨境销售而不应售卖的商品,请以部分国家法律规定及平台最新公告为准。若中文版与英文版公告内容与阿里巴巴平台其他规则存在差异,或有其他不尽详细事宜,阿里巴巴拥有最终解释权。

限售商品是指发布商品前需取得商品销售的前置审批、凭证经营或授权经营等许可证明,否则不允许发布。平台有权根据发布信息本身的违规情况及会员行为做加重处罚或减轻处罚的处理。若已取得相关合法许可证明,请先在发布前提供给全球速卖通平台。如果发布的产品,有相关授权许可证明表示具备该类产品的合法销售权利,则可以提供授权或许可证明给全球速卖通平台。授权和许可证明的提交方式如下:

①发送邮件至 sellerproducts@ aliexpress. com,并附上证明文件,且注明其公司名称和 Member ID。

②如果产品因未及时上传授权证明而被退回,收到产品退回邮件后,请直接回复该邮件,并在附件中上传其证明文件。

恶意行为举例:包括但不限于采用对商品信息隐藏、遮挡、模糊处理等隐匿的手段,采用暗示性描述或故意通过模糊描述、错放类目等方式规避监控规则,同时发布大量违禁商品,重复上传违规信息,恶意测试规则等行为。对恶意违规行为将视情节的严重性做加重处罚处置,如一般违规处罚翻倍,或达到严重违规程度,将关闭账号。

一般违规加重处罚:对被认定为恶意行为的一般违规将做加重处罚处理(如发现同类重复违规行为,二次处罚分数加倍)。

具体惩罚规则见表 8-1 和表 8-2。

表 8-1　全球速卖通对买家禁限售规则中的违规行为及处罚方式

处罚依据	行为类型	违规行为/频次	其他处罚
《禁限售规则》	发布违规和限售商品	严重违规:48 分/次	1. 商品信息退回或删除 2. 若核查到订单中涉及发布限售商品信息,速卖通关闭订单,如买家已付款,无论物流状况均全额退款给买家,卖家承担全部责任
		一般违规:0.5 ~ 6 分/次(1 天内累计不超过 12 分)	

禁限售违规和知识产权一般侵权将累计积分,积分达到一定分值,将执行账号处罚。

表 8-2　全球速卖通平台对买家禁限售规则中的知识产权违规行为及处罚方式

积分类型	扣　分	处　罚
知识产权禁限售违规	2 分	严重警告
	6 分	限制商品操作 3 天
	12 分	冻结账号 7 天
	24 分	冻结账号 14 天
	36 分	冻结账号 30 天
	48 分	关闭账号

注:1. 一般违规:1 天内(即首次违规处罚时间起 24 小时内)累计扣分不超过 12 分;

2. 严重违规,每次扣 48 分,关闭账号;

3. 全部在线商品及下架商品均在"平台抽样检查"范围之内,如有违规行为会按照相关规定处罚;

4. 以上商品列举并没有尽录全部不适宜在全球速卖通平台交易的商品,全球速卖通也将不时地予以调整;

5. 针对恶意规避等情节特别严重行为(包括但不限于采用对商品信息隐藏、遮挡、模糊处理等隐匿的手段规避平台管理,经平台合理判断账号使用人本人或其控制的其他账号已因严重违规事件被处罚,账号使用人本人或其控制的其他账号被国内外监管部门立案调查,或虽未立案但平台有理由认为有重大嫌疑等严重影响平台管理秩序或造成一定负面影响的情况),平台保留直接扣除 48 分,关闭账号的权利。

8.2.2　全球速卖通禁售及限售规则商品目录

全球速卖通禁限售规则商品目录见表 8-3。

表 8-3　全球速卖通禁售及限售规则商品目录表

禁发商品及信息	对应违规处理
(一)毒品、易制毒化学品及毒品工具	
1. 麻醉镇定类、精神药品、天然类毒品、合成类毒品、一类易制毒化学品	严重违规,最高扣除 48 分
2. 二类易制毒化学品、类固醇	一般违规,6 分/次

续表

禁发商品及信息	对应违规处理
3. 三类易制毒化学品	一般违规,2 分/次
4. 毒品吸食、注射工具及配件	一般违规,2 分/次
5. 帮助走私、存储、贩卖、运输、制造毒品的工具	一般违规,1 分/次
6. 制作毒品的方法、书籍	一般违规,1 分/次
(二)危险化学品	
1. 爆炸物及引爆装置	严重违规,最高扣除 48 分
2. 易燃易爆化学品	一般违规,6 分/次
3. 放射性物质	一般违规,6 分/次
4. 剧毒化学品	一般违规,6 分/次
5. 有毒化学品	一般违规,2 分/次
6. 消耗臭氧层物质	一般违规,1 分/次
7. 石棉及含有石棉的产品	一般违规,1 分/次
8. 烟花爆竹、点火器及配件	一般违规,0.5 分/次
(三)枪支弹药	
1. 大规模杀伤性武器、真枪、弹药、军用设备及相关器材	严重违规,最高扣除 48 分
2. 仿真枪及枪支部件	一般违规,6 分/次
3. 潜在威胁工艺品类	一般违规,2 分/次
(四)管制器具	
1. 刑具及限制自由工具	一般违规,6 分/次
2. 管制刀具	一般违规,6 分/次
3. 严重危害他人人身安全的管制器具	一般违规,6 分/次
4. 一般危害他人人身安全的管制器具	一般违规,2 分/次
5. 弩	一般违规,0.5 分/次
(五)军警用品	
1. 制服、标志、设备及制品	一般违规,2 分/次
2. 限制发布的警用品	一般违规,0.5 分/次
(六)药品	
1. 处方药、激素类、放射类药品	一般违规,6 分/次
2. 特殊药制品	一般违规,6 分/次
3. 有毒中药材	一般违规,2 分/次
4. 口服性药及含违禁成分的减肥药、保健品	一般违规,2 分/次

续表

禁发商品及信息	对应违规处理
5. 非处方药	一般违规，2 分/次
（七）医疗器械	
1. 医疗咨询和医疗服务	一般违规，6 分/次
2. 三类医疗器械	一般违规，1 分/次
3. 其他医疗器械	一般违规，1 分/次
（八）色情、暴力、低俗及催情用品	
1. 涉及兽交、性虐、乱伦、强奸及儿童色情相关信息	严重违规，最高扣除 48 分
2. 含有色情淫秽内容的音像制品及视频、色情陪聊服务、成人网站论坛的账号及邀请码	严重违规，最高扣除 48 分
3. 含真人露点及暴力图片	一般违规，2 分/次
4. 原味产品	一般违规，0.5 分/次
5. 宣传血腥、暴力及不文明用语	一般违规，0.5 分/次
（九）非法用途产品	
1. 用于监听、窃取隐私或机密的软件及设备	一般违规，6 分/次
2. 信号干扰器	一般违规，6 分/次
3. 非法软件及黑客类产品	一般违规，2 分/次
4. 用于非法摄像、录音、取证等用途的设备	一般违规，2 分/次
5. 非法用途工具（如盗窃工具、开锁工具、银行卡复制器）	一般违规，2 分/次
6. 用来获取需授权方可访问的内容的译码机或其他设备（如卫星信号收发装置及软件、电视棒）	一般违规，2 分/次
（十）非法服务类	
1. 政府机构颁发的文件、证书、公章、勋章，身份证及其他身份证明文件，用于伪造、变造相关文件的工具、主要材料及方法	严重违规，最高扣除 48 分
2. 单证、票证、印章、政府及专门机构徽章	严重违规，最高扣除 48 分
3. 金融证件、银行卡，用于伪造、变造相关的工具、主要材料及方法；洗黑钱、非法转账、非法集资	严重违规，最高扣除 48 分
4. 个人隐私信息及企业内部数据；提供个人手机定位、电话清单查询、银行账户查询等服务	一般违规，2 分/次
5. 法律咨询、彩票服务、医疗服务、教育类证书代办等相关服务	一般违规，2 分/次
6. 追讨服务、代加粉丝或听众服务，签证服务	一般违规，0.5 分/次
（十一）收藏	
1. 货币、金融票证，明示或暗示用于伪造、变造货币、金融票证的主要材料、工具及方法	严重违规，最高扣除 48 分

续表

禁发商品及信息	对应违规处理
2. 虚拟货币(如比特币)	一般违规,6 分/次
3. 金、银和其他贵重金属	一般违规,2 分/次
4. 国家保护的文物、化石及其他收藏品	一般违规,2 分/次
(十二)人体器官、保护动植物及捕杀工具	
1. 人体器官、遗体	严重违规,最高扣除 48 分
2. 重点和濒危保护动物活体、身体部分、制品及工具	一般违规,2 分/次
3. 鲨鱼、熊、猫、狗等动物的活体、身体部分、制品及任何加工机器	一般违规,2 分/次
4. 重点和濒危保护植物、制品	一般违规,1 分/次
(十三)危害国家安全及侮辱性信息	
1. 宣扬恐怖组织和极端组织信息	严重违规,最高扣除 48 分
2. 宣传国家分裂及其他各国禁止传播发布的敏感信息	严重违规,最高扣除 48 分
3. 涉及种族、性别、宗教、地域等歧视性或侮辱性信息	一般违规,2 分/次
4. 其他含有政治色彩的信息	一般违规,0.5 分/次
(十四)烟草	
1. 成品烟及烟草制品	一般违规,6 分/次
2. 电子烟液	一般违规,6 分/次
3. 电子烟器具、部件及配件	需要类目准入,若错放类目,0.5 分/次
4. 制烟材料及烟草专用机械	一般违规,0.5 分/次
5. 烟草图片禁售(使用含有烟液的图片或图片中有烟液展示)	一般违规,1 分/次
(十五)赌博	
1. 在线赌博信息	一般违规,2 分/次
2. 赌博工具	一般违规,2 分/次
(十六)制裁及其他管制商品	
1. 禁运物	一般违规,1 分/次
2. 其他制裁商品	一般违规,1 分/次
(十七)违反目的国/本国产品质量技术法规/法令/标准的、劣质的、存在风险的商品	
1. 经权威质检部门或生产商认定、公布或召回的商品;各国明令淘汰或停止销售的商品;过期、失效、变质的商品,无生产日期、无保质期、无生产厂家的商品	一般违规,2 分/次
2. 高风险及安全隐患类商品	一般违规,1 分/次

续表

禁发商品及信息	对应违规处理
(十八)部分国家法律规定禁限售商品及因商品属性不适合跨境销售而不应售卖的商品	
1. 部分国家法律规定不允许或限制售卖的商品	根据不允许售卖商品的类别,平台有权按照禁限售违禁信息列表中已约定类别处理,包括扣分、商品屏蔽、删除等处置
2. 因商品属性不适合跨境销售而不应售卖的商品(如香水;茶叶、粉末状动/植物提取物等食用保健品、食品等)	根据发布的此类商品禁售清单,卖家不应通过类目错放等方式发布任何平台不许售卖的产品,一经发现,平台有权采取退回、下架、冻结或关闭账号的处置

8.3 跨境电子商务欺诈与纠纷处理

跨境电子商务是商业模式的变革,这种新型商业模式的出现对我国传统法律体系提出了新的要求。但当前在海关、检验检疫、税务和收付汇等方面仍然沿用的传统贸易方式的法律法规,已无法满足跨境电子商务的需要。跨境电子商务信用评价体系缺失,如在通关方面的法律条文规定不规范,交易环节操作普遍缺乏合同文本、购物凭证或服务单据等很容易引发纠纷问题。而一些法律条文又没能与发达国家接轨,导致监管难度加大。从当前跨境电子商务的法律问题来看,最突出的仍然是涉及商品质量的监督和维权问题,法律体系的不健全往往导致对跨境消费者权益保护不足,一些网络欺诈、假冒伪劣的交易行为极大损害了消费者的跨境消费权益,严重影响了我国跨境电子商务的声誉。有研究报告指出,全球每年欺诈损失总额超过500亿美元。仅2016年全球信用卡、借记卡、预付卡和私有品牌支付卡的损失就高达163.1亿美元。8%的线上交易存在欺诈风险,跨境电子零售商和批发商因欺诈损失的金额占其年收入的7.5%以上。全球电子支付规模2011年到2015年间以19.8%的年复合增长率扩大,而电子支付面临的网络欺诈也如影随形,以22%的复合年增长率在扩大。本节将从跨境电子商务的欺诈和纠纷两个方面来分析上述现象。

8.3.1 跨境电子商务欺诈

1)跨境电子商务欺诈的表现形式

跨境电子商务给卖家和买家带来交易便利的同时,随着跨境电子商务的风生水起,很多欺诈性的事件也随之而来,尽管各个平台已经在系统中对买家支付前和支付后设定了很多的风控措施,但欺诈事件仍然不能完全避免。虚拟物品因处置便利,故是欺诈分子优先选择的商品。虚拟币、虚拟道具、电信话费等商品的交易被黑客盗用的概率尤其高。

在跨境电子商务交易中,“盗用第三方支付账户”“盗卡交易”“退单风险”“身份盗窃”等是欺诈交易者最常用的方式。

(1)盗用第三方支付账户

盗用第三方支付账户是指黑客窃取用户的电子商务账户及支付密码,并登录该账户发起交易,购买一些商品进行变现,间接把用户账户里的余额取走。

(2)盗卡交易

盗卡交易是指欺诈者通过诈骗、木马或者在黑市交易等手段,盗用他人银行卡、信用卡,通过注册新账户将卡绑定到该账户名下,就可以使用这个卡来买商品,然后把商品进行变现。当被盗用户或者持卡人发现该情况后向平台索赔,则最终受损失的是商家。

(3)退单风险

消费者网上下单,实际收到订单却申请退单对跨境电子商务商家来说也是一大危害。大部分情况下,“受害人”会声称包裹放在门廊上被拿走了,请求卖家赔偿。这些消费者一般会留着产品,只有在产品发货后他们才要求退款;或者用假话换取真货再将假货退回要求全额退款等方式,这类欺诈的“罪犯”一般是普通消费者。

(4)身份盗窃

身份盗窃是目前最普遍的一种欺诈形式,主要方式包括网络钓鱼和盗号。信用卡及其他支付工具是欺诈犯的主要目标,传统的身份盗窃中,罪犯会利用盗取的支付信息实行交易。而现在身份盗窃手段也在不断更新。身份盗窃犯使用的一种新形式手段是网域嫁接,或是让消费者转到错误的网站。由于消费者的支付信息都储存在电子商务平台数据库中,因此,相比支付信息,盗取用户的账号更加容易。除了消费者账号,欺诈犯也会给商店卖家发送假的后台。当欺诈犯控制一个网上商店后,被欺诈的买家数量可以很快从 0 上升到几百名。

2)跨境电子商务欺诈的防范

(1)加强电子商务欺诈立法

大多数国家都是跟计算机安全并在一起进行电子商务立法活动。总的来说,各国的相关立法方式主要有两种:一种是关于电子商务欺诈等计算机犯罪的单行立法,以美国为代表;另一种是对原有的传统刑法条文进行修改和扩展,以德国和日本为代表。

美国是世界上计算机网络技术最发达、电子商务发展最早最具规模的国家,也是遭受电子商务欺诈犯罪危害最早最严重的国家。联邦法律和州法律并存是美国法律体系的特点,所以在电子商务领域刑事立法上,不仅有联邦刑事法规,还有各州的刑法法规。目前美国联邦立法中,有关电子商务欺诈犯罪的刑事立法主要有《与存取设备有关的欺诈及其他行为法》《联邦计算机安全处罚条例》以及《计算机欺骗与滥用法》等。此外,美国 1984 年通过的第一部关于计算机安全与犯罪的法案《欺诈存储装置与计算机欺诈、滥用法》经 1996 年 10 月 11 日修订后,改为美国联邦刑法第 18 篇第 1030 条,名为“与计算机相关的欺诈及其行为”。美国一些州也相继通过立法把利用计算机手段非法获取财产或者服务的行为规定为犯罪,如亚利桑那州有《有组织犯罪及欺诈法》,弗吉尼亚州有《弗吉尼亚州计算机犯罪法》,这些州立法中设有专门条款禁止利用计算机实施欺诈行为。

英国在 1990 年以前没有针对计算机安全和犯罪的单行立法,司法界一般把计算机相关罪案中的计算机视作犯罪工具,对这类案例,根据犯罪危害的对象和造成的后果,按照传统犯罪处罚。因此,英国关于电子商务领域刑事实体法律、法规不多,主要有 1981 年《伪造文书及货币法》、1984 年《资料保护法》和 1990 年《计算机滥用法》,也都是单行法。

虽然德国犯罪学刑法界关于计算机犯罪的理论研究比较领先,然而德国是大陆法系国家,严守罪刑法定主义,在计算机安全与犯罪问题上立法十分谨慎,一直到 1986 年 8 月 1 日刑法修正案(第二次经济犯罪防治法)才加入了若干涉及计算机安全与犯罪的条款。例如,《德国刑法典》第 263 条 a 规定,意图使自己或第三人获得不法财产利益,以对他人的计算机程序做不正确的调整,通过使用不正确的或不完全的数据,非法使用数据,或其他手段对他人的计算机程序做非法影响,致他人的财产因此遭受损失的,处 5 年以下自由刑或罚金。

日本在电子商务领域的刑事立法模式与德国极为相似,一直到 1987 年才修订刑法,增加了若干关于计算机安全与犯罪的条文。现行日本刑法关于电子商务领域刑事立法条文规定使用计算机诈骗的行为属于犯罪行为。《日本刑法典》第 246 条规定,向他人处理事务使用的电子计算机输入虚伪信息或者不正当的指令,从而制作与财产权的得失或者变更有关的不真实电磁记录,或者提供与财产权的得失或者变更有关的不真实的电磁记录,或者提供与财产权的得失、变更有关的虚伪电磁记录给他人处理事务使用,取得财产上的不法利益或者使他人取得的。

1997 年《中华人民共和国刑法》是中国第一部规范计算机安全与犯罪的刑事立法。在该刑法中关于计算机安全与犯罪总共有三个条款,即第 285 条、第 286 条和第 287 条,包括两个罪名一个准用条款。两个罪名分别是"非法侵入计算机信息系统罪"和"破坏计算机信息系统罪",第 287 条准用条款规定,利用计算机实施金融诈骗、盗窃、贪污、挪用公款、窃取国家秘密或者其他犯罪的,依照本法有关规定定罪处罚。目前,在中国的法律体系中,《刑法》第 287 条规定,与《关于维护互联网安全的决定》以及包括最高人民法院《关于审理扰乱电信市场管理秩序案件具体应用法律若干问题的解释》在内的一系列司法解释等共同构筑了我国打击电子商务领域欺诈犯罪的刑事法律体系。

(2)除立法之外的其他措施

鉴于电子商务欺诈等计算机犯罪的严重程度,世界上很多国家在加强立法以外都从不同角度采取了一系列的防治措施。

①强制报案制度。目前,理论界认为,计算机犯罪数(发现数)与实际未发现数的比率为 1∶10,而美国学者简·贝克则认为,计算机犯罪的发现率仅为 1%,犯罪黑数非常大。计算机犯罪如此,电子商务欺诈犯罪尤其如此,因为电子商务受害者中企业和商家占大多数,他们之所以在遭到欺诈后愿意保持沉默,主要是因为担心报案或者公开后,社会公众可能会对其安全系统以及信誉产生怀疑,进而造成客户的大量流失。然而这种情况会严重影响到执法机关与电子商务欺诈犯罪作斗争的能力和效果,所以执法机关极力倡导建立强制报案制度,顾名思义,就是要求受到电子商务欺诈等计算机犯罪侵害的当事人必须在一定时间内向有关当局报告此事。

强制报案制度在一些国家和地区已经兴起。例如,美国佐治亚州和犹他州在立法中规定,知道计算机犯罪事件的人、企业或者单位有向有关当局报告此事的义务。佐治亚州还规定,如果报告者出于真诚,将免于承担任何因进行报告而导致的民事责任。中国在一些计算机安全专项立法中也出现了强制报案制度的雏形。例如,《中华人民共和国计算机信息系统安全保护条例》第14条的规定,对计算机信息系统中发生的案件,有关使用单位应当在24小时内向当地县级以上人民政府公安机关报告。第20条规定,如果违反条例,不按照规定时间报告计算机信息系统中发生案件的,由公安机关处以警告或者停机整顿。另外,《计算机病毒防治管理办法》第11条第6项也存在类似的规定,对因计算机病毒引起的计算机信息系统瘫痪、程序和数据严重破坏等重大事故及时向公安机关报告,并保护现场。

②成立互联网欺诈投诉中心。2000年5月8日,美国政府在西弗吉尼亚的摩根敦宣布成立"互联网欺诈投诉中心(IFCC)",专门负责调查和打击日益猖獗的网上欺诈犯罪行为,消费者随时可以通过该中心的网站进行投诉。这是世界上第一个专门针对网络欺诈的政府机构。目前,世界上大多数国家打击电子商务欺诈犯罪都是由网络安全机构和执法部门共同负责。电子商务欺诈要么被当作计算机病毒事件,要么被当作一般的欺诈犯罪,结果导致实践中经常会出现"踢皮球"的现象,非常不利于政府及时发现和打击电子商务欺诈犯罪。通过设立这样一个专门受理网络欺诈政府机构,那些怀疑受到电子商务欺诈侵害的消费者可以迅速和有效地与执法部门分享有关信息。美国互联网欺诈投诉中心在成立之初就配备了12名联邦调查局特工和15名来自全国白领犯罪调查中心的人员,他们将在全国范围内履行执法任务。

③构建完整的风险管理架构。完整的风险管理架构对跨境电子商务及支付公司非常重要,一般由会员账户安全、交易安全、卖家安全、信息安全、终端及系统安全等部分组成。会员账户安全要求对会员的注册、登录等进行安全管控,防治恶意注册、恶意攻击、盗取账户等行为;交易安全主要是对交易真实性进行甄别,手段包括实时的风险模型、规则侦测和专业风险审核人员的介入,以及对疑似欺诈交易的及时调查等;信息安全需要对会员账户、交易及支付信息等进行严格的分级管理,对信息的访问、储存、传输等进行管控,防止信息泄露和被篡改;终端及系统安全则应在技术上加强安全保护,避免黑客攻击等行为。平台型电子商务还需要在卖家安全管理上加大投入,降低卖家的信用风险、买卖勾结欺诈风险等。

④基于数据驱动的反欺诈系统。互联网反欺诈的核心能力在于基于数据驱动的反欺诈系统的建设和完善。有效的反欺诈系统一般包括强大的实时模型体系、灵活的风险规则体系以及专业反欺诈人员的判断。大部分交易风险可通过风险模型、规则体系等机器方式识别,对机器无法识别的少数风险交易,则交由专业的反欺诈人员判断。反欺诈人员的判断结果应及时反馈至模型、规则,模型可学习、模拟专业反欺诈人员的判断过程。传统的反欺诈模式往往采用签名识别、证照校验、面对面审核等方式,效率低、成本高,互联网支付反欺诈必须基于数据驱动的风险识别能力。常见的互联网风险识别手段主要包括以下三大类:首先是身份识别,除了常用的终端数据如设备指纹、IP地址、Mac地址等,目前有更先进的生物识别技术,较成熟的包括指纹识别、掌纹识别、人脸识别等;其次是行为识别,即通过用户在互联网上的注册行为、浏览行为、购物行为等识别交易的风险,较先进的还包括近期支付宝

所公布的键盘击键行为识别技术；最后是关系识别，通过 Facebook，Twitter 等社交网络数据的引入，寻找不同用户之间千丝万缕的关联，将符合同样特征的交易或用户进行分层、聚类，可大幅提高风险识别的能力。

⑤加强跨境电子商务的风险共享及合作机制。市场可以竞争，但风险管理必须合作，良好的同业合作机制对风险防范有着非常重要的作用。从犯罪心理和行为研究来看，犯罪分子获取一批盗窃的信用卡或账户信息之后，为实现价值最大化，需要在不同电子商务平台反复销赃，且往往是将风险防控能力最弱的电子商务作为突破口。另外，不同的犯罪团队之间通过互联网实现紧密的沟通和连接，经常在黑客论坛或社区交换、购买已泄露的信用卡及账户信息，在不同的地域以不同的手法、方式进行销赃。在犯罪分子相互交流、有效组织的情况下，跨境电子商务和支付企业之间的风险信息共享和合作显得尤为重要。业内的风险合作可包括三个层次：一是黑名单及灰名单的共享，二是典型作案手法的共享，三是风险侦测系统及能力的共享。总的来说，涉及跨境电子商务的各个机构需要共建强大的风险合作网络，提升行业整体风险防控能力。

(3)提高交易双方防范意识

①针对跨境电子商务自身存在的特征，跨境电子商务买卖双方在网络上进行任何电子商务交易都要加强自我防御的意识，对表 8-4 所列的交易行为，应该引起足够重视。

表 8-4　跨境交易的买卖双方应该防范的可疑欺诈行为

卖家应该防范的跨境电子商务交易欺诈行为	买家应该防范的跨境电子商务交易欺诈行为
对第一次购物的买家	超低价格销售的“品牌”“热销品”
在很短时间内进行多笔交易的新买家	物流配送公司名称不详，单据不清楚
比平时大得多的交易额的买家	境外厂家商家不提供或者只提供短期的售后退货或者保修服务
有几个相同订单的买家	小跨境电子商务平台、不知名的跨境电子商务平台购物
产品为高价值、容易转手和变现的产品，尤其是品牌电子类产品	
订单送货要求“加急”或“24 小时内”，不计较运输成本	
不同的 buyer NickName，订单却运到同一个国家地址	
交易使用类似的账户号码，如 bestbuyer1，bestbuyer2，bestbuyer3，…	
下单后在站内信要求更改地址	
在店铺购物时有多次信用卡拒付记录的买家	

②对来自国际上公认的高危国家的买家和卖家应该特别注意。根据几个知名跨境电子商务平台以往的平台交易数据，一些高危国家如马来西亚、菲律宾、越南、印度尼西亚，以及

非洲国家等都是欺诈交易频繁发生的国家。另外，要尤其注意买家的 IP 地址和发货地址不一致的现象。有些来自危险国家的买家可能会设置代理 IP，那么显示的 IP 就不会有问题，甚至还是安全国家，但发货可能是到危险国家的，这样的情况要特别注意。

③对于跨境电子商务的交易双方的卖家而言，在交易的过程中除了辨别可疑交易行为之外，还要从以下两个方面做好减少欺诈损失的工作：

a. 充分的询盘或站内信沟通。

在买家下单前与买家充分地沟通，掌握尽可能多的买家信息，结合以上所讲授到的特征来分析是否存在风险。请跟买家保持良好的沟通，对所有询问都做出迅速而专业的回复，不要让买家觉得他们的问题未被解决，尽量避免因事件升级为拒付而造成损失。

b. 适当的价格调整。

保留底单，所有交易，请卖家均保留好发货凭证、沟通记录等，当买家日后发起拒付时，及时与平台的纠纷处理人员联系，可向银行提交相关证据，尽量减少损失。为降低欺诈交易对利润的影响，建议商家在产品的定价过程中考虑并预留欺诈交易的损失补偿比例，以减少损失。

8.3.2 跨境电子商务纠纷

1）跨境电子商务纠纷的特点与类型

在 B2B 模式中，企业双方的交易数额较大，交易双方处于相对平等的地位。各方开展的跨境电子商务与传统线下进出口贸易在形式和内容上基本相似，其产生的争议也与传统涉外商事纠纷无异。此类跨境电子商务纠纷更倾向适用传统的国际商事纠纷解决方式来处理相关争议。在 B2C 模式中，一方当事人为个人消费者，交易双方当事人往往处于不对等的地位。B2C 电子商务纠纷以跨境消费者纠纷为主要类型，呈现争议数额较小、争议数量较大的特点。这要求跨境电子商务纠纷解决方式须对消费者提供特殊的保障机制，进而提振消费者的信心，促进行业的健康发展。

目前，跨境电子商务纠纷类型主要有知识产权纠纷和消费者纠纷两大类。随着跨境电子商务的快速发展，跨境电子商务企业之间的竞争也愈演愈烈，其中不乏恶性的价格竞争。因此，跨境电子商务纠纷还涉及不正当竞争纠纷。知识产权纠纷主要体现在图片展示过程中的盗图以及产品专利侵权等现象，此类纠纷呈现出日益严重的趋势。消费者纠纷体现在运输纠纷、支付纠纷、退换货纠纷以及购买评价纠纷四个方面。其中，运输纠纷在跨境消费者纠纷中大量存在，甚至占所有纠纷总量的 50% ~60%；随着网络评价体系越来越重要，购买评价纠纷也呈现快速增长的趋势。

2）跨境电子商务纠纷解决的主要方式

ODR 是指综合运用谈判、调解和仲裁等多种手段，以互联网为平台解决当事人纠纷的一种纠纷解决机制。它的核心是借助电子通信和其他信息与通信技术解决争议。一般而言，ODR 的主要方式有在线协商、在线调解和在线仲裁等在线非诉讼程序。近年来，在线法庭在处理小额电子商务纠纷中扮演着越来越重要的角色。

(1)在线协商

双方当事人通过在线协商解决争议是一种最常见的在线纠纷解决方式,它最显著的特点是快捷高效。在线协商能够为多数交易额小、争议不大的电子商务争议提供很好的纠纷解决方式。争议的最终处理结果往往是双方当事人协商的产物,无须第三方参与解决。这种在线协商方式被称为"自行协商",协商的通道及过程都是由双方当事人自行建立。实践中,在线协商并未得到交易双方当事人的重视,主要是因为交易双方缺乏正常的协商渠道,尤其是缺乏解决纠纷的协商通道。

(2)在线调解与仲裁

在线调解是指交易双方当事人通过在线调解员的协助处理相应争议的过程。在线调解往往是通过调解员说服当事人接受自己提出的解决方案来处理纠纷,它的主要优点是快速、高效、灵活、简便。当事人可选择专门性在线调解平台解决纠纷,也可选择电子商务平台附设的调解平台解决纠纷。在线仲裁是指从仲裁协议的订立、仲裁程序的进行,以及仲裁裁决的作出均通过互联网进行。在仲裁过程中,当事人可以选择仲裁员和准据法。在线仲裁的主要难题是仲裁协议的有效性及仲裁裁决的执行问题。与在线调解类似,当事人可以选择专门性在线仲裁平台解决纠纷,也可以选择电子商务平台附设的调解平台解决纠纷。一般而言,独立于电子商务平台的在线调解及在线仲裁等程序统称为"独立型 ODR",如中国在线争议解决中心(China ODR)及中国国际经济贸易仲裁委员会(CIETAC)的网上争议解决平台。相反,依附于电子商务平台的在线调解及在线仲裁等纠纷解决程序被称为"依附型 ODR",如天猫国际及京东国际附设的纠纷解决机制。

(3)在线法庭

在线法庭也称网上法庭,是指主要在网上进行的法院诉讼程序。争议当事人可以通过电子通信技术完全实现诉讼目的。其中,在线法庭既包括在线诉讼程序也包括法院附设的在线 ODR 程序。在线法庭利用信息技术使得当事人可以完全通过在线方式进行交流,无须面对面进行接触。在线法庭的优势在于既保留了传统法庭的权威性又吸收了现代 ODR 的效益性。这对当事人处理数量众多但争议额较小且证据不多的电子商务纠纷具有很强的吸引力。相比其他 ODR 而言,在线法庭更容易获得公众及当事人的信赖。在线法庭中当事人可以获得一份强有力的判决书。在线法官比一般在线调解员更加具有威望,甚至在线法官更具有专业优势进行在线诉前调解,因为当事人更加信赖具有充分权威性(中立性与独立性)的法院及法官。目前,浙江省高院在杭州市试点设立专门的电子商务在线法庭。

3)当前 ODR 解决跨境电子商务纠纷的局限及其原因

在线纠纷解决方式在处理国内电子商务纠纷过程中扮演着越来越重要的角色。但是,一国境内的在线纠纷解决机制并不能完全满足跨境电子商务纠纷解决的实际需求。因为 ODR 方式在解决跨境电子商务纠纷过程中仍面临着诸多困境,如管辖权存在不确定性、实体法律适用困难、处理结果不易执行、缺少跨境 ODR 平台等问题,尤其是缺少必要的跨境 ODR 服务平台是影响在线纠纷解决方式有效处理跨境电子商务纠纷的最重要因素。

(1)在线法庭处理跨境电子商务纠纷的局限

通过诉讼来解决跨境电子商务纠纷的局限主要体现在管辖权、实体法律适用及执行等问题上。国际民事诉讼主要是根据属地性连结点来确定管辖权。跨境电子商务纠纷的虚拟性与“无国界”性导致其涉及的行为地及财产所在地很难确定。这造成跨境电子商务诉讼管辖权存在不确定性。

因此,当事人很可能通过“选择法院”来规避或转嫁诉讼风险。跨境电子商务纠纷涉及卖方住所地、买方住所地、交易平台网站注册地、供应商所在地、交易平台服务器所在地等多个地点,依据哪个国家的法律审理跨境电子商务纠纷同样难以确定。这造成在线诉讼过程中实体法律适用困难。也正是因为跨境电子商务诉讼的管辖权及实体法律适用存在不确定性和争议,诉讼判决通常很难在其他国家得到承认与执行。另外,诉讼程序及其判决执行的高昂成本也影响着当事人选择通过诉讼解决此类纠纷。不仅如此,各国及各地区的在线法庭建设水平参差不齐,很多规范仍在逐步探索之中。这也会影响当事人通过在线法庭方式处理跨境电子商务纠纷。

(2)在线协商处理跨境电子商务纠纷的局限

在线协商解决跨境电子商务纠纷的局限主要表现在适用范围较窄以及专业沟通渠道匮乏。在线协商在解决当事人之间争议不大、标的额较少的跨境电子商务纠纷具有较大的优势。跨境电子商务交易纠纷存在较大争议时,当事人通过在线协商解决纠纷的可能性较小,他们更倾向通过第三方协助解决纠纷。在 B2C 模式中,跨境电子商务纠纷标的额通常较小,主体呈现消费者化。与商家相比,消费者在协商过程中往往处于劣势。商家可能利用自身的经济优势在协商谈判中限制消费者的诉求。现有的在线协商机制缺乏对消费者必要的保护。课题组调研发现当事人往往因缺乏必要的沟通渠道而放弃通过在线协商解决纠纷。大多数跨境电子商务企业或平台都设有客服沟通渠道。其中,大型的跨境电子商务企业或平台还设立专门的辅助软件帮助交易双方当事人进行沟通,如天猫国际的阿里旺旺等。客服沟通渠道主要是向消费者提供产品型号、性能等内容的售前信息,对支付争议、质量争议等内容的售后信息则缺乏有效供给。但是,跨境电子商务企业都缺乏纠纷处理的专门沟通渠道。大型电子商务企业往往因对在线协商处理跨境电子商务纠纷的功效认识不足而未设立独立的纠纷处理沟通渠道。中小型电子商务企业则因经费等因素未设立专门的纠纷处理沟通渠道。此外,部分大型电子商务企业设立的纠纷处理沟通渠道因缺少必要的透明性及独立性而影响其处理纠纷的效果。

(3)在线调解与仲裁处理跨境电子商务纠纷的局限

通过在线调解与仲裁解决跨境电子商务纠纷同样面临管辖权、实体法律适用及执行等问题。同传统调解与仲裁程序一样,在线调解与仲裁的管辖权源于当事人的同意。但是,跨境电子商务纠纷的启动调解协议与仲裁协议往往表现为卖方通过“用户协议”或类似点击许可协议格式化地形成纠纷解决条款,买方必须同意上述格式化纠纷解决协议才能完成交易。这违反了当事人自主协商达成启动调解协议及仲裁协议的基本原则。正因为如此,在线调解与仲裁解决跨境电子商务纠纷可能会面临管辖权危机。与在线诉讼一样,在线仲裁在处理跨境电子商务纠纷的过程中也会面临实体法律适用及执行困难。在线仲裁程序适用的实体法同样需要根据连结点来判断,而连结点因跨境电子商务纠纷的国际性、虚拟性等客观因素变得十分难确定,这造成在线仲裁的实体法适用困难。在线仲裁的裁决结果很可能因仲裁庭的管辖权及准据法存在争议而被撤销。相比而言,在线调解处理跨境电子商务纠纷在实体法律适用问题上遇到的障碍较少,因为在线调解主要是根据当事人自主协商及合意决定来处理相关纠纷。但是,在线调解可能面临更为严峻的处理结果执行问题。调解处理结果缺乏相应的执行效力,当事人不服相关处理结果仍可以寻求司法救济途径,最终调解协议及调解书不具有终局性。这对在线调解处理结果的执行非常不利。

天猫国际及京东全球购等大型跨境电子商务企业设立的附设型 ODR 在解决部分跨境电子商务纠纷过程中面临独立性与中立性不足的困境,这是影响在线调解及仲裁解决跨境电子商务纠纷效果的一个重要因素。大型跨境电子商务平台可能因其平台责任而被境外公司起诉。平台型跨境电子商务企业最可能因监管责任而遭受起诉;平台与自营混合型跨境电子商务企业则可能因为产品责任遭受起诉。其中,此类纠纷集中体现在小部分电子商务企业或个人销售的假冒伪劣产品而产生的产品侵权责任。通过附设型 ODR 解决处理此类争议,这与在线调解与仲裁等程序的最基本原则相违背。也正因为如此,境外企业基本上会选择通过诉讼来解决相关争议。相反,因缺乏相关合作平台,国内成立最早且成熟的独立在线解决机构,如中国在线争议解决中心(China ODR)及中国国际经济贸易仲裁委员会网上争议解决中心未能在解决跨境电子商务纠纷中扮演应有的角色。一方面,当事人因缺少独立性在线纠纷解决中心而选择诉讼解决跨境电子商务纠纷;另一方面,现有的在线解决中心因缺少推广平台及渠道而缺乏跨境电子商务纠纷的案源。

4)国外跨境电子商务纠纷解决机制的经验借鉴

(1)欧盟跨境电子商务纠纷解决(ODR)平台的建设

2013 年 5 月 21 日,欧洲议会和欧盟理事会颁布了《关于在线解决消费者争议并修正第 2006/2004 号(欧共体)条例及第 2009/22 号指令的第 524/2013 号(欧盟)条例》(以下简称"欧盟消费者 ODR 条例")。欧盟消费者 ODR 条例主要是为处理欧盟范围内 B2C 电子商务纠纷创设的一个 ODR 平台。该 ODR 平台为消费者解决跨境电子商务纠纷创造便利的技术条件,也为相关纠纷解决(ADR)机构提供了处理跨境电子商务纠纷的基本规则。欧盟 ODR 平台的定位是信息服务平台及标准制订平台而不是纠纷处理平台。它是一个交互式的网站,通过唯一的"ADR 中心"链接欧盟范围内所有符合相应条件的 ADR 机构。当事人可以通过"ADR 中心"平台的入口选择具体负责处理相应跨境电子商务纠纷的 ADR 机构。欧盟 ODR 平台并不直接负责处理相关争议,它采用了由管理机构向争议方推荐,争议方协议选择网上争议解决服务机构的方式。概言之,欧盟 ODR 平台采用的是"集中受理、分散处理"的服务模式。根据欧盟消费者 ODR 条例第 5 条的规定,欧盟 ODR 平台主要有以下五种功能:

①遴选 ADR 机构。首先欧盟 ODR 平台对链接的 ADR 平台设定了最低标准。其次,符合上述标准的 ADR 机构才能通过电子注册与欧盟 ODR 平台链接。

②传递信息。欧盟 ODR 平台最主要的功能是在当事人与合适的 ADR 机构之间建立起一座信息桥梁,引导当事人通过 ADR 方式解决纠纷。ODR 平台借助信息技术优势让消费者可以直接填写电子投诉表,并转送给选定的 ADR 机构。双方当事人之间的信息也可以通过平台得到即时传递。

③告知权责。平台明确告知双方当事各自的权利义务以及各种纠纷处理方式的法律风险。当事人可根据上述信息决定是否通过 ADR 机构处理相应争议。

④电子翻译。由于跨境电子商务的国际性,因此,欧盟 ODR 平台提供 24 种官方语言服务。这样,便于当事人通过 ODR 平台交换信息,必要时平台还提供人工翻译支持服务。

⑤案件管理。欧盟 ODR 平台还提供电子化案件管理工具,该工具可以帮助 ADR 机构与当事人进行争议解决程序。为保障该平台的顺利运转,欧盟委员会通过财政全额拨款支持欧盟 ODR 平台的研发、运行和维护。

(2)联合国国际贸易法委员会(UNCITRAL)的 ODR 程序规则

2010 年 6 月,UNCITRAL 第 43 届会议决定设立专门工作小组(第三工作组)负责跨境电子商务交易(B2B 及 B2C 交易)网上纠纷解决的国际立法工作。2011 年,UNCITRAL 第三工作组拟定了《跨境电子商务交易网上争议解决:程序规则》(以下简称"程序规则")草案。随后,不同国家及组织在 UNCITRAL 第三工作组历次大会中提出了自己对程序规则草案的建议和看法。目前,该程序规则草案仍在进一步讨论当中。虽然程序规则草案仍在讨论当中,但是它为解决 ODR 管辖权、实体法律适用、结果执行等关键性问题提供了基本思路,并为各国建设 ODR 平台提供了程序规范的参考。概言之,该程序规则草案已为跨境电子商务纠纷的在线解决提供了初步的法律框架。

网上争议程序的设计、适用法律以及争议解决结果的跨境执行是跨境电子商务纠纷解决机制需要应对的主要法律问题。第一,程序规则草案为解决启动在线纠纷解决协议(或称"争议前纠纷解决协议")的效力问题提供了"双轨制"方案,成员国可以根据自身申请选择参与"一轨道"或"二轨道"。"一轨道"的程序包括谈判、调解和仲裁,它适用于认可争议前仲裁协议有效性的国家,经该程序规则做出的裁决结果具有约束力且终局性,并排除当事人通过诉讼等途径解决纠纷。"二轨道"的程序则仅包括谈判和调解,不包括仲裁,它并不排除当事人通过其他强制性纠纷处理方式解决纠纷。第二,程序规则草案为解决跨境电子商务纠纷的实体法律适用问题提供了解决思路。目前,程序规则草案未对实体法律适用给出最终答案。但是,它基本上弃用了传统冲突法规则,认为在线纠纷解决机制应当限定在特定类型的争议,并需要一套独立的实体法规则。第三,程序规则草案还为跨境电子商务纠纷 ODR 解决结果的执行问题提供了解决思路。除通过《纽约公约》等正式途径执行 ODR 处理结果之外,UNCITRAL 还提出综合运用退款、评分和信誉标记等制度来解决 ODR 处理结果的非强制性问题。

5)完善我国跨境电子商务纠纷解决机制的对策

与物流、支付、融资服务相同,跨境电子商务纠纷解决机制也属于跨境电子商务交易的一项重要配套服务。完善的跨境电子商务纠纷解决机制可以提升跨境电子商务企业的经营环境,充分保障消费者的合法权益,预防和减少跨境电子商务纠纷的发生。跨境电子商务纠纷解决机制须以在线非诉讼程序(ODR)为核心,整合在线协商、调解、仲裁等方式为企业、平台及消费者提供即时的纠纷解决服务。其中,建立并推广独立的 ODR 平台则是完善我国跨境电子商务纠纷解决机制的重中之重。

(1)明确建设 ODR 平台的主体

目前,欧美等发达国家和地区都建立了高水平的 ODR 平台,并且 ODR 制度得到较好的推广和运用。欧盟 ODR 平台更是直接为 B2C 电子商务纠纷提供纠纷解决服务。相比而言,我国 ODR 平台及 ADR 机构的发展仍处于起步阶段,高水平与高利用率的 ODR 平台更是匮乏。附设纠纷解决制度的跨境电子商务企业对推动独立性 ODR 平台的发展缺乏动力,它们担心该 ODR 平台的运行会减损其对纠纷处理过程的控制力或影响力。但是,跨境电子商务企业附设的 ODR 机制因自身的局限(中立性、透明性和独立性)又无法满足跨境电子商务纠纷解决的实际需要。因此,我国政府应当联合跨境电子商务企业共同推动跨境 ODR 平台的建设。政府在推动 ODR 平台建设问题上应占主导地位。这既可以保障 ODR 平台建设能够得到强有力的支持,也可以保障 ODR 平台保持相对的独立性、中立性及透明性。这正是 ODR 平台能够吸引国内外消费者接受和认同的基础之一。

(2)准确定位 ODR 平台的职能

ODR 平台的职能定位决定了它的运行模式和机构设置。我国目前真正缺少的是 ODR 平台的信息服务和规则服务。相关专家认为,我国应当借鉴欧盟 ODR 平台建设的经验,设立的专门 ODR 平台主要为企业、当事人及机构提供跨境电子商务纠纷解决信息服务而非直接提供纠纷解决服务。这可以最大限度地整合已有在线解决机构及其他非诉讼解决机构的资源。ODR 平台的首要目的是利用信息技术帮助当事人与在线纠纷解决机构之间建立起有效的桥梁,当事人可以通过 ODR 平台快速找到适合自己的在线纠纷解决方式及规则。为此,ODR 平台应当设立单一的纠纷受理窗口,促成跨境纠纷处理的“一站式化”。作为一个开放性平台,ODR 平台应通过设定标准和规则引导各个专业的 ODR 机构及组织与平台进行无缝链接,进而实现纠纷处理的“一站式化”。ODR 平台还可以通过与其他地区国际性 ODR 平台建立合作机制实现资源的共享。不仅如此,ODR 平台的信息服务还应注意信息安全服务。这要求 ODR 平台对当事人及企业的隐私和商业秘密等相关信息进行严格地保护,从而提升使用者对 ODR 平台的信任度。

(3)统一制定 ODR 平台的程序规则

完善跨境电子商务纠纷解决机制不仅需要设立功能强大的 ODR 平台,而且需要建立健全统一的程序规则。目前,困扰跨境电子商务纠纷 ODR 功效的因素主要体现在争议前纠纷解决协议效力不明确、实体法律适用困难及处理结果执行艰难三个方面。欧盟 ODR 平台的经验及 UN-CITRAL 程序规则草案可以提供有益借鉴。上述经验既可以帮助我们制定相关程序规则时做到有的放矢,又可以保证我们制定的规则能与国际规则接轨。为保证争议前纠纷解决协议的效力,ODR 平台制定的规则应当充分尊重当事人的意愿,保障当事人可以自主选择解决纠纷的方式。ODR 平台还应向各方当事人解释各种在线纠纷解决方式的优势与局限,鼓励当事人通过协商、调解等非强制性纠纷解决方式处理争议,这可以尽量避免实体法律适用的问题。ODR 平台还应联合各个 ADR 机构制定一套独立的实体法规则避免适用复杂的冲突法规范,将在线纠纷解决机制限定在特定类型的争议上。为保障 ODR 处理结果的有效性,ODR 平台可综合运用退款、评分和信誉标记等制度来解决 ODR 处理结果的非强制性问题。

(4)大力推广 ODR 平台的功效

由于我国 ODR 平台的建设和推广相对滞后,企业和消费者对 ODR 制定及平台的功效都缺乏充分的认识。因此,在 ODR 平台建设及运行之初,各方都有责任大力向民众推广 ODR 制度以及独立的 ODR 平台。作为 ODR 建设的主导者,政府应当通过官方渠道推广 ODR 制度及平台。政府对 ODR 平台的建设与推广不应仅停留在政策层面,还应上升到立法层面,通过立法提升民众对 ODR 制度的认识度及信任度。企业也应当大力推广 ODR 平台,因为这不仅可以提升消费者对跨境电子商务的信心,而且还可以有效帮助企业预防相关争议。除此之外,ODR 平台还可以通过适当的费用减免服务促进当事人采用 ODR 程序解决纠纷。为保障 ODR 平台的正常运转,该机构可以通过财政补贴与企业资助相结合的方式给予相应的经费保障。

8.4 跨境电子商务中的消费者权益保护

在跨境电子商务交易中,因语言障碍、法律差异、司法管辖等问题导致消费者维权成本较高,无论是国内消费者还是国外消费者,都面临同样的维权难题。针对这些问题,应在立法公正、政策公开、沟通顺畅、监管严格、投诉简化等方面加强,以切实保障跨境电子商务环境下网络消费者的合法权益,实现跨境电子商务的良性发展。

8.4.1 消费者保护的内容

跨境电子商务时代,在线交易的消费者权益保护主要涉及个人数据与隐私的保护、统一适用的退换货制度、消费者支付款项的安全、消费者网络交易知情权、网上交易消费者权益保护的行政监管及司法诉讼机制。

1)个人数据与隐私规则的保护

个人数据是指可识别的与特定主体相关的数据,是消费者权益保护的基础。隐私权如公民在网上享有的私人生活安宁与私人信息依法受到保护,不被他人非法侵犯、知悉、搜集、利用和公开的一种人格权,也指禁止在网上泄露某些个人信息,包括事实、图像等。

2)消费者的退换货权利

消费者能否退换货涉及消费者与经营者之间的权利和义务是否平衡的问题。电子商务环境下,由于网络经营的特殊性,消费者没有机会实地检验感知产品,因此,错误购买的概率很大。消费者退换货权利是影响消费者权益很重要的因素之一。

3)消费者的交易安全

跨境电子商务时代,交易安全问题是电子商务的基础,也是重要因素。交易的当事人双方处在不同的国家或地域,通过电子交易或网上银行进行交易,交易的安全会受到威胁,存在系统入侵的风险,消费者网上账户安全也会受到威胁,如消费者账户被篡改、交易支付密码被盗、账户资金被非法划走或莫名丢失等。

4)消费者网络交易知情权

消费者的交易知情权主要包括:

①消费者的身份信息,包括其登记名称、负责人姓名、主营网址和地理位置、联系方式等。

②消费者的信用情况,包括认证机构的认证及社会团体、社会中介机构对产品或服务质量作出的承诺和保证。

③与交易相关的信息,包括商品或服务的性质、种类、价格、付款方式、送货方式、售后服务等。

④网络通信所采用的方式、所需的费用。

⑤争议解决办法及法律依据等。

故意隐瞒以上信息发生争议的,应由经营者承担责任。

8.4.2 消费者权益保护存在的问题

跨境电子商务环境下,互联网是主要的交易手段,交易主体之间很难产生信任。消费者权益受到侵害的现象屡见不鲜,网络环境的虚拟性使消费者更易产生疑虑,网络的虚拟性及相关法律法规的滞后性,导致消费者的积极性不高,从而制约了跨境电子商务的发展。因此,建立健全消费者保护体制,建立网上商业机构信誉评价体系可以使消费者权益在这一新型交易模式中的损害概率大大降低。

1)网络的超地域性增加了消费者保护的难度

(1)国际管辖权增大了保护的难度

消费者保护的国际管辖权问题是导致跨境电子商务环境下消费者权益保护存在困难的原因之一。消费者对于他国的法律对产品安全、信息披露等方面的规制和要求不熟悉,如果进行跨国消费,则往往对经营者所在国的相关法律不了解导致交易失败的状况。若缺乏国际合作与协调,网络跨国消费困难重重。

(2)跨境物流的复杂性增大了保护的难度

传统外贸“集装箱”式的大规模交易逐渐被小批量、多批次、快速发货的跨境电子商务订单需求所取代,越来越多的消费者在互联网上搜索国外的产品和服务,并且接受从海外购货,这样一种消费观念的改变大大促进了跨境电子商务的发展,而货物是否按时到达,是否安全到达,包装是否合适,质量是否有保证等是消费者所考虑的一个非常重要的因素。因此,跨境物流在跨境电子商务中是不可忽视的一环。但是,在我国跨境电子商务交易中现代技术的实际效率不高、流转速度慢、交易成本高等因素严重影响跨境电子商务的发展,而跨境物流又是信息化、现代化、社会化的物流,需要一系列严格高效的物流配送环节和制度。跨境物流快速发展的同时,相关法律法规无法与之匹配导致了众多消费者的权益得不到应有的保障。

2)现有消费者权益保护法的内容不能适应需求

购买境外商品的消费者无法享受《消费者权益保护法》新增的“网购无理由退货”制度。

即便是在跨境通商城被视作海淘“正规军”的电子商务平台，买到的境外商品想退货也很难，消费者必须找具体商家“协商解决问题”。因地方法规不宜对涉外民事关系司法管辖，法律适用等实体问题作出规定，只能要求消保委参与跨境消费维权机制的构建。以往国际组织推动消费者权益保护的落脚点多放在改善国内立法方面，而直接体现在国际协定内容里的条款较为少见。

3）消费者权益保护手段相当落后

传统消费者权益保护手段只针对传统交易方式设立。传统交易中有关消费者侵权事件调查取证过程长、调查手续繁杂，不适用于跨境电子商务的交易模式。因网络的特殊性，在网络交易中损害消费者权益的方式和手段比在传统交易方式下更复杂多样，在网络上出现的虚假信息远远多于现实，不法经营者更容易利用网络等手段达到欺骗消费者的目的，网络技术也更容易被利用于制造新的欺诈方式，甚至侵权者能利用网络的虚拟性和高科技性很快地毁灭侵权证据，使消费者和监管者难以掌握证据，更难以对其实施处罚，因而使侵权行为变得难以识别、难以控制。与此同时，网络的匿名性也给准确查找违法者并使其承担法律责任增加了较大的难度。

4）政策的制定不利于消费者权益的保护

以网络消费者的合同为例，网络消费者合同多属于格式合同，具有跨境性质。从保护消费者权益的角度对网络消费者合同中的格式条款问题进行调整，应遵循使消费者在网络交易中得到与其他交易条件下同等、有效的保护原则，对现行有关对消费者合同的格式条款进行规制的法律原则仍应适用于网络环境。这对树立消费者对跨境电子商务的信心，促进跨境电子商务正常有序地发展具有重要的意义。

8.4.3 建立和完善消费者权益保护机制

针对以上提出的目前跨境电子商务中消费者权益保护存在的问题，应从多个方面有针对性地制订相应的措施，对网络跨境消费者的权益予以保护。

1）保证个人交易数据和隐私安全

在跨境网络交易的有关立法中规定，网络商家应承诺只在所申明的使用目的范围内及消费者本人同意的情形下使用消费者个人资料；未经消费者授权，不得将信息提供给第三人等。对消费者个人的网上交易数据隐私保护，在现行的消费者权益保护法中还没有明确的规定。有关部门应尽早动手，制订出相应的措施，为电子商务建立起必要的“游戏规则”、给网上消费者撑起一把“保护伞”。

2）严格市场准入机制

对从事网络经营的企业进行严格的市场准入限制；建立通过网络发布商业广告的经营者在主管部门登记备案制度。为了保证交易安全，应从立法上强化网络商店的设立和监管。网络商店不同于传统的实体店，在身份认证、付款机制、交货以及售后服务等方面都有着特殊要求。但现行相关法律却没有对其加以具体规范。随着网络购物的日益发展，要切实保护网络消费者的权益，防止网络购物欺诈，杜绝非法信息，就必须从立法上规范制约网络商店的设立程序。因此,应在立法上建立详尽的资格认证审核制度。网络商店的设立必须以具备严密的安全保障系统、完善的付款机制、通畅的送货渠道以及良好的售后服务体系为前提条件,在网络商店设立之前,申请人在提交的文件中应包含以上内容并经有关主管机关审查合格后方可批准设立。当然,这必然会加大有关主管部门的工作量,使网络商店设立变得烦琐,可以通过设立专门的网站,主管网络商店设立的网上申请及登记、审查和核发网络商店的营业执照,在保障网络商店安全性的同时兼顾效率性。

3)维护网络消费者的知情权

在今后的网上交易法律完善中,应完善网络交易信息披露规则,法律赋予消费者知情权,就是让消费者有权在对商品或者服务进行适当了解后再购买商品或者选择服务。在传统商务活动中,消费者知情权的实现是与在传统购货方式中的看货、了解情况、试用、讨价还价、进行交易、送货等一系列的环节相配套的。对于跨境网络交易而言,要更好地实现网络消费者的知情权,应由法律条款规定跨境网络商家有提供产品信息和服务的义务,产品和服务的信息包括商品的价格、产地、生产者、用途、性能、规格、等级、主要成分、生产日期、有效期限、检验合格证明、使用方法说明书、售后服务,或者服务的内容、规格、费用等有关情况。此外,还要规定被告知的信息应达到的要求,如经济合作与发展组织的电子商务中消费者保护指南规定,经营者提供的信息应该"明确、清晰、易读",如商品介绍使用的语言最好使用目标消费者所在国家的主要语言,便于跨境消费者准确无误地了解商品。有学者介绍了消费者权益保护法修改的总体方向和发展趋势,未来的跨境网络跨境消费者权益保护法将提高广告欺诈的违法成本,这也是提高网络跨境消费者知情权的一个重要方向。

4)加强国际法规的完善性和一致性

跨境交易的各个国家在立法和政策上存在较大差异,导致跨境交易中消费者的权益无法得到真正意义上的保护。例如,目前很多国家的相关法规规定,网上交易信用和评价受到保护,消费者在购买商品前无法查询对方商家的信用等级或评价。针对这种情况,应在各个跨境电子商务网站设置链接,建立交易信用评价库,供消费者检索查询,让消费者进行监督;数据库同时收录行政管理部门对经营者的投诉反馈记录。

即使有些国家有关于网络跨境消费者权益保护的法律法规,也存在很多问题,有待完善和优化。我国绝大多数属于管理性行政规章制度,部分内容以前所立的位阶较高的法律相冲突,且与司法解释互不协调,造成管理与司法的冲突,致使在网络管理中无法发挥其应有的作用。针对信用化程度不高,没有完善的信用体制的问题,应建立健全信用机制,特别是随着近几年跨境电子商务的蓬勃发展,我国现有国际贸易法律法规体系也受到严重的冲击,跨境电子商务更急需完整的法律体系加以调整和规范。我国跨境电子商务的立法应尽量反映各方面的利益和要求,以便充分顺应电子商务活动的规律,使之真正成为跨境电子商务的促进法,从根本上保证消费者权益。

【本章小结】

本章首先介绍了跨境电子商务平台知识产权规则的定义、分类和所存在的问题等,其次以速卖通为例,介绍了跨境电子商务中的禁售商品规则的相关内容,接着介绍了跨境电子商务纠纷处理以及欺诈的相关内容,最后针对跨境电子商务消费者权益的难点,介绍了跨境电子商务平台消费者权益保护的相关机制。

【思考题】

1. 跨境电子商务环境下知识产权的风险主要表现在哪几个方面?
2. 简要概述全球速卖通对买家禁限售规则中的违规行为及处罚方式。
3. 跨境电子商务纠纷解决的主要方式有哪几种?
4. 跨境电子商务交易中欺诈交易者的方式都有哪些?
5. 跨境电子商务环境下消费者权益保护的主要内容体现在哪些方面?

【实践训练】

在以往跨境电子商务爆发式增长的过程中,许多中国卖家蜂拥而上,但对知识产权意识较薄弱,以至于融入市场之后,用了别人的商标或者模仿别人的产品,触碰到他人的雷区,造成很多侵权事件的发生。

从早期的指尖猴子事件到后来的上百名独立站卖家侵权 Adidas,数千名亚马逊、速卖通、Wish、eBay 卖家被 Keith 起诉,基本上 GBC, SMG, Keith, EPS 这四大律所把卖家们都搜刮了一遍,轻则罚款上千美金,重达数十万美金。

请根据所学的内容和上述资料,完成以下练习:

1. 至少查找两起上述列举的"中国跨境电子商务卖家遭遇侵权起诉"的相关详细资料,指出遭遇起诉的主要原因及相关责任。

2. 针对上述相关原因及责任,说明如何避免此类侵权起诉。

第 9 章
跨境电子商务网络安全与监管

【案例导入】

案例一

2017 年仅上半年泄露或被盗的数据约 19 亿条,就已经超过了 2016 年全年被盗数据总量,全年预计将超过 50 亿条。表 9-1 显示了 2017 年规模较大的信息泄露事件,其中仅雅虎一家就达到了 30 亿条。

表 9-1 2017 年规模较大的信息泄露事件

月份	事 件
1	暗网市场知名供应商双旗(DoubleFlag)抛售多家中国互联网巨头数据,数据条数达 10 亿以上
2	美国媒体报道,一名美国国家安全局承包商前雇员窃取了超过 50 TB 的高度敏感数据
4	国内某知名视频网站 1 亿账户信息在名为 CosmicDark 的网络黑市出售
5	印度互联网在社会中心警告,有 1.35 亿条 Aadhear 号码及 1 亿条银行账户号码可能外泄
6	美国共和党承包商放在 AWSS3 云存储的 1 TB 数据(包含 1.98 亿选民信息)被曝任何人均可访问
8	全球知名有线电视公司 HBO 发生大规模数据泄露事件,至少 1.5 TB 的数据被黑客掌握,包括未发行的剧集到财报等其他敏感文档
9	美国最大的征信机构之一 Equifax,声明因网站漏洞导致 1.43 亿消费者信息泄露
10	雅虎在提交给美国金融监管机构的文件中,承认 30 亿账户全部泄露
11	马来西亚 12 家电信公司的 4 620 万手机账户信息在网上售卖,马来西亚人口数量为 3 120 万人
12	美国陆军及 NSA 情报平台约 100 GB 文件暴露在 AWSS3 存储服务器上,包括高度敏感、机密性国家安全数据

案例二

2015 年上半年,中国第三方移动支付市场规模达就已经达到 40 261.1 亿元,环比增速 24.8%。如此庞大的数据,可以彰显出该行业的蓬勃前景。但网络安全问题却一直是让移动支付巨头困扰的问题。

1. 支付宝大面积瘫痪无法进行操作

2015 年 5 月,拥有将近 3 亿活跃用户的支付宝出现了大面积瘫痪,全国多省市支付宝用户出现电脑端和移动端均无法进行转账付款、出现余额错误等问题。而国庆节长假之后,则有"资深"支付宝用户爆料称在登录支付宝官网后无意间发现,自己的实名认证信息下多出了 5 个未知账户,而这些账号都没有经过他本人的认证。

2. 财付通用户账号遭冻结余额不翼而飞

2015 年 8 月 10 日,腾讯一用户的财付通账号无故被冻结,财付通客服解释为账户异常,但并未给出具体解释。从 11 日开始,该用户反复提交材料并与客服要求解冻未果。直至 26 日,账户终于解冻,但发现账户余额内 2 000 余元不翼而飞。随后,该用户申请冻结账户,账户在 27 日下午被冻结后又在 28 日自动解冻。而客服解释是之前申请过冻结账户。"等于我丢了 2 000 元,他们却不知道。"

3. 翼支付频遭盗刷系统疑存隐患

从 4 月份起,翼支付绑定银行卡遭盗刷事件就已经出现过 7 次,盗刷金额从几百到几万不定。多名银行卡被盗刷受害者表示,在持卡人不知情的情况下,银行卡中的资金通过翼支付被盗刷,且翼支付无法查询到被盗刷资金去向,甚至没有开通翼支付的银行卡也被盗刷,并且被盗刷期间没有收到任何消费和支付的短信提醒,这让受害者百思不得其解。

案例三

跨境电子商务征收的行邮税随着《关于跨境电子商务零售进口税收政策的通知》的下发成为历史,跨境电子商务在税收上逐渐与普通贸易同等看待,这在一定程度上可能会加剧灰色清关,而海关也将在这个领域开展更严厉的执法。

因此,跨境电子商务如何让商品在税收上阳光化、合法化,同时保持跨境电子商务对普通进出口贸易的优势值得研究。

思考:

1. 跨境电子商务网络与监管应包括哪些方面的内容?

2. 收集相关资料,讨论一下在现有监管体系下跨境电子商务网络安全与监管的方式、方法还需要在哪些方面进行创新?

9.1 用户信息安全

用户信息从不同角度有不同的分类。从能否直接识别特定个人的角度,可以把用户信息分为直接信息和间接信息。例如,用户主题的姓名、住址、身份证号码、指纹、肖像、医疗病历等都属于直接信息。而通过分析、比较用户主题的多项信息才可以识别特定个人身份的信息,如年龄、身高、爱好、生活习惯、血型、宗教信仰等则属于间接信息。把用户信息分为直接信息和间接信息是国际上普遍认可的一种分类方式。另外,还根据个人信息的敏感程度,分为敏感信息和不敏感的信息,前者包括宗教信仰、民族、种族、性别、健康状况等可能对数据主题的生活产生较大影响的数据,更应该加强保护。但用户信息是否敏感与民族和文化有关,因此不易形成全球统一的标准。根据存在领域的不同,用户信息还可以分为公共部门掌握的信息和私营部门掌握的信息。前者包括公安部门、人事部门、医院、学校等公共部门掌握的用户信息。后者主要指企业通过网络掌握的用户信息。

本书研究的用户信息仅限于私营部门掌握的信息,既包括消费者数据,也包括员工数据,既包括直接信息,也包括间接信息。这里的私营部门既包括电子商务平台企业,也包括采用电子商务的企业;既包括买卖有形商品的企业、商家,也包括专营娱乐项目、游戏、聊天社区等无形商品和服务的网络商家;既包括从事交易的电子商务企业,也包括交易前、交易中、交易后的信息撮合平台、网络支付公司以及物流公司。但是,本书研究的用户信息具有一个共同点,就是都要进行跨境传输,即跨境电子商务场景中的用户信息。

9.1.1 场景界定

本书研究的是广义跨境电子商务,涉及个人信息跨境流动的商务活动大多可以纳入研究范围中,场景选择和界定依据具有以下特点:

1)存在个人数据的跨境流动

跨境电子商务的场景选择首先要满足一个条件:存在用户数据的跨境流动。网络零售是一个基本的场景,消费者在国外跨境电子商务网站上浏览商品信息、注册个人信息、留下物流信息及财务信息等,从而实现了用户信息的跨境流动。云计算经常利用设在不同国家的数据中心复制、镜像所收集的个人数据,导致经常会出现个人数据的跨境转移。跨国公司的子公司地处不同国家和地区,集团成员之间传输消费者数据和员工数据时,个人数据就实现了跨境流动。发达国家通常把数据处理加工业务外包到欠发达国家以降低成本,可以实现个人数据的大规模转移。

2)需收集外国居民的个人数据

跨境电子商务企业服务于外国市场,通常需要收集国外消费者的数据。跨境零售网站收集国外消费者的个人数据才可以进行货物销售,跨境服务提供商如酒店、旅游、餐饮等企业可以通过网站接受外国消费者的预定;搜索引擎收集当地居民的用户信息才能满足当地的搜索需求;云计算服务提供商收集当地消费者的用户信息才能为其提供云服务;外国的收集软件服务商收集了当地居民的用户数据才能为其提供定位等职能服务;跨境经营投资为了更好地占领当地市场也需要收集居民的个人信息。

3)受到外国隐私保护法律的约束

跨境电子商务企业要服务外国市场,经常会受到外国隐私保护法律的约束。例如,跨境投资,企业除了要熟悉东道国关于投资经营方面的法律以外,还需了解当地关于个人信息保护方面的法律,包括个人信息的收集、存储、使用、披露、跨境传输等规定,避免受到当地法律的制约。云计算服务商要了解当地的法律和政策,了解东道国政府是否允许其将当地居民的信息向其他国家的数据中心转移。收集服务提供也需了解用户所在地法律对个人信息使用的规定。搜索引擎收集各国居民的个人信息并建立关联,也要遵守信息主体所在国关于个人信息采集和使用的法律规定。

4)进行个人信息的跨境交互

微信、脸书等网络社交工具也可纳入本教材的研究范围。首先,此类企业属于营利性质;其次,网络社区通过聊天、朋友圈等交互功能可以实现个人信息的频繁跨境流动。网络社区狙击了大量的个人信息,可以说是与个人信息关系最为紧密的跨境电子商务网站,与搜索引擎一样,在面对个人信息保护法律的监管时首当其冲。近几年,谷歌和脸书就是被欧盟法律重点惩罚的对象。

9.1.2 隐私保护国际协调机制

电子商务的无国界特点对传统法律管辖权提出了空前的挑战,各国隐私保护法律在保障跨境传输的本国居民信息安全方面显得力不从心。各国法律的出发点都是保护本国居民数据安全,根据“属人”原则,希望把本国法律的管辖权扩展到别国,而别国法律通常要施行自己的法律主权,因此导致各国法律间的冲突不断增加。

在网络经济繁荣的背景下,个人信息在全球范围内迅速流动、频繁跨境,给各国法律的适用带来了很多困惑。网络中的个人信息保护问题已经从一国拓展到世界范围,需要各国之间的合作与协调,为个人信息在全球范围内的安全流动撑起一把保护伞。为了达到这个目的,需要构建区域乃至全球的隐私保护协调机制。

1)双边协调机制

(1)法律互助机制

如果两国隐私保护法律就管辖权问题争执不下时,就建立双边的法律互助机制。该机制可以就管辖权分配问题进行协商、达成共识,在涉及本国公民信息以及对方国家企业的案件处理上寻求对方国家的法律协助。

(2)合同约定机制

当个人信息出口方与进口方所在国家或地区没有对等的隐私保护法律时,则个人信息控制者在进行个人信息跨境传输前通常要与信息接收方订立合同,以合同条款的形式约束后者的隐私保护行为。欧盟规定,如果欧盟企业要向不具有“充分保护地位”的国家或地区传输个人信息时,应与数据接收方签订欧盟委员会制订的“标准合同款”(Standard Contractual Clauses,SCC)。欧盟通过合同条款的约束,使输出到境外的欧盟个人信息也能享受与欧盟境内同等的保护,而各国法律都保护基于自愿基础上的合同。通过合同约定机制可以实现双边的法律协调。

(3)行业自律机制

美国与欧盟之间通过行业自律模式实现了双边的隐私保护协调。根据 1998 年生效的欧盟个人数据保护指令的规定,由于美国没有全国性的私营领域的隐私保护法律,因此,欧盟并不认可美国具有“充分保护地位”,不允许欧盟企业向美国传输个人数据。然而,美欧之间互为重要的贸易伙伴,美国也不愿意失掉整个欧洲的个人数据业务;美国很多跨国公司都在欧盟设立了子公司,如果不允许个人数据的自由传输,会对跨国公司的业务形成桎梏,为了能够打通美欧之间的隐私保护壁垒,美国商务部积极与欧盟委员会协商,创建了"安全港框架(Safe Harbor Framework)",以行业自律的形式实现了双边的隐私保护协调。

2)多边协调机制

电子商务的发展不可能只局限于两、三个国家之间,因此建立双边协调机制仅适用于贸易关系非常紧密的国家之间。电子商务在世界范围内的蓬勃发展使得个人数据的保护问题也需要在全球视野中解决,因此需要构建区域性甚至全球性的多边协调机制。在构建多边协调机制的过程中,区域和国际经济组织应起到重要的引领和组织作用,克服单个国家仅重视本国利益的短视,以促进本区域电子商务发展并且兼顾个人数据保护为目的,努力把成员国纳入一个共同的平台上,使之对跨境电子商务中的个人信息保护问题达成协议和共识。

3)对我国的启示

(1)建立独立的数据保护当局

建立独立的数据保护当局(DPA)是世界范围内的主流模式,在世界上90多个拥有全国统一隐私保护立法的主权国家中,绝大多数国家都有独立的DPA。建立独立的DPA对内对外都有好处:对内而言,独立的DPA可以对公共机构和私营领域的隐私保护行为进行客观公正的监管,专注地处理可能涉及不同法律的隐私保护案件;对外而言,有了独立的DPA,才可以加入世界DPA的专业组织,使我国真正参与到隐私保护的国际多边协调机制当中。另外,加入APEC"跨境隐私规则"(CBPR)的前提也要求申请国需要有一个公共机构先加入"跨境执法安排"(CPEA),该机构需对经过CBPR认证的本国企业拥有完全的执法权力,并在自愿的基础上与其他CBPR加入国的隐私执法部门进行执法合作。因此,我国应该建立独立的DPA,代表国家参与数据隐私保护国际多边协调机制。

(2)颁布统一立法

不论是机构性还是非机构性的多边协调机制都鼓励各国颁布统一的个人数据保护法律,并且以现有的指南、框架、公约、指令以及将来的条例作为立法的基础。世界上已经至少有100多个独立司法管辖区颁布了全国统一的个人信息保护法律,其中包括90多个主权国家,可见在隐私保护方面进行全国统一立法是主流模式。另外,多边法律协调是世界的大趋势,如果我国要立法,应尽量依据影响力比较大的国际经济组织颁布的指导性文件,便于我国将来参与国际多边协调机制。欧盟的个人数据保护指令和欧洲委员会的公约保护水平最高,法律最为严格,但是与我国关系较远,也不太适合我国的发展水平;如果一开始就制定严格的个人数据保护法律有可能会打击我国的电子商务产业。相比较,APEC"隐私框架"(见表9-2)充分考虑亚太各国的文化差异和经济发展水平,规定比较笼统,作为亚太地区法律多边协调的最低要求,而且与CBPR的入门标准基本一致。因此,我国可以考虑根据APEC"隐私框架"制定全国统一的个人数据保护法律。

表 9-2 APEC 隐私框架九大保护原则中英文对照表

序号	英 文	中 文
1	Preventing Harm	避免伤害
2	Notice	通知
3	Collection Limitation	收集限制
4	Uses of Personal information	个人信息的使用
5	Choice	选择性原则
6	Integrity of Personal information	个人信息的完整性
7	Security Safe guards	安全保证
8	Access and Correction	查询及更正
9	Accountability	问责制

(3)参与国际多边协调机制

从隐私保护国际多边协调机制的格局来看,各个区域经济组织都在加强区域内多边协调的基础上产生了向外拓展的意愿,希望在构建全球隐私保护规则的过程中掌握主导权和话语权。区域经济组织的行为有时体现了其背后大国之间的博弈。例如,美国想通过 CBPR 增加与欧盟较量的筹码,欧盟通过“安全港”的失效对美国数据行业进行遏制。美国在与欧盟较量的过程中也进行了联手,如推动 CBPR 与欧盟 BCR 的互认,发达国家正是在这种竞争与合作的关系中重塑全球隐私规则,争夺规则的主导权。

从总体趋势来看,加强全球隐私保护是大趋势,国际多边协调机制正在从区域化向国际化发展,将来会逐渐达到完善和成熟,成为发达国家构建的另一个规则壁垒,就像现在的知识产权一样。当规则构建完毕,游离于规则之外的国家就会处处碰壁,被迫地服从新的规则,并且以行业遭受沉重打击为代价。我国是电子商务大国,跨境电子商务发展势头良好,并且正在积极向国外市场挺进,如果将来遭遇隐私规则的制裁,将对我国电子商务造成巨大的打击。作为经济发展大国,我国应主动参与国际规则的制定,增加话语权。隐私保护规则关乎我国跨境电子商务的前途,因此,我国应积极参与数据隐私保护国际多边协调机制,尽早学习规则,参与规则的制定。在上述机构化与非机构化的多边协调机制之中,APEC 的“跨境隐私则”较为适合我国的国情,我国本也属于亚太区域的大国。因此,我国要加入数据隐私保护国际多边协调机制可以从 CBPR 入手。另外,当我国建立独立数据保护当局之后,也应积极参与世界 DPA 的专业组织和大会。

9.1.3 我国个人信息保护现状

我国数据隐私保护的状况不容乐观。据不完全统计,2014—2018 年我国发生的千万级用户数据泄露的事件已经超过 10 件。与此同时,我国的隐私保护法律、行业自律机制、标准制定情况如何,下文将进行逐项分析。

1)法律保护

我国至今还没有一部全国性的个人信息保护法律,目前主要采取分散立法的形式,对个人信息的保护散见于《刑法》《侵权责任法》《治安管理处罚法》,以及《电子签名法》《商业银行法》《中国人民银行法》《律师法》《身份证法》《妇女权益保障法》《未成年人保护法》《邮政法》等部门法中。据称,我国涉及隐私保护的法律法规总数超过200部,但是因法律级别低或者缺乏可操作性而没有起到真正的约束作用。

2012年12月28日,人大常委会颁布了《关于加强网络信息保护的决定》,该规定是首个由国家立法机关针对个人信息保护出台的专门性文件,提出了较为全面的个人信息保护原则。然而,决定不足以称之为法律,且内容较为笼统,缺乏可操作性,但是却为新出台或修订的法律指明了方向。在《决定》出台以前,个人信息保护虽然散见于不同法律,但是以《宪法》为首,我国法律并没有确定"隐私权"这个公民权利,而只是把个人信息保护放在人格权和名誉权下面进行保护。《决定》颁布以后,许多新修订或制定的法律都把个人信息保护明确地纳入了法律保护的范围,并做了较为详细的规定。

2014年3月15日开始执行的新版《中华人民共和国消费者权益保护法》就将个人信息保护的规定贯穿全文。新消法的第14条规定消费者享有个人信息依法得到保护的权利;第29条对经营者收集、使用、持有、披露消费者个人信息应遵循的原则做了详细规定;第50条和第56条对侵害消费者个人信息的经营者规定了处罚措施。《中华人民共和国刑法》(修正案七,2009年)首次增加了"出售、非法提供公民个人信息罪"的罪名,主要针对国家机关、企事业单位工作人员把出于正常工作需要所收集的公民信息非法出售给他人并获利的行为。2015年11月1日开始施行的《刑法》(修正案九)第四章《侵犯公民人身权利、民主权利罪》第253条改罪名为"侵犯公民个人信息罪",在非法出售公民个人信息的犯罪行为之外,增加了非法获取、窃取公民信息的罪行。我国的隐私保护法律存在以下特点:第一,立法采取分散立法模式,法律之间难免存在重复和冲突的情况,而且必定存在一些法律的真空地带。第二,立法层级低,在实践中主要靠部门法和规章制度来调节隐私保护行为,而部门法比较简单,缺少可操作性。第三,立法权分散导致法律监管职能分散,形成了执法空白或争议地带,以及行业监管交叉重复的现象。

2)行业自律

(1)行业协会

我国互联网行业自律机制的初步形成,主要推动力为行业协会。中国互联网协会成立于2001年,是互联网行业最主要的自律性组织。2002年3月,协会发布了《中国互联网行业自律公约》,中国电子商务协会于2000年6月成立,其业务活动受信息产业部的指导和民政部的监督管理。协会积极推动电子商务行业的健康发展,同时也很重视电子商务中的隐私保护问题。中国消费者协会成立于1984年,是工商行政管理总局的直属单位。消协主要以向社会发布"消费警示"的形式提醒消费者保护自身利益。对频繁出现的网络隐私侵权现象,消协也曾多次发布"消费警示"。

(2)第三方认证机构

我国互联网行业也存在一些认证机构,认证标准包含部分关于隐私保护的内容,但是我国还没有像美国 TRUSTe① 或是 BBBOnline② 一样专门做企业隐私保护水平认证的机构。涉及隐私保护水平认证的第三方机构主要由中国软件测评中心、公安部信息安全等级保护评估中心和公安部信息安全产品检验中心。

(3)我国行业自律机制评价

首先,我国行业自律机制初步形成。既有以互联网协会为首的行业协会在积极倡导企业加强对消费者的隐私保护,又有像中国软件测评中心这样的认证机构将企业隐私保护水平纳入了认证范围之内。其次,我国行业自律机制约束力不大。行业协会的公约对会员企业只能起到引导、号召的作用,却无法真正约束其违反公约的行为。行业协会靠收取会员费来维系自身的运营,这就决定了协会对企业的约束力十分有限。最后,我国缺乏专业的隐私保护认证机构。我国虽然也有一些互联网行业的认证机构增加了隐私保护方面的内容,但是在认证的深度和广度上都具有很大的局限性。

3)隐私保护标准

我国在隐私保护方面出台了一些技术标准和管理标准。其中技术标准并没有专门针对隐私保护而设计,只是在设计网络技术安全标准时会考虑个人数据传输的安全,因此我国在隐私保护方面的技术标准远没有国际标准先进和全面。我国也颁布了一些隐私保护方面的管理标准,先是大连、成都、西安软件行业制订了地方性标准和规范,然后是全国信息安全标准化技术委员会(信安标委)于 2012 年颁布了首个全国性的管理标准。以上标准都停留在 FIP(公平信息实践)阶段,主要体现为隐私保护原则,对于企业来说缺乏可操作性,而国际先进的管理标准已经进入 PIA(隐私影响评估)和 PbD(隐私保护设计)阶段了。

4)我国隐私保护现状总结

我国隐私保护水平总体不高,与世界发达国家以及许多发展中国家都存在较大的差距。由于我国文化重集体而轻个体,个人隐私保护的观念淡薄,导致消费者和企业的隐私保护意识不强;加之,我国一直未在宪法中确立公民的隐私权利,未出台全国性的隐私保护法律,分散法律虽然数量众多但是级别不高、约束力不足;行业自律机制发展不完善,隐私保护相关的技术标准和管理标准远落后于世界先进水平。因此,我国隐私保护水平总体不高。

近些年来,随着网民的急剧增多,消费者饱受个人信息泄露之苦,现在人们的隐私保护

① TRUSTe 是美国加利福尼亚州旧金山的一家公司,以其在线隐私封条闻名于世。TRUSTe 的经营着世界上最大的隐私密封方案,为 3 500 多个网站提供认证,包括领先的门户网站和雅虎、脸谱、微软、苹果公司、IBM 公司、甲骨文公司、Zoho、Intuit 和 eBay、Comm100。除了它的隐私密封外,TRUSTe 还提供包括网站的声誉管理,隐私政策一代、供应商评价和消费者隐私的争议解决等的专业服务。

② BBBonline 隐私认证计划(BBBonline Privacy Seal Program)。BBBonline 是促进良好商业顾问局(Councilof Better Business Bureau)的附属机构,该机构在 1999 年 3 月 17 日建立并开始其隐私认证计划。在 1999 年 7 月,42 个站点通过了它的隐私认证,尚有 300 个站点在申请中。为了获得 BBBonline 的认证,申请者必须在网站上张贴自身的隐私政策公告,并遵守认证机构确定的信息行为规则,同时参加 BBBonline 所确立的消费者纠纷解决机制,并服从 BBBonline 的监督和审查。

意识有所提高。消费者提出隐私保护的诉求，就会倒逼企业提高隐私保护水平以增强市场竞争力。与此同时，国家开始重视个人信息保护问题，2012 年人大常委会关于加强个人信息保护的决定给我国指明了政策和立法导向，之后出台的新法和修正案都加入了个人信息保护的内容。消费者的诉求和国家政策的导向一致推动企业提高隐私保护水平，因此在近年来，我国企业的隐私保护整体水平有所提高，但仍落后于国外。虽然我国的文化、法律环境对企业的隐私保护水平具有极大的宽容度，但是国际上对企业的隐私保护水平要求却越来越高。如果我国企业要参与国际竞争，就必须提高隐私保护水平，遵守国际隐私保护规则。我国正在大力发展跨境电子商务，而这种商业模式的无国界特点就决定了它一定会受到国际隐私保护规则的约束。如果我国希望实现跨境电子商务的可持续发展，就必须学习世界先进的隐私保护法律、规则体系和标准，不仅学习还要积极参与；不只让企业学习，国家管理部门更需学习和参与，从政策、立法、行业自律、标准建设全方位地引导我国跨境电子商务企业的发展。

9.2 支付工具安全

近年来，随着互联网技术的进步和国内消费者需求的升级，国内对进口产品的需求呈现爆发式增长。同时，跨境电子商务交易规模的迅速扩大，则得益于跨境支付的发展。当下，在智能手机渗透率逐渐提高、支付方式不断创新和民众消费观念日益变化等因素的共同作用下，跨境电子商务和跨境支付将迎来最佳发展时机，也将有一大批企业驶向跨境支付市场的“蓝海”。当我们看到跨境支付这片“蓝海”时，也要清醒地认识到，在“海面”下时刻都会出现惊涛骇浪，危及消费者的财产安全。因此，在客观、全面审视跨境支付行业运行模式及风险的基础上，应合理、渐进式地构建跨境支付监管框架。

9.2.1 我国跨境电子商务支付现状

2000 年以来，我国第三方支付产业依托电子商务的发展，经历了从萌芽到迅速发展的过程，如今已经渗透到几乎所有的支付领域和支付场景。随着跨境电子商务的发展，新的市场需求不断被激发，新的支付场景不断出现。如海外自助游的兴起、酒店机票订购、留学教育、软件服务等服务贸易支出呼唤新的支付方式出现；国内消费者“海淘”服装、母婴用品、视频等货物贸易支出也需要支付方式的创新。跨境电子商务在实现商品和服务跨国流动的同时，必然需要资金的跨国流动，并且要实现货物流（服务流）和资金流的匹配，即跨境支付是跨境电子商务交易顺利完成的一个重要环节。

1）跨境支付的一般模式

跨境支付是指两个或两个以上的国家或地区之间因国际贸易、国际投资及其他方面而发生的国际债权债务，求助一定的结算工具和支付系统实现的资金跨国和跨地区转移的行为。

（1）传统的商业银行跨境汇款模式

该模式可以理解为线上下单、线下支付模式，即境内消费者通过电子商务平台查询、搜索海外商品信息，挑选商户，再通过向海外商户“了解交易信息”后，发出订单信息，待消费者完成付款后，由海外商户通过国际快递发货。在此模式下，消费者需要应海外商户的要求通过银行柜台或网上银行购汇，填写汇款申请表，按照订单金额汇入海外商户指定账户，并承担汇款后海外商户不发货等风险。

(2)第三方支付机构参与下的跨境互联网支付模式

该模式是指境内消费者通过电子商务平台提供的海外特约商户，选择自己希望购买的商品，以电子订单的形式发出购物请求，然后通过与第三方支付机构账号绑定的银行卡，支付相应的人民币给第三方支付机构即可完成付款；第三方支付机构将货款划转到境外商户的开户银行。当然，除了我们所熟知的消费者（付款人）在境内、商家（收款人）在境外交易模式——“海淘”外，通过第三方支付平台进行的交易还有购买者在境外、商家在境内交易模式——境外购买。这两种交易模式除了方向相反外，并无实质的不同，在此不作区分，一并讨论。跨境支付应用场景及市场规模见表9-3。

表9-3　跨境支付应用场景及市场规模

跨境支付应用场景	2015年市场规模/万亿元	2020年市场规模/万亿元
跨境电子商务交易额 B2C：B2C=88.5%：11.5%	总计：5.4 B2B：4.78 B2C：0.62	总计：13.4 B2B：11.86 B2C：1.54
出境游(T)	1.2(B2C)	2.62(B2C)
留学(E)	0.42(B2C)	0.68(B2C)
应用场景规模合计	7.02(B2C)	16.7(B2C)
第三方跨境支付费率(K_1，K_2 分别对 B2B，B2C 的费率)	B2B：0.15%　B2C：1%	
应用第三方跨境支付渠道的比例(m_1，m_2 分别对应 B2B，B2C 的比例)	B2B：10%　B2C：33%+4.2%	
跨境支付潜在市场规模(Y)	90.5	197.9

2)我国跨境支付发展现状

截至2018年，中国网民跨境转账汇款渠道主要包括第三方支付平台、商业银行和专业汇款公司。其中，使用第三方支付平台和商业银行的用户比例较高，分别为82.2%和81.4%。从经常使用的角度来看，第三方支付平台更受青睐，占比为50.9%。相较于商业银行较高的费率和专业汇款公司有限的覆盖网点，第三方支付平台能同时满足用户对跨境汇款便捷性和低费率的需求，因此，受到越来越多消费者的青睐。

第三方支付机构跨境支付业务是近年来快速发展起来的。2018年以来，其业务范围逐渐扩大，流程逐渐优化。2007年国家外汇管理局正式批复支付宝公司成为国内首家开展境外收单业务的支付企业，为境内个人购买境外合作商户网站以外币计价的商品提供购汇服务。目前,支付宝的跨境服务已拓展到34个国家和地区,支持美元、英镑、欧元、瑞士法郎等10多种外币结算。2012年,支付宝境外收单业务成交总量已达24.6亿元,年均增长242%。2014年,个人跨境网购支出超过15亿美元,支付宝办理跨境电子商务外汇收支17.2亿美元,结售汇18.3亿美元。国家也出台了一系列促进跨境电子商务和跨境支付发展的政策措施。

9.2.2 跨境电子商务支付面临的主要风险

跨境电子商务和跨境支付在迎来最佳发展的同时,也会滋生一系列风险,主要包括以下方面:

1)交易真实性识别风险

跨境电子商务支付关系到个人和企业交易的资金安全和信息安全,涉及金融稳定。相对目前较为成熟的银行监管系统,通过支付机构进行支付的交易难以保证其真实性。交易的真实性是跨境电子商务运行和发展的生命线。若非如此,跨境电子商务交易平台可能会沦为欺诈盛行之地,成为逃避监管的法外"飞地"和跨境洗钱、网络赌博、贪污贿赂、网络诈骗等各种犯罪滋生的温床。

交易真实性包括交易主体的真实性和交易内容的真实性。与一般进出口贸易相比,跨境电子商务支付的真实性更加难以把握,主要有以下两方面的原因:

①从交易主体方面来说,第三方支付机构缺乏身份识别的有效手段,很难做到"了解你的客户"。按照2015年1月国家外汇管理局发布的《关于开展支付机构跨境外汇支付业务试点的通知》(汇发〔2015〕7号)(以下简称"7号文"),第三方支付机构负有对客户身份真实性审核的义务。但是,因以下几个方面的原因,第三方支付机构目前还难以履行此义务:一是第三方支付机构目前尚未使用公安部的身份联网核查系统,难以确保个人身份信息的真实性;而且对重号身份证、一代身份证、虚假身份证、转借身份证等也缺乏有效的甄别措施。二是境外客户的身份审查更加困难。困难之一是境外客户是否配合提供身份信息;困难之二是审核人员缺乏有效手段对诸如客户的职业、收入情况、通信地址等信息进行核实。三是对法人客户身份信息的审核存在漏洞。审核机构对组织机构代码证等的过期、失效、吊销、作废缺乏有效的监督手段和监督工具。支付机构常用的通知更新手段是打电话、发邮件等,但经常遇到电话无法接通等无法联系到法人客户的情况。由于第三方支付机构的法人客户众多,又牵涉海外商户,此问题不容小觑。

②国家外汇管理局在贸易背景真实性审核方面有具体的要求,但跨境交易的内容真实性审核也同样存在一定困难。由于第三方支付平台获取境外客户的实际控制人、股权结构等信息存在困难,难以判断客户的财务状况、经营范围与资金交易情况是否相符。因此,无法核实跨境交易金额和交易商品是否匹配。加之,对境外客户进行尽职调查的成本相对较高,造成审核工作流于形式。网上交易的部分商品或服务属于虚拟产品,对虚拟产品如何定价缺乏衡量标准,有可能出现以跨境支付为幌子向境外非法转移资金,为境内账款转移到境外提供便利渠道,还有可能出现网络诈骗和欺诈交易。国际上比较先进的支付机构如PayPal账户的功能已经不再局限于跨境电子商务平台。对买卖双方基于邮件联系达成交易

而产生的付款请求,此邮件信息是否能够被认定为交易真实性的材料,目前这一问题还没有答案。支付机构可以通过比对订单信息、物流信息、支付信息等方式,确认现金流与货物流或服务流是否匹配,但这同样存在一定困难。从信息获取渠道角度看,电子商务平台和支付平台是两个不同的主体,支付机构仅负责支付事项,并不掌握订单信息和物流信息;从信息质量角度看,支付机构从电子商务平台和物流公司获取的信息可能滞后,信息的准确性也受到影响。总之,第三方支付机构审核跨境交易的内容真实性和主体真实性都存在不少困难,跨境电子商务支付存在交易真实性识别风险。

2)洗钱和资金非法流动风险

①现有《反洗钱法》等法律存在不健全之处。根据我国《反洗钱法》的规定,履行反洗钱义务的主体包括金融机构和特定的非金融机构,第三方支付机构作为非金融机构负有反洗钱的义务。《支付机构反洗钱和反恐怖融资管理办法》是中国人民银行对支付机构制定的规章,但并未明确规定跨境电子支付中的反洗钱内容,第三方支付机构跨境支付缺少直接的具体规定和规范指引。

②对如何甄别洗钱和合法资金流动缺乏可靠手段。同一个跨境交易主体既在境内注册成为第三方支付机构客户,又在境外注册成为海外商户,或者境内机构客户通过在境外设立关联公司的方式,自己与自己交易,绕过国内外汇管理限制,进行跨国资金转移、洗钱等。目前尚缺乏有效的甄别手段。跨境支付有可能沦为"网上地下钱庄"活动的舞台。

3)备付金管理风险

第三方支付的主要优势在于通过支付机构的自身信用来弥补交易双方信息不对称造成的信用缺失问题。付款方首先把资金汇入支付机构,在支付机构得到付款方付款确认后,根据支付机构支付规则,付款方默认付款,支付机构再支付给收款方。因此资金不可避免地会在支付机构账户上有一定时间的停留而成为沉淀资金。资金在"非金融机构"沉淀有可能产生诸多风险:一是资金被挪用的风险。在跨境支付业务中,因信息不对称,监管部门难以掌握支付机构备付金管理和使用情况,支付机构也无须缴纳存款准备金,支付机构可以轻易挪用客户备付金,备付金被挪用的风险加大。二是流动性风险,在跨境支付业务中支付机构需要在不同备付金账户之间,包括境内外不同备付金账户之间进行资金调度,以满足正常的客户资金结算需要。支付机构操作失误、调度不及时等可能会造成结算资金不足,引发流动性风险,尤其是涉及境内外账户之间的资金调度,因结算周期长、业务操作复杂等因素,支付机构面临更大的流动性风险。7 号文第四章用五个条文专门规定了账户管理问题要求"支付机构应将客户外汇备付金账户资金与自有外汇资金严格区分""支付机构为客户办理结售汇及跨境收付业务均应通过外汇备付金账户进行""外汇备付金账户不得提取或存入现钞,不得在无交易情况下预收、预存"等。政策效果如何,我们将拭目以待。

4)逃避个人结售汇限制的风险

我国目前的资本项目尚未完全放开,经常项目基本处于可自由兑换。但对个人结售汇实行年度限额管理,个人年度结售汇限额不超过等值 5 万美元。通过第三方支付机构进行的跨境支付境内消费者在完成订单确认后向第三方支付机构付款,再由第三方机构向银行集中购汇,银行再按照第三方支付机构的指令,将资金划入目标账户。一方面,第三方支付机构只能获取交易双方有限的交易信息,如订单号、银行账号等,银行无法获取个人信息,这样就很难执行个人年度结售汇管理政策。另一方面,如何认定分拆结售汇也存在一定困难。从国家外汇管理局前期试点监测情况来看,试点业务多为 C2C 个人“海淘”等小额交易,人均结售汇金额不足 60 美元。境内消费者一天之内几次或十几次小额购物,算不算分拆结售汇。对此,大多银行并没有按照国家外汇管理局颁布的《关于进一步完善个人结售汇业务管理的通知》的规定进行业务办理,就是说默认了 PayPal 等支付企业使用虚拟电子账户来识别用户,对银行账号和信用卡账号保密,屏蔽资金的真实来源与去向。这将影响国际收支核查工作的有效性,银行无法正常履行相关部门的规定,不利于跨境电子商务支付在国际收支方面的申报。

5)国际收支的申报管理监测风险

①支付机构成为国际收支申报主体,这一情况既存在“越位”的问题,又存在“缺位”的问题,支付机构的定位不甚明确。7 号文第十八条规定:“支付机构应当根据本指导意见要求报送相关业务数据和信息,并保证数据准确性、完整性和一致性。银行应按照国际收支申报及结售汇信息报送相关规定,依据支付机构提供数据进行相关信息报送。”支付机构在跨境的外汇收支管理中,实际上承担着与银行类似的职责,既要执行外汇管理政策,又要监督交易行为,也就是说支付机构既是运动员又是裁判员。

支付机构是以营利为目的的商业企业,让其承担管理职责存在义务和权利的冲突,容易滋生监管缺位和监管腐败问题。另外,因《外汇管理条例》没有规定跨境支付结售汇的具体内容,支付机构的法律地位也缺乏上位法的依据。

②外汇收支统计中存在问题。由于支付机构直接充当跨境电子商务的收付款方,境内外交易主体不发生直接的资金收付行为,因此,国际收支申报的收付款主体是支付机构,而不是实际的交易双方,申报时间与资金实际的跨境收支时间不吻合,增加了监测难度,并为以后的调查审核工作带来了不可估量的难度。

③实名认证系统不完善。一方面,国家外汇管理局对支付机构的用户——包括跨境电子商务企业和个人,没有进行实名认证管理,无法核实企业是否具有对外贸易经营权,并且部分从事跨境电子商务交易的企业未办理外汇收支企业名录登记。这样就增加了后续管理的难度,可能造成货物贸易总量核查出错。国家外汇管理局仅对支付机构进行了实名认证管理,但是,认证后这些用户名单并没有直接进入外汇监管系统,给监管带来不便。因此,就存在另一方面的问题,即支付机构对企业和个人用户没有进行区别管理。而实际上,个人项下资金流动相应的申报和审核标准有别于企业。如果两种主体的资金没有进行严格区分和监测,监管难度同样会加大。

9.2.3 我国跨境电子商务支付的监管现状

跨境支付行业在进一步发展壮大的同时,若没有相应监管配套措施的跟进,必将滋生一系列风险,制约其繁荣、有序发展。因此,在客观、全面审视跨境支付行业运行模式的基础上,需以发展和创新为理念,合理、渐进地构建跨境支付监管框架。

金融市场具有风险易传导、波及面广、涉及金额较大等特点，尤其是在金融市场全球化、混业经营已经成为趋势的背景下，系统性风险像一把“达摩克利斯之剑”，悬在各国监管机构的头顶。监管机构对金融市场的监管可谓用心良苦、极为谨慎努力地在保持金融稳定和防止产生金融抑制之间寻求平衡。跨境支付市场是新生事物，也是金融市场的一部分，如何在促进跨境电子商务发展的同时，保持金融稳定，不出现系统性风险，同样考验着我国监管机构的监管水平。2010—2016 年，我国相关监管机构发布了一系列针对跨境支付的监管规定和政策，反映了监管机构对发展跨境电子商务的重视，以及对跨境支付市场发展的谨慎态度。

①2010 年 6 月，中国人民银行发布《非金融机构支付服务管理办法》鼓励机构支付市场参与者多元化，但针对跨境支付业务的监管细则未出台。

②2012 年 12 月，中国人民银行表示将在支付系统中增加跨境支付清算功能。

③2013 年 2 月，国家外汇管理局制定了《支付机构跨境电子商务外汇支付业务试点指导意见》，在上海、北京、重庆、浙江、深圳等地区开展试点，允许参加试点的支付机构集中为电子商务客户办理跨境收付汇和结售汇业务。

④2013 年 3 月，《银行卡收单管理办法（征求意见稿）》中增加了跨境支付管理的相关条款。

⑤2013 年 3 月，全国政协委员、国家邮政局局长马军胜在全国政协十二届一次会议上提交提案指出跨境网购在跨境支付、进出通关、退（征）税、结汇以及跨境寄递等方面的阶段性障碍亟待突破。

⑥2013 年 9 月，支付宝、财付通、快钱、汇付天下等 17 家第三方付企业获得跨境支付业务试点资格。

⑦2014 年 7 月，试点支付机构增至 22 家；2015 年 1 月，国家外汇管理局在总结五地试点经验的基础上，正式下发了《关于开展支付机构跨境外汇支付业务试点的通知》（汇发〔2015〕7 号）。本次试点以“试机构，不试地区”“守住风险底线，拓宽业务范围”为原则，将试点推广至全国，进一步扩大了服务贸易种类及单笔交易金额上线。

⑧2015 年 3 月，国务院批复浙江省政府，下发《关于同意设立中国（杭州）跨境电子商务综合试验区的批复》（国函〔2015〕44 号）；2015 年 5 月，国务院下发《关于大力发展电子商务加快培育经济新动力的意见》（国发〔2015〕24 号）。

⑨2015 年 6 月 20 日，国务院办公厅正式下发《关于促进跨境电子商务健康快速发展的指导意见》，提出完善电子商务支付结算管理的要求。

⑩2016 年 1 月 15 日，国务院下发《关于同意在天津等 12 个城市设立跨境电子商务综合试验区的批复》（国函〔2016〕17 号）。

总体来看，现有相关规定和政策的制定主体单一，主要是国家外汇管理局单独制定政策，而其主要考虑的是外汇管理政策的执行情况，对报关、货物和服务贸易真实性审核、第三方支付机构管理、用户身份管理等缺乏管理经验，难以制定详尽而有效的管理规定。也就是说，单靠国家外汇管理局一家专业性机构，难以监管涉及多个监管部门的规定和政策，制定的规定和政策往往是相互割裂和片面的，也难以形成监管合力。

9.3 交易数据安全

9.3.1 跨境电子商务交易数据安全问题

1)信息泄露

电子商务中的信息泄露表现为贸易双方的相关信息内容被攻击者窃取,如商业机密等。攻击者获取信息的方式主要有两种:一是窃听,信息在网络传送过程中,攻击者可在传输通道上对数据进行非法截获、监听,获取通信中的敏感信息,造成网上传输信息泄露;二是通过攻击数据库服务器,即利用 WEB 程序或网络数据库的缺陷,通过多种技术手段,绕过网站系统、WEB 程序或网络数据库的安全限制,直接从网站中获取机密信息。

2)操作系统漏洞

每个操作系统都是有漏洞的,而网络的入侵者为了在电子商务活动中得到利益,利用系统本身的安全漏洞进入系统,获取数据操作权限,从而为所欲为。那么,这些漏洞是如何产生的呢? 首先是没有及时为系统打补丁,再有就是可能借助第三方软件打补丁时,在设置中,总是选择默认的最低级别。再有,就是没有为系统加强防护,如防火墙系统、入侵检测系统。还有就是别有用心的人给你下载的木马病毒。这些都是给入侵者提供了便利条件。

3)黑客的攻击

黑客是电子商务安全中最大的危险。其目的就是窃取信息,如商业机密和个人的账号密码,以获得经济利益。而黑客也是现有安全威胁中最大的隐患。他们的攻击方法和手段之多,让人防不胜防。

9.3.2 加强跨境电子商务数据安全的保障措施

1)加强电子商务安全管理工作

电子商务安全隐患归根到底还是人的问题,即管理问题。但是,在实际网络安全运行管理过程中人们往往只关注技术方面的安全隐患,注重技术管理,对人的管理不够重视,对网络安全中人为因素造成的安全隐患并没有做详细分析与处理,导致网络安全管理工作滞后于网络技术的发展。实际上,不管是从技术上还是从人为的操作汇总都应该由人来设计、配置、组织、管理、调整、维修等。建立一个综合性的网络管理团队,提高网络安全管理能力,为网络安全运行提供一个良好的内部环境。

2)电子商务的安全保障技术

(1)数据加密技术

数据加密技术是为提高信息系统及数据的安全性和保密性,防止秘密数据被外部破坏所采用的主要技术手段之一。对网络传输的信息进行加密,在通道上传输密文,可以有效地防范攻击者对信息内容的真实解读。数据加密就是按照规定的密码算法,将敏感的明文数据变换成难以识别的密文数据。通过使用不同的密钥,可用同一加密算法,将同一明文加密成不同的密文。当需要时可使用密钥将密文数据还原成明文数据,称为解密。密钥加密技术分为对称密钥加密和非对称密钥加密两类。对称加密技术是在加密与解密过程中使用相同的密钥加以控制,它的保密核心主要取决于对密钥的保密。特点是数字运算量小,加密速度快,但相对地,密钥管理安全性的代价较高,一旦密钥泄露,将直接影响信息的安全。

(2)入侵检测技术

入侵检测系统(IDS)可以被定义为对计算机和网络资源的恶意使用行为进行识别和相应处理的系统。它从计算机网络系统中的若干关键点收集信息,并分析这些信息,看看网络中是否有违反安全策略的行为和遭到袭击的迹象。包括来自系统外部的入侵行为和来自内部用户的非授权行为。在发现入侵后,系统会及时作出响应,包括切断网络连接、记录事件和报警等。

(3)防火墙技术

防火墙的主要功能是加强网络之间的访问控制,防止外部网络用户以非法手段通过外部网络进入内部网络(被保护网络)。它对两个或多个网络之间传输的数据包和链接方式按照一定的安全策略对其进行检查,来决定网络之间的通信是否被允许,并监管网络运行状态。它能有效地控制内部网络与外部网络之间的访问及数据传输,从而达到保护内部网络的信息不受外部非授权用户的访问和过滤不良信息的目的。简单防火墙技术可以在路由器上实现,而专用防火墙可提供更加可靠的网络安全控制方法。虚拟专用网(VPN)即是用于网络交易的一种专用网络,它通过一个公用网络建立一个临时的、安全的链接,是一条穿过混乱的公用网络的安全、稳定的隧道。

(4)个人身份认证技术

在电子商务网络平台的安全隐患之中,不法分子对数据信息的篡改比较常见,对电子商务平台的正常发展影响极大。而个人身份认证技术则可以有效地解决这一问题。个人身份认证指的是通过认证交易双方的某个参数与保存的数据的真实性与完整性,从而对交易双方进行准确的身份确认,以防止不法分子对用户的其实信息进行盗取与篡改,从而造成不必要的经济损失,并影响到电子商务网络平台的安全性。

总而言之,随着网络技术的发展与普及,跨境电子商务的发展越来越受到重视,而数据安全与电子商务有着密不可分的关系。在实际运行中,我们不能对这些安全隐患掉以轻心,必须重视它们,采用积极有效的措施解决安全隐患问题。加强网络安全运行的管理工作,提高网络安全技术,促进电子商务交易的发展。

9.4 税收监管安全

9.4.1 跨境电子商务税收问题及对策

跨境电子商务的最大特点在于通过电子商务平台达成交易,继而借助快递、邮寄等方式通过跨境物流送达商品、完成交易的商业活动,因而有着全球性、无形性、匿名性、即时性、无纸化等特征。而其与传统货物流转方式最大的不同之处还在于货物及服务进出口不一定都经过海关监管,如邮寄。因此,海关和税务部门也不能完整或很难完整掌握到电子商务企业出口的确切信息量。

根据我国进出口税收政策规定,只有通过海关签发的出口货物报关单出口的跨境交易货物,才能退还增值税和消费税。目前跨境电子商务主要通过快递、邮寄等方式出口,首先这些方式是否都在海关监管之下出入境,其次跨境电子商务发生的行为如何适用进出口税收政策,税务部门如何监管。再者从事电子商务企业如何办理相关业务和备齐资料,这些都是跨境电子商务行为过程中需弄清楚的。

从最早推行跨境电子商务的杭州市来看,杭州市在2013年7月设立了中国(杭州)跨境电子商务产业园,目前推行的出口业务模式为“清单核放、汇总申报”,利用信息化手段实现通关全程无纸化,使得企业能快速且规范地结汇和办理出口退税。从园区运作看,海关、外管、检验检疫、税务等部门与电子商务企业一起入驻,这样电子商务企业就能很方便地享受一站式服务。

上海海关对跨境电子商务也主要以“清单汇总报关”监管,目前的一些中小型电子商务为节省成本大都将商品作为个人物品,以快件或邮寄方式通关,因此,海关要求电子商务以月度为单位在系统进行集中申报,海关按一般出口货物监管。

2013年9月,广州市获批为跨境电子商务试点城市,海关总署批复,同意广州在B2C一般出口(邮件、快递)B2B2C、保税出口、B2B一般出口三类业务进行跨境贸易电子商务服务试点。广州市与国内其他城市不一样的地方在于,其他城市要求电子商务企业直接与海关对接,这对一些未接触过外贸业务的企业有困难,广州市则明确有外贸经营业务的服务企业对接海关,将跨境交易和跨境服务区分开来,分工更科学。

9.4.2 跨境电子商务税收还需重视的问题

从上述我国跨境电子商务运作的几种方式看,跨境电子商务是依据互联网、快递邮寄等基础而发生的商业行为,但实际上它们都是经济全球化的一个链条而已,因而从范围来看,电子商务已实现在任何地方、任何时间都可以做到货物和资金双向流动。而由于互联网的介入,原来由人进行的商业活动则更多地依赖于软件和机器来完成,由传统的迂回模式变为直接模式,使得电子商务在距离和时空上占有优势,同时网上交易被无纸化操作和匿名所取代,电子商务呈现出流动性、隐蔽性的特点,这既对传统商业模式带来冲击,也对税收监管带来一些新的问题,应引起重视。

1)适应电子商务新变化、进一步完善税制

电子商务包括跨境电子商务的交易新方式,改变了货物的固有存在形式,交易对象被转换为“数字化信息”在网上传递,这对税收的“属地原则”和“属人原则”都会带来新的变化。同时,电子商务信息易于传递、复制、修改及变更等特征又使得电子商务所得划分困难重重,因而现行增值税、消费税、所得税、关税等条例应增加对电子商务征退税的相关条款,进一步完善相关税收政策,以适应电子商务的发展,如财税字〔2013〕96号文下发后,一些企业反映,跨境电子商务出口企业难以取得增值税专用发票,一些电子商务企业从小规模纳税人处购货就因其无法开具增值税专用发票又不到税务机关代开而出现链条断裂办不到出口退税问题。还有的电子商务企业一般都是先发货再申请汇总报关,这样再依据报关数取得增值税专用发票,而销售方认为这种方式与实际货物可能会出现不一致。

2)紧跟电子商务新特点,进一步加强税收征管

传统税收征管是在有形凭证上进行的,电子商务则以电子凭证出现并传递,使得修改容易、删除不留痕迹、无原始凭证,税收征管失去最直接的实物对象,还有纳税人可用超级密码来掩藏有关信息等,都会对税收征管带来新的困难。对此,税务部门要加紧开发应用有助于适应电子商务税收征管的软件,以提高对电子商务的税收监控能力。同时,要加强与工商、金融等部门合作,密切信息交流,建立起有效的管理平台。

税务部门应掌握电子商务企业的经营和网上交易情况,了解逃避税收的方式、信息,以防止电子商务企业偷逃税款,维护国家正当权益。

跨境电子商务涉及税收包括出口货物征退税,而电子货币支付方式会出现匿名交易、货款来源隐瞒、供货途径不详等问题,从而对办理跨境电子商务出口退(免)税造成困难。

3)关注电子商务新趋势,进一步提高税收效能

(1)防范税收流失

电子商务的高流动性和隐匿性使得征税依据难以取得,电子商务企业可以变换在互联网的站点,选择在低税率或免税国家设立站点,以达到避税的目的。电子商务的发展还促进了跨国公司集团内部功能的重新构造和一体化,使得跨国公司操纵转让定价、从事国际税收筹划更为容易。

(2)强化货币支付的监控

无论何种交易方式,最终都要结算和支付货币。因此要明确规定交易结算中介的法律责任,企业有保存电子商务交易电子记录的义务,以从根本上确保税务机关的监控手段和能力。

(3)加快提高税务干部素质

要顺应时代潮流,税务管理除了自身业务外,电子商务相关的新知识和业务也在不断更新和变化,对此,税务部门要大力培养既懂税收业务知识,又懂得电子商务网络知识的复合型人才,使税收监控走在电子商务的前面。

【本章小结】

跨境电子商务在快速发展过程中反映出来的个人信息安全、跨境支付安全、交易数据安全、税收安全等问题,一方面显示出当前阶段各国的跨境电子商务行业虽然规模不断扩大,但相应的信用机制和企业配套体系并不完善;另一方面显示出各国现阶段的跨境电子商务管理体制与跨境电子商务发展业态不相适应。

【思考题】

1. 跨境电子商务网络安全问题有哪些?
2. 谈谈应当如何协调国际间的个人信息保护问题。
3. 我国跨境支付现状如何?
4. 跨境电子商务支付面临的主要风险有哪些?
5. 结合教材,给出你对跨境电子商务支付监管的建议。
6. 跨境电子商务交易数据面临的安全问题有哪些?

【实践训练】

注册一个国际第三方支付平台账号,熟悉 Paypal, Escrow Service, Waster Union, Money Gram 等主流第三方国际支付方式的注册、使用流程,并比较与国内第三方支付平台的差异,总结优缺点。

第 10 章
跨境电子商务法律法规与协调

【案例导入】

案例一:知识产权

品牌抢注,境外公司准备在境内开展业务时有可能碰到该品牌在境内已经被人注册的情况,反之亦然。在这方面,新百伦公司被判赔偿 9 800 万元的案件应引以为戒。

新百伦案主要内容:

2015 年,美国知名运动品牌"NewBalance"在国内市场遭遇商标侵权诉讼。2015 年 4 月 24 日,广州市中级人民法院对这起备受关注的商标权纠纷案作出一审判决。该院认为,美国 NewBalance 公司在中国的关联公司——新百伦贸易(中国)有限公司因使用他人已注册商标"新百伦",构成对他人商标专用权的侵犯,须赔偿对方 9 800 万元。

新百伦公司不服一审判决,提起上诉。

二审法院广东高院根据新百伦公司提供的其委托第三方作出的《资产评估报告》认为,新百伦公司在被诉侵权期间因侵权所获得的直接利益最少在 145 万元以上,明显超过商标法规定的法定赔偿最高限额 50 万元,因此,该案应根据原告周某某的请求并综合考虑全案证据,在法定最高限额以上合理确定赔偿额。

综合全案证据,广东高院最终确定新百伦公司应赔偿周某某经济损失及为制止侵权行为所支付的合理开支共计 500 万元。终审判决对一审判决以新百伦公司被诉侵权期间销售获利总额的二分之一作为计算赔偿损失的数额予以纠正,其他事项维持原判判决。

案例二:平台责任

境内法律对交易平台规定了多项法定义务,参见之前的《法眼电子商务图媒体:平台十大义务》。此外,跨境交易平台还要考虑境外商家能否入驻、网站服务器和数据中心的选择等诸多问题。

案例三:信息使用与大数据

信息收集和使用方面主要是《消费者权益保护法》第 29 条规定的合法、正当、必要三原则,未来可能会参考俄罗斯最新数据立法,如要求数据必须保存在本国境内、数据跨境流动受到限制等等。这方面的典型案例可参考大众点评起诉爱帮网不正当竞争案。

大众点评起诉爱帮网不正当竞争案主要内容:从 2007 年开始,大众点评网发现,爱帮网未经许可在其网上大量发布来源于大众点评网的餐馆信息及用户点评的内容,用于商业经营。大众点评网多次要求爱帮网立即删除侵权内容未果,已经多次起诉爱帮网,前两次均以著作权的名义起诉。最近一次判决的时间为 2011 年 1 月 21 日,爱帮网被判侵权并赔偿大众点评网 25 000 元。2010 年 11 月,大众点评网再次以不正当竞争的名义起诉爱帮网。2011 年 3 月 7 日,根据大众点评网提供的信息,北京市海淀区法院已正式判决(判决编号为(2010)海民初字 24463 号)爱帮网大量抄袭大众点评网内容属于不正当竞争,爱帮网被判赔偿大众点评网 50 万元人民币,并立即停止使用所有源自大众点评网的商户简介和用户点评。

案例四:消费者权益保护

在跨境电子商务场景下,境内关于消费者保护的一些规定如七天无理由退货很难实现,影响消费者的购物体验,所以境外品牌商在做跨境电子商务时也在尽可能参照国内商家对消费者的服务标准来保护消费者权益。要注意的问题是,按照现行的规定,消费者享受行邮税购买的货物如果被退回是无法再次销售的,否则涉嫌走私。

再者,不少职业打假人利用标签、成分不符合国家标准等跨境电子商务的"软肋",发起规模化维权,也需要提早做好应对预案。

案例五:外资准入

根据商务部 2015 年修订的《外商投资产业指导目录》和工信部发布的《关于放开在线数据处理与交易处理业务(经营类电子商务)外资股比限制的通告》,外资进入电子商务领域已然完全放开,下一步的问题在于如何界定经营类电子商务的范围,这决定了外资施展的空间有多大。

思考:

1. 当前跨境电子商务的法规体系存在哪些难以契合跨境电子商务特征的弊端?

2. 结合你所了解的跨境电子商务发展现状,讨论未来的跨境电子商务法律法规与监管的趋势是什么。

10.1 我国跨境电子商务相关法律政策

10.1.1 现阶段我国跨境电子商务法律政策

近年来,跨境电子商务作为我国外贸转型升级的驱动力得到国家的大力支持。本书对 2013 年以来由国务院以及其他相关国家部门出台的涉及跨境电子商务的政策进行了梳理(见表 10-1)。

表 10-1　2013—2016 年政府扶持跨境电子商务政策

时间(年/月)	颁布部门	政策名称	主要内容
2013/2	国家外汇管理局	《支付机构跨境电子商务外汇支付业务试点指导意见》	确定在上海、北京、重庆、浙江、深圳等 5 个地区开展支付机构跨境电子商务外汇支付业务试点
2014/5	国务院	《关于支持外贸稳定增长的若干意见》	出台跨境电子商务贸易便利化措施。鼓励企业在海外设立批发展示中心、商品市场、专卖店、“海外仓”等各类国际营销网络
2015/4	国务院	《国务院关于改进口岸工作支持外贸发展的若干意见》	支持跨境电子商务综合试验区建设,建立和完善跨境电子商务通关管理系统和质量安全监管系统,为大众创业、万众创新提供更为宽松、边界的发展环境,取得经验后,逐步扩大综合试点范围
2015/5	国务院	《关于加快培育外贸竞争新优势的若干意见》	大力推动跨境电子商务发展,积极开展跨境电子商务综合改革试点工作,抓紧研究制定策进跨境电子商务发展的指导意见,培育一批跨境电子商务平台和企业,大力支持企业运用跨境电子商务开拓国际市场,鼓励跨境电子商务企业通过规范的“海外仓”等模式,融入境外零售体系
2015/6	国务院	《关于促进跨境电子商务健康快速发展的指导意见》	《意见》提出了五个方面的支持措施,一是优化海关监管措施,二是完善检验检疫监管政策措施,三是明确规范进出口税收政策,四是完善电子商务支付结算管理,五是提供财政金融支持
2016/1	国务院	《关于同意在天津等 12 个城市设立跨境电子商务综合试验区的批复》	同意在天津市、上海市、重庆市、合肥市、郑州市、广州市、成都市、大连市、宁波市、青岛市、深圳市、苏州市等 12 个城市设立跨境电子商务综合试验区,借鉴中国(杭州)跨境电子商务综合试验区的经验和做法,因地制宜,突出本地特色和优势
2018/8	国务院	《关于同意在北京等 22 个城市设立跨境电子商务综合试验区的批复》	同意在北京市、呼和浩特市、沈阳市、长春市、哈尔滨市、南京市、南昌市、武汉市、长沙市、南宁市、海口市、贵阳市、昆明市、西安市、兰州市、厦门市、唐山市、无锡市、威海市、珠海市、东莞市、义乌市等 22 个城市设立跨境电子商务综合试验区

资料来源:根据“中国政府网”等发布的信息整理所得。

以上政策文件,突出了以下 3 点内容:

1)为跨境电子商务创造良好的政策环境

自 2013 年起,国务院、商务部、财政部、海关总署等接连出台关于税务、金融、监管、外汇、物流、支付等的指导文件扶持跨境电子商务的发展。由于跨境电子商务较之过去较为传统的电子商务而言，涉及了国际贸易的诸多议题和较为复杂的环节和程序。因此，除直接鼓励发展跨境电子商务外，更重要的是创造良好的生态发展环境，使跨境电子商务有持续发展的基础。

2)施行和推广跨境电子商务试点

自2012年起，国家陆续在上海、杭州、宁波、深圳、广州等多个城市进行跨境电子商务试点，又于2016年1月、2018年8月决定在天津、合肥、上海、郑州、广州、重庆等34个城市分两批新设跨境电子商务综合试验区。此次新设的跨境电子商务“综试区”，目的是将杭州“综试区”的“六体系两平台”的成功经验在更大范围内进行复制和推广。

3)构建跨境电子商务配套组织机构

作为从电子商务衍生出的新型经济业态，过去传统的政府组织机构已经不能完全服务于跨境电子商务的发展需求，我国主要是通过会议、通知等方式将中央指示精神传达和贯彻，确保能够在省、市形成完善的支持体系，特别是在组织构成上，由商务部牵头，在省、市、县三级体系中，构建跨境电子商务组织、服务、管理网络，确保跨境电子商务有序发展。中国跨境电子商务专业委员会就是应运而生的产物，各地区如广东、杭州、上海、深圳等地的跨境电子商务行业协会也如雨后春笋般涌现。值得注意的是，此类机构并非完全官方性质，而是由大量优秀民间电子商务企业加入，共同发起的具有第三部门性质的组织机构。

10.1.2 政府力促跨境电子商务发展的原因

加强跨境电子商务政府政策扶持有充分的现实依据。一方面，跨境电子商务对推动国际贸易发展升级的重要作用要求政府加强对跨境电子商务的政策扶持；另一方面，我国跨境电子商务行业以及众多跨境电子商务企业面临的诸多困难，也客观上要求政府加强对跨境电子商务的政策扶持，引导跨境电子商务行业健康发展。

1)跨境电子商务的地位和作用需要加强政策扶持

(1)跨境电子商务为企业开拓海外市场提供了机会

在信息爆炸的时代，各种渠道的海量信息让消费者无所适从，因此，品牌和口碑自然就成为电子商务企业竞争力的重要指标。当前，我国许多中小企业的产品性能和服务质量较为优异，但很难为境外消费者所知。而跨境电子商务通过互联网与全世界的消费者连接起来，减少交易环节，节约交易成本，打破渠道垄断，为中小企业进入海外市场、打造国际品牌提供了有效的途径。

(2)跨境电子商务为推动产业结构升级提供动力

跨境电子商务的发展直接催生了跨境物流、网络支付、电子签名以及相关电子信息制造业的发展。一批跨境电子商务平台企业、跨境物流快递、第三方支付等优秀本土企业迅速崛起。此外，为更好地满足多层次、多样性、个性化的海外消费者的购物需求，企业必须加强研发设计、品牌打造，重构产业链、完善服务体系，以消费者需求为中心，最大限度地促进资源优化配置。

(3)跨境电子商务为提升政府对外开放水平提供了契机

跨境电子商务不仅涉及众多部门,如海关、税务、质量监督、检验检疫、财政、金融、商务等,也涉及多领域多层次的国际合作。对于跨境电子商务而言,要规避技术壁垒最有效的方式就是完善国际商务合作机制,建立统一的管理机构,以便能够有效约束和管理合作关系,对出现的矛盾与问题进行有效仲裁,从而维护正常的交易秩序。

2)我国跨境电子商务发展所面临的问题需要政府的政策扶持

目前,我国的跨境电子商务还处在缺乏指导和监管的状态下,仍面临着诸多困难和挑战,如基础设施不完备、金融监管不力、组织机构不健全、法律法规未成体系、跨境物流滞后、服务水平欠佳、专业人才缺乏等,都不利于我国跨境电子商务行业的健康发展。导致这些问题的原因:一是我国市场经济体制不是自发形成的,而是在国家指导下逐步建立的,因此我国的市场经济还存在基础不牢、积淀不深、发展不成熟的问题;二是跨境电子商务作为新兴市场还很不完善,缺乏有效的管理机制与体系。而这些问题仅仅依靠市场自身无法彻底解决,需要借助政府的力量在宏观规划指导、基础设施建设、通关、物流、税收、信用、支付手段等各方面予以引导和扶持。

10.1.3 我国跨境电子商务扶持政策的实践

在电子商务蓬勃发展的大背景下,我国政府部门积极推动跨境电子商务的发展。自2012年12月起,国务院决定在宁波、上海、重庆、郑州、杭州这5个城市开展跨境电子商务贸易试点,详见表10-2。通过"先行先试",将跨境电子商务企业与相关管理部门实现数据共享与业务协同,共同解决桎梏跨境电子商务发展的问题,提高管理和服务水平。在国家政策的扶持下,这5个城市各展所长,均取得了一定的进展,也为探索建立跨境电子商务的管理制度和业务流程提供了宝贵经验。时至今日,各试点城市的实践效果在一定程度上体现了中央政策的落实效果,也能表现出各地区政策执行的问题。

表10-2 上海、重庆、杭州、宁波、郑州五市跨境电子商务贸易试点情况

地点	方 式	政策扶持方向	实践效果
上海	跨境通	以网购保税进口、网上直购进口模式为主	2015年全年上海跨境电子商务交易额突破4亿元,激增10.2倍
重庆	E点即成	唯一的跨境电子商务4种模式全种类试点:保税出口、一般职员、保税进口、一级一般进口	2015年重庆跨境电子商务成交额达7.86亿元,同比增长12倍
杭州	跨境一步达	试点"直购进口"以及"包税进口"模式	全国第一个跨境电子商务综合试验区,2015年合作跨境电子商务交易额达233亿元,其中出口153亿元,进口80亿元,拉动杭州外贸出口增长率5.4%

续表

地点	方　式	政策扶持方向	实践效果
宁波	跨境购	保税备货模式	继杭州之后浙江省第二个获批跨境电子商务综合试验区的城市，2015 年宁波跨境电子商务进出口贸易总额为 81.38 亿元，位列五个跨境电子商务试点城市前列
郑州	E 贸易	国家首批跨境电子商务服务以及电子商务示范城市，国内唯一综合保税试点城市	2015 年，郑州市跨境电子商务交易总额达 39.36 亿元，位于第一批五个试点城市的第三名

资料来源：根据商务部、各市政府等相关国家管理机构官网资料整理。

(1)上海跨境电子商务实践情况

上海作为国内数一数二的大城市，无论是其经济发展形势、对外开放水平还是与生俱来的港口效应，都具有发展跨境电子商务得天独厚的优势。根据上海跨境电子商务行业协会发布的最新数据，2018 年全年上海跨境电子商务交易额近 49 亿元，同比增长 16%。如今的成绩虽令人欣喜，但其实上海在被批为第一批跨境电子商务试点城市后的几年中一直成绩平平，尤其是进口交易额远远不及其他几个试点城市。其原因主要有以下两点：一是入驻的跨境电子商务企业必须要与“跨境通”进行对接，所谓“跨境通”是 2013 年起在上海自贸区建立的第一家经政府审批通过的海淘网站平台，但“跨境通”曾经只能支持东方支付的付款通道；二是某些商品(主要是化妆品和保健品)在上海不被允许通关，而在其他试点城市却可以。尽管曾遇到了种种困难，但如今上海跨境电子商务发展的势头良好，尤其是 2015 年 7 月上海市政府发布《关于促进本市跨境电子商务发展的若干意见》之后，为上海发展跨境电子商务提供了指导思想和明确的发展路径。该文件涵盖五条发展跨境电子商务产业链的意见，五条提升政府路管职能的意见以及两条支撑体系即人才体系和诚信体系的指导意见。该文件涉及内容全面，基本涵盖了现阶段上海发展跨境电子商务的方方面面。政府给予的宏观指导和规划鼓舞了业内人的士气，也为他们指明了发展方向，提供了优惠便利。除了规范性文件之外，上海对发展跨境电子商务所做的努力还有很多。上海也效仿同为试点城市郑州的做法，由市领导亲自挂帅成立跨境电子商务工作领导小组，小组成员涵盖上海市财政局、发改委、口岸办、海关、自贸区管委会等 13 个部门的负责人。由各部门的专业人士对跨境电子商务的各个环节进行指导和把握，相互配合协调，推进政策的落地操作办法。此外，上海市政府也进行了制度层面的创新，上海海关与财政部联网实现无纸化办公。行邮税网络支付，检验检疫部门实行企业网上备案、商品网上备案和检验检疫快速报检；外汇管理部门支持试点单位开展跨境电子商务外汇支付业务，旨在解决境内外商户网络结汇问题等。

从以上措施可看到，上海市政府大刀阔斧推动跨境电子商务发展的决心与毅力，虽走了不少弯路，但也在实践中积累了大量的宝贵经验，雨果网前日对“跨境通”副总裁杨俊进行了采访，杨俊表示发展跨境电子商务的路并不好走，物流、假货、金融监管等问题仍然是很难攻克的议题。

(2)重庆跨境电子商务实践情况

重庆作为中西部内陆城市,虽没有上海、杭州等地的天然区位优势,但作为“一带一路”政策的辐射地,加之拥有内陆唯一的保税港区,在国家政策的扶持和当地市政府的带领下,在发展跨境电子商务的道路中也取得了不俗的成绩。2018 年全年,重庆跨境电子商务实现交易额 28.11 亿元,同比增长 109.15%。重庆跨境电子商务的跨越式进步首先应归功于中央政府的支持。海关总署于 2013 年特批准重庆成为全国唯一具有跨境电子商务服务 4 种模式的试点城市,即“一般进口”“保税进口”“保税出口”和“一般出口”4 种模式,这为重庆开展跨境电子商务开拓了全新的篇章。重庆市前市长黄奇帆曾表示:“要优化跨境电子商务平台综合服务和流程监管,吸引更多线下交易转线上、商贸企业上平台。”可见,政府的支持充当了重庆开展跨境电子商务工作的领头羊,其中表现尤为突出的政府部门当属重庆海关,重庆海关频出新举措,大力提高科技监管水平,推行“汇总纳税、清单验放”作业模式,取消申报中间环节,优化监管流程,旨在最大程度提高通关效率,降低电子商务企业通关成本。据相关负责人介绍,入驻重庆电子商务产业园的电子商务企业均会进行严格的资质审查,并保证每一款跨境产品都通过海关和国检的双重检查之后再进行报关,最大限度地避免消费者买到假货。此外,重视跨境物流建设也是重庆的一大成功秘籍。重庆保税港区地处渝新欧新丝绸之路和长江黄金水道经济交叉口,通过水陆空铁交通枢纽,辐射周边 8 个省会城市,300 多个地级市,同时具备了服务本地、辐射周边的优越物流条件。重庆正是利用先天的优越条件,从硬件设施、管理模式、提升服务水平等多维度打造完整的跨境物流链条,全方位打造西部最大的跨境物流集散中心。

(3)杭州跨境电子商务实践情况

2015 年 3 月,杭州作为国家首批 5 个跨境电子商务试点城市之一,经国务院批准晋级为全国首个跨境电子商务综合试验区,也是全国第一个跨境电子商务综合试验区。2016 年 1 月,国务院总理李克强表示,国务院决定在深圳、广州、上海、苏州等 12 个城市新设立一批跨境电子商务综合试验区,目的就是将杭州“综试区”的六体系两平台的成功经验复制推广到这些跨境电子商务试点城市中,并逐步在全国范围内进行推广。杭州成为跨境电子商务的标杆城市,因为国内最大的电子商务平台企业阿里巴巴诞生在杭州,也因为杭州拥有大量的电子商务人才,具有良好的互联网创新基因,也因为杭州拥有成熟的电子商务产业链,电子商务企业密集。除了这些先天优势外,后天努力也是非常重要的,可说杭州电子商务的迅猛发展离不开中央政策和杭州政府的支持。2018 年,杭州实现跨境电子商务交易额 113.7 亿美元,其中出口 80.2 亿美元,增长 14.2%,跨境电子商务占杭州外贸出口的比重达 16.8%。杭州市政府为开展跨境电子商务发布了 70 多条创新举措。从 2015 年 6 月由杭州市政府发布的《杭州市人民政府关于推进跨境电子商务发展的通知(试行)》可看到,内容涵盖跨境电子商务主体培育,跨境电子商务平台建设,跨境电子商务人才引进培养,跨境电子商务园区建设,跨境电子商务物流建设,跨境电子商务融资体系建设等多项内容。可以看到,在政府的政策引导下,杭州海关、质监局等均表现亮眼。其中,杭州海关根据杭州跨境电子商务的现状与特点,为跨境电子商务行业提供通关便利。杭州海关的创新举措主要包括:一是根据当地跨境电子商务货物进出境的特点和需求,为杭州综试区因地制宜地定制了《中国(杭州）跨境电子商务综合试验区海关监管方案》；二是减免烦琐的通关环节、优化通关监管流程，实现跨境商品高效通关；三是加强部门间协作，积极贯彻落实信息互换、监管互任、执法互助；四是杭州海关实现了全年 365 天无休，24 小时内办理海关结关手续；五是定期开展企业座谈会，认真听取企业反馈意见，真正做到"从群众中来，到群众中去"，真正优化政企关系。此外，杭州质检总局也从多个方面促进跨境电子商务行业的健康发展。内容涉及电子商务规范认证、综合保税区建设、监管模式、风险监测、清单管理制度、口岸建设、纠纷解决、贸易研究、技术保障等方面。杭州的各项新举措体现了杭州市政府能够因地制宜，兼顾原则性与灵活性的政策执行。杭州极大程度地发挥了本地的优势，加上基础设施的完备，成为标杆城市理所当然。

（4）宁波跨境电子商务实践情况

宁波是第一批跨境电子商务试点城市之一，也是继杭州之后浙江省第二个获批跨境电子商务综合试验区的城市。2018 年，宁波全市累计实现跨境电子商务进出口额 1 093.66 亿元（166.11 亿美元），同比增长 76.97%。位列 5 个跨境电子商务试点城市前列。宁波的跨境电子商务发展具有明显的政策优势。宁波市财政局颁发的《关于印发宁波市电子商务专项扶持资金管理暂行办法的通知》明确奖励电子商务企业，还特别鼓励引进国内外企业、扶持村级电子商务服务点的发展。此项政策是将中央政策真正落地执行，并将之细化、解读的典范。宁波进出口产业基础雄厚，设施完备，政府在进出口方面给予了大力支持。在进口方面，宁波保税区拥有"免证、免税、保税"的优惠政策；在出口方面，宁波出台电子商务扶持新政，并成立宁波电子商务协会，再加之坐拥大规模电子商务产业园区，为建设跨境电子商务出口基地打下了良好基础。此外，宁波通过不断地技术创新、制度创新、服务创新，将跨境电子商务产业不断推上新高。"一次查验、即查即放""入区检疫、区内监管、出区核查、后续监督"等通关通检模式高效便捷，加快金融办事效率、创建跨境电子商务专项扶持资金、设立国际邮件交易所等，宁波正在成为跨境电子商务企业争相投资的热土。作为外贸大市，宁波拥有 20 000 多家外贸进出口企业，进出口额仅次于深圳和广州，是浙江省第一个、长三角地区第三个外贸总额超过 1 000 亿美元的城市。但宁波缺少大规模的跨境电子商务企业，跨境电子商务专业人才稀缺。根据人民网的报道，宁波约 82% 的企业是员工数不足 50 人的小企业，跨境电子商务从业人员普遍存在学历低、综合素质不高的问题。宁波市政府意识到人才是推动跨境电子商务发展的巨大动力，因此，从 2013 年起，宁波专注于跨境电子商务专项人才的培养，倡导产教合作联盟，深化政府、企业与学校的合作，培养跨境电子商务职业经理人，建设跨境电子商务教学实践基地。宁波的跨境电子商务将继续发挥雄厚的外贸基础优势，凭借着海港和区位优势持续加大对外开放力度，推动传统外贸转型升级，积极探索跨区域协同发展，相信宁波的跨境电子商务将会发展得越来越好。

（5）郑州跨境电子商务实践情况

2012 年 8 月，郑州市被列为全国第一批跨境电子商务试点城市之一。跨境电子商务试点城市的成功应用，为郑州市跨境电子商务的发展提供了战略机遇，赢得了先机。2018 年，郑州跨境电子商务进出口交易额达到 86.4 亿美元，位于第一批 5 个试点城市中的第三名。郑州跨境电子商务的骄人成绩可主要归功为 3 点：一是政府提供的政策保障；早在 2013 年，河南省人民政府就发布了《关于加快推进郑州市跨境贸易电子商务服务试点工作方案》的通知，该方案将整体工作分为准备阶段、过渡阶段、完善阶段和总结提高阶段，内容涵盖工作目标、任务和要求、责任单位、配合单位及完成时限。该方案明确了工作目标，细化了工作任务，做好了组织安排并规定了完成时限，是各省、市需要学习效仿的规范性文件。2014 年，郑州市政府向社会公布了《郑州市电子商务发展规划(2014—2020 年)》，向全社会展示了郑州市发展跨境电子商务的国际国内形势、发展机遇与挑战，并介绍了重点工程、产业布局及保障措施，此举发挥了政策宣传的作用，加强了公民参与度，激发了市场潜力。二是政府为优化跨境电子商务发展环境所做出的努力。河南省人民政府、郑州市政府对跨境电子商务采取“整体审批，项目自动认可，用地优先保障”的原则，郑州海关、检验检疫局等相关组织机构协同合作、简化办事流程，提高通关和检验检疫效率，并由政府主导，加大通信网络覆盖率、加速孕育电子商务主体、施行跨境电子商务人才引进政策、完善跨境电子商务产业链、发展电子商务配套服务业等，都为跨境电子商务发展创造了良好的发展环境和条件。三是郑州的交通优势，虽然郑州地处我国内陆，没有港口优势，但它位于新亚欧大陆桥上的经济中心地带，是我国重要的交通枢纽。郑州铁路四通八达，高速公路通车总里程达 5 800 千米，郑州航空港是全国八大航空枢纽之一。得天独厚的交通优势同时带来了郑州快速发展的现代物流。河南省保税物流中心分为四个功能区，连接欧亚，为郑州综合保税区提供强大后援。郑州市政府更是抓住了本地发展跨境电子商务的优势，大力发展口岸、保税、航空、冷链等特色物流，在资金、税收、补贴、土地等方面给予了前所未有的大力支持，郑州市跨境物流的迅速发展成为郑州跨境电子商务的巨大优势之一。郑州凭借着天然的区位优势，迅速发展的跨境物流体系，再加之国家、省政府、市政府的红利政策，发展势头强劲。

10.1.4　跨境电子商务相关法律的不足之处

1)跨境电子商务相关法律法规建设滞后

随着跨境电子商务迅速发展，新的商业模式不断涌现，中国传统商业模式正在发生颠覆性的改变，这对基于传统贸易模式的法律制度提出严峻挑战。跨境电子商务需要完备的法律制度与法律体系支撑其庞大产业链的运转，市场主体的利益和消费者的权益也都需要完备的法律制度作为支撑和保障。目前，我国还没有针对跨境电子商务专门的法律法规，现行法律基本上都是国家各部门出台的相对零散、不成体系的法律，而且从当前存在的扶持政策来看，大多都是具有试验特征的，其实践意义也相对不足，也就是说国家虽然制定相应的扶持政策，也进行相应的督促与实施，但没有形成完备的法律体系，导致其执行效果大打折扣。跨境电子商务所衍生的许多问题，如通关、商检、退税、结汇、消费者权益、交易纠纷、知识产权和个人信息保护等方面的新问题都需要法律法规予以保障，然而跨境电子商务法律法规建设的滞后使跨境电子商务交易存在真空地带，很多企业因得不到法律的保护而蒙受损失，消费者的权益得不到保障，这很容易引发交易纠纷问题。虽然国家已经意识到跨境电子商务所具有的巨大潜力，利好政策不断出台。但政府部门面对数量巨大、种类繁多的跨境电子商务仍显力不从心，例如，邮递物品管理办法、快件监管办法、新兴监管领域立法等目前均处于缺失或者正在制定的过程中。增加政策的数量和质量是保障跨境电子商务有序发展的第一步。另外,目前跨境电子商务扶持政策的可操作性不强。政策环境复杂多变,尤其市场经济发展变化万千,政治体制和经济体制改革带来的一系列日新月异的挑战,这就要求政策制定一开始就要深入调查研究,明确政策目标,保障政策发布的真实、可靠。尽管我国已经针对跨境电子商务出台了一系列办法,但仍处于探索阶段,需要后续的更为具体的规定,目前的政策均是具有宏观指导意义的政策,缺乏具体的实施步骤、具体的目标衡量方式和指标,政策可操作性不强,工作流程和实施步骤缺失。此外,国家虽然间接或直接出台了大量扶持政策,但大多集中于2015—2016年,因实施时间相对较短,即使非常完善的政策机制也无法得到市场数据支持,表明扶持政策体系尚未成熟,政策的完善还有很长的一段路要走。同时,国际贸易规则对跨境电子商务有很大的影响,目前还没有跨境电子商务方面的国际规则,未来必然会有更多的关于跨境贸易的国际规则逐步建立,中国是否能掌握先机,占据主导权和话语权仍任重而道远。

2)跨境电子商务缺乏有效监管

跨境电子商务的迅猛发展对政府部门的有效监管提出了严峻的挑战。过去的管理办法、监管措施和服务方式大多是针对传统贸易的,目前仍未形成一套完整的制度体系、监管流程。具体来说,跨境贸易监管问题主要表现在:一是税收监管不力。跨境贸易采用的是网络交易、在线支付,无纸化程度是相当高的,大部分传统税务凭证已不再存在,税务机关难以掌握与跨境电子商务相关的生产类、贸易类企业个人店铺的实际运行状况,逃税、漏税问题广泛存在;二是海关监管相对弱化。虽然有形进出口货物仍然在海关的监管下,但签订合同、付款等具体交易链接都是依靠互联网完成的,电子商务交易无纸化、隐藏性、容易修改的特点使海关缺乏真正的监管,缺乏可靠的凭证,这些都对海关监管的有效性提出了挑战;同时,产品质量安全和知识产权认证体系的不完善以及缺乏法律监督,也造成了跨境贸易存在产品质量和知识产权难以监管的问题。假货横行严重地侵犯了消费者的权益,消费者纠纷机制不健全让很多人对跨境贸易敬而远之。此外,外贸企业需要法律在电子合同、电子签名、电子商务税等诸多方面予以明确,但现行法律制度滞后,不能都满足跨境贸易的经营活动。中国目前缺失跨境电子商务专项法,难对跨境电子商务经营主体、经营活动、营业收入等方面进行明确的规范与指导。

3)政策效果评估缺乏有效的评价指标体系

在评价指标体系建设方面,经贸企业对经济效益,外贸增长方式和增长质量,电子商务信用,电子商务经营效应等方面的评价指标体系已做过很多研究,但是,跨境电子商务的评估指标仍然存在很多空白和漏洞,需要对其进行补充和完善。目前,缺失的评价指标包括电子商务法律指标、电子支付的工具及信用证指标、国际市场环境指标、电子通关指标、国际电子商务物流指标、国际电子支付安全指标等。在建立跨境电子商务评价指标体系中,指标的选择和确立需要遵循科学的方法和原则:一是合法性。在建立跨境电子商务应用的评价指标体系时,相关指标体系的合法性是基础。在选择指标过程中,需要遵守法律法规和相关政策,对企业的跨境电子商务信息进行保护。二是科学性。需要确保跨境电子商务应用状况评价指标体系中的指标选择以科学性为基础,确保跨境电子商务应用状况评价指标体系运行良好。三是完整性。在跨境电子商务发展过程中,建立跨境电子商务应用状态评价指标体系,主要是为了对跨境电子商务应用状况进行全面评估,更好地判断政策实施的效果,为后续的工作完善提供依据。建立完善的评价指标体系,有着深层次的原因。我国地域辽阔,各地区的自然因素、基础设施、政策法规体系等差异很大,各地区经济发展不平衡现象严重,这也必然导致跨境电子商务在全国各地的发展状况参差不齐,沿海地区较之内陆地区具有明显的优势,为了确保跨境电子商务在全国各地平衡发展,为发展状况提供数据基础,跨境电子商务应用的评价指标体系建设显得尤为重要。试点城市和综合试验区的设立也是为了将成功经验逐步在全国范围内推广,国家未来会更加关注跨境电子商务发展相对滞后的地区,国家对跨境电子商务的统筹规划和宏观指导若缺失科学完整的评估指标体系将举步维艰。

4)**政策宣传不到位**

政策宣传是政策实施过程的第一步,具有非常重要的作用。北京大学政治学与行政管理系教授宁骚就曾提出,要想有效落实政策,首先要统一人们的思想和认识。政策宣传是获取政策执行者和政策对象对政策的理解与支持的重要途径和方法。本书在搜索关于跨境电子商务政策的文献资料和相关新闻报道的过程中发现,关于跨境电子商务政策宣传的文献和新闻报道非常少。这显示出政策宣传工作做得不到位。对于政策执行者而言,部分行政部门观念陈旧,仍然将跨境电子商务与普通电子商务等同,没有意识到跨境电子商务对我国外贸转型升级的重要意义。这种错误思想普遍存在,在很大程度上影响了政策执行的效果,阻碍了跨境电子商务的发展。对于政策对象来说,大多数中小企业主对相关政策不是很了解,相当一部分老百姓也不知道什么是跨境电子商务。国家虽然在推动和促进跨境电子商务方面出台了一系列的政策,但是因宣传方式或执行方式的失误,使广大中小企业缺乏信息或者信息不畅而错失很多机会,政策的宣传渠道单一,宣传效果不明显,在改善整个社会对跨境电子商务的认真与重视上,未显现出明显的成效。针对这一情况,国家制定政策时应加大政策的宣传,将其深入跨境电子商务中小企业群体内部,做好对政策的解读和反馈等工作。政策应选择多元化的方式进行宣传,要利用实事宣传、新闻发布会、课堂讲授等灵活、机动、针对性强的直接宣传,还要利用书籍、报刊、广播、电视、电影等间接宣传。在各大政府、企事业单位和高校对相关政策进行宣传,利用互联网媒体的力量进行积极正面的传播,使得全社会关注跨境电子商务问题,对相关政策的解读要准确合理,重视并致力于改善政策的软环境。

5)**政策组织机构不健全**

跨境电子商务在目前还未形成一套完善的管理体制,存在政府部门多头管理问题,各省、市、县主要是由商务管理部门负责,没有专门的组织机构。从某种意义上来看,如果没有专门的组织加以督促,往往会导致政策执行效果下降、执行评估无法预测以及监督体系无法运转等问题,未来需要着力发展主管政府部门统筹、相关部门协同、民间组织支持的工作格局。跨境电子商务比电子商务和传统国际贸易更加复杂,产业链更加庞大,涉及的政府部门更多。以我国跨境电子商务的小额贸易为例,产品准入门槛较低,假货、次品、仿品横行,若要解决这个问题需要海关、税务、外管局、商务部、经贸委等各个政府部门的协调配合和通力合作。任何一个环节的缺失或者任何一个部门的办事不力都会导致整个贸易行为滞后、效率低下、问题频出。随着我国对跨境电子商务的日益重视,扶持政策会逐渐增多,扶持力度更会逐步加大,各部门各自为政、政策矛盾冲突的现象也会越来越严重,国家各部门需要加强协调,防止政出多门,令企业无所适从。

另外,国外发达国家的跨境电子商务发展成熟、扶持政策体系完善,技术手段成熟、组织机构和管理机制相对完善,但目前我国的跨境电子商务发展水平很难与国际水平接轨。在跨境贸易中,海外客户占据大部分比例,因此开展跨境电子商务的国际合作,积极参与国际组织峰会和项目谈判,加强与其他政府部门的国际合作,共同探索全球跨境电子商务跨境监管合作新措施,在国家间建立税收优惠、关税减让,建立数据安全和与计算机有关的谈判和协调机制显得尤为重要和紧迫。

10.2 世界主要国家和地区跨境电子商务法律法规

10.2.1 美国跨境电子商务发展的相关法律法规

1)美国电子支付方面的政策

虽然美国目前还未引入专门针对第三方支付的法案,但是在相关的金融服务法案中,美国已经对第三方支付和跨境支付的金融监管和安全措施问题进行了较为明确的规定,如美国在《统一货币服务法》中就对经营金融货币服务企业的担保问题、净资产和流动性问题做出了规定。美国不仅着力解决安全问题,还意识到了大额资金划拨困难的问题,并出台《统一商法典》,对"支付命令"和"安全程序"等进行了概念界定。

2)美国物流方面的政策

美国是发展市场经济最早的国家,市场经济体系成熟,因此经济活动以市场为主,以行政规制为辅。美国在法律上放宽物流行业的准入,政府主要是对行业的运作规范和秩序进行管控。目前,已出台的相关法律包括《斯泰格斯铁路法》《枕议费率法》《汽车承运人现代化法案》,以及《机场化空通道改善法》和《卡车运输行业改革法》等,促进物流业向"自由市场体系"靠拢。与此同时,美国海关和多国邮政系统实现数据共享和援助,有效促进美国跨境电子商务的快速进出关。

3)美国网上纠纷解决机制的政策

美洲国家组织(OAS)以美国为首,试图建立一个跨境电子商务争端的在线解决机制,并建立一个集中的管理结构,将成员国纳入在线争议解决系统中。成员国成立委员会,负责全面指导和监督,检查跨境贸易争端的进展情况并提出解决措施。在线争议解决服务提供商需要提交案例信息,以便管理者获取数据,编写年度报告。

4)美国税收方面的政策

美国的《全球化电子商务的几个税收政策问题》报告,对跨境电子商务全球关税的建构

提出了想法,并提出了以下税务政策建议:

①坚持税收中立原则,避税歪曲跨境网络交易。

②各国协调使用现行国际税收原则,补充相关税收原则不够明确的地方。

③对网络交易,不引入新的税收种类。

④强调每个国家居民的税收管辖权。

美国联邦政府在过去50年呼吁各个国家降低关税,因为自由贸易的所有国家都具有经济效益。

5)美国信息安全方面的政策

美国认为,信息安全对电子商务的健康发展有着重要的作用,而这取决于信息安全和信息自由。世界各国对个人隐私和信息安全都有自己的立法,不一致的各国法律将出现政策冲突,并形成非关税贸易壁垒。美国在《个人隐私和国家信息基础结构:提供和使用个人信息的原则》中建立个人信息收集、处理、存储和利用的原则,即"个人隐私原则",它包含两个方面:告知和许可。

消费者应对收集者提供的信息具备限制使用的手段,数据收集者有责任消除人们对隐私泄露的担忧,提供相关保护措施及可能的补偿,以便消费者可以判断个人隐私的保护水平。

6)美国数字签名方面的政策

美国政府呼吁建立国际统一的网络国际商务法典,在关于数字签名的政策上,美国与韩国、澳大利亚和哥伦比亚等国家政府一起,为促进电子商务在全球范围内的健康发展做出了贡献。早在1999年,美国就提出了《统一电子交易法案》,这一法案的出台对电子合同、电子签名和仲裁等问题提出了规范性标准,又于2000年发布了《消除政府文书工作法案》,可以说美国是最早意识到电子签名的有效性和法律效应是保障电子商务发展一个重要手段。

7)美国网络宽带方面的政策

目前,美国对改善网络宽带政策的内容有:

①加快在家庭,商业和非营利研究机构中使用宽带网络。

②鼓励潜在用户尽快访问互联网,以便所有美国人都可以使用宽带网络。

③宽带网络和服务的发展在竞争激烈的市场中为客户带来更多的选择和更便宜的价格。

④促进宽带网络的应用程度,实现经济的最大社会收益。

10.2.2 欧盟跨境电子商务发展的相关法律法规

欧盟主张对电子商务减少限制,作为世界经济领域中最有力的国际组织,欧盟在电子商务领域的发展一直处于世界领先水平。在电子商务税收问题上,欧盟委员会在1997年4月发表了《欧洲电子商务动议》,认为修改现行税收法律和原则比开征新税和附加税更有实际意义。1997年7月,在有20多个国家参加的欧洲电信部长级会议上通过了支持电子商务的宣言——《伯恩部长级会议宣言》。该宣言主张,官方应当尽量减少不必要的限制,帮助民间企业自主发展以促进互联网的商业竞争，扩大互联网的商业应用。这些文件初步阐明了欧盟为电子商务发展创建清晰与中性的税收环境的基本政策原则。

1998 年，欧盟开始对电子商务征收增值税，对提供网上销售和服务的供应商征收营业税。1999 年，欧盟委员会公布网上交易的税收准则：不开征新税和附加税，努力使现行税，特别是增值税更适应电子商务的发展。为此，欧盟加紧了对增值税的改革。

2000 年 6 月，欧盟委员会通过法案，规定对通过互联网提供软件、音乐、录像等数字产品的，应视为提供服务而不是销售商品，和目前的服务行业一样征收增值税。在增值税的管辖权方面，欧盟对提供数字化服务实行在消费地课征增值税的办法，也就是由作为消费者的企业在其所在国登记、申报并缴纳增值税。只有在供应商与消费者处于同一税收管辖权下时，才对供应商征收增值税。这可以有效防止企业在不征增值税的国家设立机构以避免缴税，从而堵塞征管漏洞。

因个人无须进行增值税登记而无法实行消费地征收增值税，因而只能要求供应商进行登记和缴纳。为此，欧盟要求所有非欧盟国家数字化商品的供应商至少要在一个欧盟国家进行增值税登记，并就其提供给欧盟成员国消费者的服务缴纳增值税。其从 2003 年 7 月 1 日起施行的电子商务增值税新指令将电子商务纳入增值税征收范畴，包括网站提供、网站代管、软件下载更新以及其他内容的服务。增值税征收以商品的生产或劳务的提供作为判定来源，并且对电子商务收入来源于欧盟成员国的非欧盟企业，如果在欧盟境内未设立常设机构的，应在至少一个欧盟成员国注册登记，最终由注册国向来源国进行税款的移交。

其中，德国对来自欧盟和非欧盟国家的入境邮包、快件执行不同的征税标准。除了药品、武器弹药等限制入境外，对欧盟内部大部分包裹进入德国境内免除进口关税。对来自欧盟以外国家的跨境电子商务商品，价值在 22 欧元以下的，免征进口增值税；价值在 22 欧元及以上的，一律征收 19% 的进口增值税。商品价值在 150 欧元以下的，免征关税；商品价值在 150 欧元以上的，按照商品在海关关税目录中的税率征收关税。德国网上所购物品的价格已含增值税，一般商品的普通增值税为 19%，但图书的增值税仅为 7%。

2002 年 8 月，英国《电子商务法》正式生效，明确规定所有在线销售商品都需缴纳增值税，税率分为 3 等，标准税率（17.5%）、优惠税率（5%）和零税率（0%），根据所售商品种类和销售地不同实行不同税率标准。

10.2.3 日本跨境电子商务发展的相关法律法规

强调公平、简化原则。1998 年，日本公布电子商务活动基本指导方针：在税收方面强调公平、税收中性及税制简化原则，避免双重征税和逃税。日本《电子商务交易法》规定，网络经营的收入也需要缴税，但如果网店的经营是以自己家为单位的，那么家庭的很多开支就可以记入企业经营成本。在这种情况下，如果一年经营收入不足 100 万日元，是不足以应付家庭开支的，就可以不用缴税。据统计，日本年收益高于 100 万日元的店主都会自觉地报税。日本自民和公明执政两党已确定 2015 年度税制改革大纲，从 2015 年 10 月起，通过互联网购自海外的电子书及音乐服务等将被征收消费税。一般的做法是将消费税加到商品价格中去，由消费者承担。

10.3　e-WTP 倡议与跨境电子商务的国际协调

10.3.1　e-WTP 倡议

e-WTP 全称 Electronic World Trade Platform，即电子世界贸易平台。e-WTP 是由私营部门发起、各利益攸关方共同参与的世界电子贸易平台，旨在促进公私对话，推动建立相关规则，为跨境电子商务的健康发展营造切实有效的政策和商业环境。e-WTP 可帮助全球发展中国家、中小企业、年轻人更方便地进入全球市场、参与全球经济。

2017 年 12 月 14 日，世贸组织发布《电子商务联合声明》，重申全球电子商务的重要性及其为包容性贸易和发展所创造的机会，鼓励所有 WTO 成员加入我们，支持和提升电子商务为全球企业和消费者带来益处。

这也是 e-WTP 倡议的提出者马云为普惠式全球化奔走的最新成果。在部长级会议期间，阿里巴巴董事局主席马云作为创始合作伙伴的世界电子贸易平台（e-WTP）与世界贸易组织（WTO）、世界经济论坛共同宣布了主题为"赋能电子商务"的合作机制。三方宣布建立长期对话机制，汇聚来自政府、企业和其他各方的意见，为全球电子商务提供一座连接实践和政策之间的桥梁。

10.3.2　跨境电子商务的国际协调

电子商务的发展是不平衡的，发展中国家与发达国家有很大差距，尽管一些电子商务已经迅猛发展的国家呼吁要建立一个最低限度的国内、国际规则体系，但在各国（地区）电子商务发展不平衡的大环境下很难达成共识，因此，世界贸易组织（WTO）暂时把电子商务国际立法的问题搁置起来。不过，因为乌拉圭的最后文件以及之后的其他协议中包含了大量调整和促进电子商务的规则，其达成还是极大地促进了电子商务规则的发展。但在跨境电子商务方面，各个国家（地区）仍然存在不尽相同的制度规范，如各国（地区）法律对电子汇兑记录的识别和认证存在争议，因而难以展开司法协助。跨境电子商务国际规则的不协调使全球范围内电子商务贸易合作产生了困境。要促进跨境电子商务的发展，就必须进一步整合国际、国内立法，协调并完善跨境电子商务国际规则。

1）国际法领域跨境电子商务的困境与政策分析

国际贸易规则的主要目的是避免或降低由国家法律引起的贸易壁垒。一般而言，贸易壁垒主要由海关、关税和相应费用产生，但是，非关税贸易壁垒同样扮演了重要角色。随着关税的降低，这些妨碍的重要性提升了。电子贸易离不开必要的物理追踪，使征收关税变得困难，非关税壁垒的意义因而变得更为重大。WTO 是最重要的处理贸易规则的组织，因此，在过去 20 年中，实施促进电子贸易的条例主要在 WTO 的法律框架范围内进行。此外，其他国际组织如联合国国际贸易法委员会（UNCITRAL）、经济合作与发展组织（OECD）也发布了旨在提升跨境电子贸易的指导方针和政策建议。

2) **WTO 框架内跨境电子商务规则适用的争议**

WTO 层面已经明确对跨境电子商务作出界定,电子商务工作组在其文件中将跨境电子商务阐述为“贸易的一个新领域,涉及产品以电子方式跨越边境的问题。广泛地讲,就是通过电信网络进行产品的生产、广告、销售和分销”。各个成员国都是以这个定义作为基础和平台进行商事交易的。

跨境电子商务提供了一个新的商业交易模式,对开展商事贸易的方式有根本影响。为此,WTO 制定了一系列与电子商务有关的文件,如 1997 年 GATS(General Agreement on Trade in Services,服务贸易总协定)第四议定书电信附件、《信息技术协议》(ITA),1998 年《全球电子商务宣言》。WTO 通过对电子商务进行研究,发现跨境电子商务这一新型商业媒介面临交易安全性、隐私性、司法管辖争议等诸多挑战,希望整合现有贸易规则,统一协调国际范围内的电子商务交易。此外,WTO 还特别关注发展中国家通过运用电子商务提高在国际商品和服务贸易中的参与度的方法,缩小发达国家和发展中国家间在经济和技术上的差距。电子贸易在乌拉圭回合谈判时并未被知晓,而且几乎没有关联性,其并未在谈判中扮演重要角色。但在此之后,WTO 开始意识到电子商务的重要性。1998 年 5 月,WTO 成员在日内瓦部长级会议上发布了一份关于电子商务的声明。9 月 25 日,总理事会正式通过了一份《电子商务工作计划》。最初,谈判似乎取得了进展,然而随着时间的流逝,热情随着 WTO 对一般问题谈判的僵持而消失了。在准备西雅图部长级会议时,WTO 秘书处提交了多份工作文件。但是,在制订建议时,总理事会无法就其规则适用达成共识,关键问题在于跨境电子商务应适用何种规则。GATT(General Agreement on Tariffs and Trade,关税及贸易总协定)下适用的协调系统和 GATS 下适用的服务行业分类列表均未为电子交易提供任何适当的解决方案。实践中倾向于将在电子商务中交易的商品区分为数字化商品和以电子传输为媒介的非数字化商品两类。2003 年,WTO 争端解决机构关于因特网博彩案的裁决明确了跨境电子商务数字化商品中的数字化服务可以适用 GATS。该案涉及跨境电子交付,安提瓜网络博彩运营商在其境内通过因特网向美国消费者提供博彩服务,WTO 专家组及上诉机构通过裁决确认 GATS 规则及美国承诺表中作出的具体承诺可以适用于电子交付服务。这一决定如果被推广,将有着极为重要的现实意义,它意味着 GATS 规则以及现有的或修改后的 GATS 具体承诺可以完全适用于跨境数字化服务。也就是说,随着新型贸易模式的出现,GATS 项下现有承诺的适用范围将进一步扩大,能够包容通过因特网提供的跨境服务。这就在很大程度上消除了 WTO 规则与跨境电子商务关联的不确定性。有学者认为,这表明技术进步会改变 GATS 最初承诺的范围,会使 WTO 成员负担本未预料到的义务。从法律角度看,它意味着最初承诺的用语是开放式的,具有包容性,足以适应技术进步所带来的变化。但在笔者看来,这恰恰是一柄“双刃剑”。跨境数字化服务适用于现有 GATS 承诺,不可避免地会对一些 WTO 成员的国际贸易形成冲击。由于未经多边磋商一致,即扩大适用的贸易管制方式存在不周延性,电子商务的国际规则实则仍未在各成员国间达成共识,因此,美国、欧盟等出于利益考虑通过自由贸易协定、国内立法等其他形式将各自对电子商务的不同利益诉求表达出来,体现出为促进电子商务发展提供国际规则的愿望。此外,如果要作出新的 GATS 承诺,WTO 成员就必须谨慎考虑有关承诺将延伸适用于跨境电子商务数字化服务领域这一事实。

不仅如此,技术进步还可能使其面临新的管理挑战。

3)UNCITRAL 关于跨境电子商务与单一窗口构建方面的尝试

1996 年,由 UNCITRAL 起草的《电子商务示范法》获得正式通过。该示范法适用于采用数据电文形式开展的商事交易,它系统规定了电子商务的一般原则、数据电文交换规则等内容,并集中对数据电文的效力、传递(如发送与接收数据电文的时间和地点)、归属及法律承认等一系列重要问题进行了规范。示范法是 UNCITRAL 向各国(地区)推荐采用的示范性法律文本,试图通过明确国家(地区)间关于电子商务立法的基本原则和关键问题来协调各国(地区)立法。虽然示范法本身不具有强制约束力,但其对各国(地区)电子商务立法与实践具有借鉴意义,示范法的某些条款已在多个国家(地区)正式通过。为明确电子商务中有关电子签名、数据电文效力等具体标准,UNCITRAL 还先后于 2001 年和 2005 年颁布了《电子签名示范法》《国际合同使用电子通信公约》《电子签名示范法》,以 UNCITRAL 有关电子商务的所有规则的共同基本原则为基础确立了电子签名的基本法律框架,即不歧视、技术中性和功能等同原则,从而明确了电子签名的法律地位,促进了国际范围内电子签名的使用。《国际合同使用电子通信公约》旨在“通过保证以电子交换进行通信设立的合同与传统纸质合同具有同等效力和可执行性来加速国际贸易中咆子通信的使用。”该公约使各国(地区)依据国际最新做法修正、更新示范法中的条款,以期加强国际电子商务规则的统一。目前,受到该公约影响的不仅是签约国,东南亚国家联盟(ASEAN)也已选择使用公约作为协调 10 个成员国电子商务法律的工具。公约或可在未来逐步取代《联合国国际销售合同公约》而成为电子订约领域的统一法。

前述立法为国际范围内跨境电子商务规则的协调作出贡献,并为国际贸易中单一窗口的构建奠定法制基础。近年来,UNCITRAL 积极与世界海关组织(WCO)及联合国贸易便利化和电子商务中心(UN/CEFACT)密切合作,参与涉及跨境单一窗口设施实施的法律问题研究,以制定关于创建和管理单一窗口的法律方面的国际参考文件。WCO 和 UNCITRAL 建立了国际单一窗口的协同边境管理联合法律特别小组(以下简称联合法律特别小组)。联合法律特别小组第一届会议于 2008 年 11 月在布鲁塞尔 WCO 处举行,多个政府、区域经济一体化组织和行业代表参加了该会议。会议明确了 UNCITRAL 和国际海关组织工作方式,强调确保 UNCITRAL 关于电子商务立法所包含的原理的重要性将会在未来起草任何法律文本的过程中被充分纳入考量,并应在政策咨询过程中囊括所有国家而无论其经济、技术发展水平如何,从而使它们的需求和观点得以充分表达。会议的主要目标就是尽可能构建适用于企业之间交易的单一窗口的协调法律框架。贸易便利化使 WCO 及其下属机构将目标定得更远,大量相关法律问题在初步讨论中被确定。跨境且在单一窗口设施也是诸如亚太经济合作组织(APEC)和东南亚国家联盟(ASEAN)等地区内部政府组织的工作目标。此外,UNCITRAL 秘书处受邀参与了 2009 年 3 月在曼谷举行的联合国亚太经社委员会(UNESCAP)和联合国欧洲经济委员会(UNECE)关于建立地区无纸化贸易能力的高级座谈会。该座谈会的主要成果之一是发布了亚洲及太平洋无纸贸易联合国专家网络,尤其是开展了关于单一窗口规章建制的工作。联合法律特别小组还将致力于电子纠纷争议解决、进出口商品贸易的电子海关流程、关税征收、物流监管等与单一窗口系统框架的建立密切相关事项的执行。这些主题也在 UNESCAP,UNECE,ASEAN 等多个国际组织的工作文本中出现。

与大多数规制电子商务的法律不同,单一窗口项目要获得成功,需要在国家(地区)间协调大量的实质规则,包括原产地证明、卸货、放行、第三方声明及其他海关合规事项,因此,不仅需要制定电子信息转移的明确规则,为了能够生效,还必须在国际上形成统一、协调的规则。与许多现有的调整电子商务的法律规则不同,这是一个“仅在有统一数据传输技术方面标准以确保兼容性的情况下才有可能达到工作结果”的领域。而这正是大多数电子商务法律都故意规避的领域。因该工作处于初级阶段,基于前述国际协调的现实困境,UNCITRAL 任重道远,未来仍将继续协调 WCO 的工作进程,评估涉及国际贸易单一窗口发展的一般电子商务问题,包括可转移性权利的法律标准以及提货单、信用证、保险和其他商品运输过程中需要相互衔接的共同标准等,逐步促进跨境电子商务国际规则的协调一致。

4)**OECD 促进跨境电子商务各方主体协作的实践**

电子商务的成长和潜力引起了许多经济合作与发展组织(OECD)成员国的关注。鉴于电子商务广泛的经济和社会影响,OECD 声明必须制定新的交易规则,并对与传统商业实践相关的政策进行重新评价。电子商务固有的全球属性挑战着每个国家、政府自行解决这些问题的能力。因为不协调、不一致的国家电子商务政策将比完全没有作为更糟,OECD 认为必须有一种国际协作方法。OECD 已召集了一系列的会议以解决电子商务领域的政策问题。OECD 会议专注于以下目标:第一,识别出主要政策问题、潜在解决方案以及能够发展和实施这些方案的组织;第二,确保政府间法案的一致性和有效协调;第三,试图在企业和政府间就一些将构成电子商务政策框架的指导原则达成一致。因电子商务仍处于胚胎期,OECD 促请其成员国不要因对电子商务过于严厉的管理而扼杀技术的创新和市场的发展。作为对 WTO 关注的回应,OECD 注意到,如果第三世界国家缺乏相应技术而使用电子商务基础设施,则其可能遭受损害。很多 OECD 成员国拥有限制进入市场的监管计划,这使问题复杂化了。OECD 担心这些管理结构可能是欠发达国家(地区)扩展基础设施能力的抑制因素。电子商务的发展很大程度上取决于贸易市场充分竞争的存在。因此,目前受到市场进入限制的国家可能永远无法在技术或经济上赶上世界其他国家,从而将进一步扩大国家或地区间的不平衡。

OECD 早在 1998 年 10 月的渥太华部长级会议后即向其成员国发布了一些建议。会议达成的最重要的结论之一是促进政府、消费者、企业和公共机构之间的协作,其建议之一是鼓励就政策制定进行社会对话,以促进全球电子商务在所有国家(地区)的发展,且所有制度应尽可能与国际规则兼容。此外,OECD 建议政府提升竞争环境,致力于降低不必要的贸易壁垒,并建议政府为发展电子商务制定的政策应为适当、透明、一致、可预测和技术上中立的。

然而,OECD 在其发布的文件中未就跨境电子商务交易的关税征收等关键问题作出规定,在实践中缺乏一定的可操作性。由于电子商务交易的全过程都是通过因特网完成的,外国企业无须在本国设立经营场所,只要通过本国服务器上的网址即可与国内企业开展在线交易,并没有实体上的贸易地点。因此,传统界定纳税主体的方法就无法明确,这样也就不能确定交易主体的国籍并判断该交易是否属于国际贸易。在无法确定是否属于国际贸易的情况下,关税的征收也就无从谈起。

【本章小结】

事实证明,跨境电子商务对我国对外贸易的转型升级有巨大的作用。但是,在实践中,跨境电子商务发展仍然需要政府在改变旧有的保守观念、健全相关法律法规、宏观规划指引、完善机构改革、搭建平台、改善政策执行环境等方面给予引导与支持。我国市场经济还不成熟、跨境电子商务起步晚,跨境电子商务的进一步发展仍然任重而道远。

跨境电子商务在全球互联网高度普及下敲开了无国界网购的大门,也成为未来跨境贸易的必然趋势,这对中国广大外贸企业来说是一次机遇,但也充满挑战。前途很光明,道路很曲折。如今,跨境电子商务在技术上已基本实现,在我国政府的积极引导下,随着跨境电子商务平台和跨境物流体系等的逐步完善,我国跨境电子商务将迎来更广阔的未来。

【思考题】

1. 现阶段我国跨境电子商务法律政策主要包括哪几个方面?
2. 我国政府为什么要力促跨境电子商务的发展?
3. 简要说明我国跨境电子商务法律有哪些不足之处。
4. 针对我国跨境电子商务法律的不足之处,谈谈你的建议。
5. 说说世界主要国家和地区的跨境电子商务法律法规有哪些方面值得我国借鉴。
6. 什么是 e-WTP 倡议?

【实践训练】

通过搜集资料,列出我国近一年出台的有关跨境电子商务的法律法规。

参考文献

[1] 乔阳,沈孟,刘杰,等.电子商务对国际贸易的影响及应用现状分析[J].对外经贸,2012(3):39-41.
[2] 钱砉.电子商务对国际贸易的影响及应用现状分析[J].现代商业,2016(25):44-45.
[3] 裘索.电子商务对国际贸易的影响及应用现状分析[J].现代经济信息,2013(24):162.
[4] 庞鸿泽.电子商务对国际贸易的影响及对策研究[J].商业经济,2017(5):74-75,78.
[5] 王锐潼.电子商务对国际贸易的影响研究[J].商场现代化,2017(19):3-4.
[6] 苏麟.电子商务背景下的国际贸易的变革及影响[J].商场现代化,2015(4):2.
[7] 李辉作.电子化国际贸易[M].北京:北京大学出版社,2010.
[8] 史达.基于电子商务经济的国际贸易理论与政策研究[M].大连:东北财经大学,2005.
[9] 杨坚争.国际电子商务[M].北京:电子工业出版社,2009.
[10] 张夏恒.跨境电商类型与运作模式[J].中国流通经济,2017(1):76-83.
[11] 杨坚争,李朝平.垂直搜索引擎及其应用[J].电子商务,2006(10):23-26.
[12] 杨坚争,于露.我国外贸企业跨境电子商务的应用分析[J].当代经济管理,2014(6):58-63.
[13] 刘罡,杨坚争.我国电子支付领域发展现状及未来发展趋势研究[J].电子商务,2017(2):34-36.
[14] 张雨辰,杨坚争,王林.移动支付的现状和发展趋势研究[J].电子商务,2015(6):47-48,53.
[15] 钟斌,钟明.移动支付中的安全问题研究[J].中国新通信,2014(24):27.
[16] 王丽红.《国际合同使用电子通信公约》对我国电子合同立法的启示[D].宁波:宁波大学,2017.
[17] 高富平,俞迪飞.电子记录等同于纸面证据的解决方案——兼论《电子签名法》的局限性[J].法学,2004(11):89-98.
[18] 程柯.基于跨境电子商务平台的供应链金融研究[J].经营与管理,2016(6):113-115.
[19] 张闻沁.跨境电商平台线上贸易金融服务前瞻[J].中国外汇,2016(19):70-71.
[20] 邹天娇.基于大数据视角的商业银行跨境电商金融服务转型研究[J].经贸实践,2016

(23):135,138.

[21] 孙康.跨境电商的知识产权风险研究[J].对外经贸,2016(10):126-127.

[22] 谌远知.跨境电商中的知识产权风险与应对——以中国(杭州)跨境电子商务综合试验区为背景[J].中共杭州市委党校学报,2016(1):91-96.

[23] 王众.2016 年欺诈趋势报告国际电子商务欺诈最新解析[J].IT 经理世界,2016(22):6-7.

[24] 李熙.浅谈互联网跨境支付欺诈风险管理[J].中国信用卡,2014(11):33-35.

[25] 欧丹.跨境电子商务纠纷解决的现状与对策——以浙江为例[J].黑龙江省政法管理干部学院学报,2017(1):69-72.

[26] 叶诗瑜,游文婷.广东自贸试验区在线调解机制的构建——以跨境电子商务纠纷的快速解决为视角[J].特区经济,2016(9):39-40.

[27] 弓永钦.跨境电子商务中的个人信息保护问题研究[D].北京:对外经济贸易大学,2016.

[28] 周莉萍,于品显.跨境电子商务支付现状、风险与监管对策[J].上海金融,2016(5):73-78.

[29] 国家外汇管理局.国家外汇管理局关于开展支付机构跨境外汇支付业务试点的通知(汇发〔2015〕7 号).2015.

[30] 曾惠香.电子商务的网络财务系统和安全保障体系的构建研究[J].财经界:学术版,2015(7):236.

[31] 杨利丽.浅谈电子商务的网络安全与技术保障[J].信息网络安全,2010(7):54-56.

[32] 赵丽娜.我国跨境电子商务的政府扶持政策研究[D].辽宁:东北财经大学,2016.

[33] 鲍永正.电子商务知识产权法律制度研究[D].北京:中国政法大学,2002.

[34] 邵景春.《联合国国际贸易法委员会电子商务示范法》评析——兼论中国电子商务法制建设[J].法学杂志,2000(12):48-55.